Annemieke Hendriks

Tomaten

Die wahre Identität unseres
Frischgemüses

Eine Reportage

be.bra verlag

Bibliografische Information der Deutschen Nationalbibliothek
Die Deutsche Nationalbibliothek verzeichnet diese Publikation
in der Deutschen Nationalbibliografie; detaillierte bibliografische
Daten sind im Internet über http://dnb.d-nb.de abrufbar.

© be.bra verlag GmbH
Berlin-Brandenburg, 2017
KulturBrauerei Haus 2
Schönhauser Allee 37, 10435 Berlin
post@bebraverlag.de
Lektorat: Robert Zagolla, Berlin
Fotos: Annemieke Hendriks
Umschlag: hawemannundmosch, Berlin
Satz: typegerecht, Berlin
Schrift: Dante MT 10,5/13,5 pt
Druck und Bindung: GGP Media GmbH, Pößneck
ISBN 978-3-89809-139-8

www.bebraverlag.de

»Eine frische Tomate zum Essen macht uns hier
im Weltraum glücklich. Sie kam vor zwei Wochen
in der Sojus TMA-11M mit uns hoch.«

Kōichi Wakata, Astronaut
auf der Raumstation ISS, 2013

»In unseren Stuben riecht es am Donnerstag
nach Tomaten, am Sonntag nach Gänsebraten,
und jeden Montag ist Wäsche. So sind die Tage:
der rote, der fette, der seifige.«

Rainer Maria Rilke, am Anfang seiner
Erzählung *Generationen*, 1898

Antoine Verbij gewidmet
(1951–2015)

Inhalt

consumption of tomatoes

Legend:
- cherry tomato vine
- cherry tomato
- beef tomato
- roma tomato
- tomatoes
- loose tomato

Chart categories (x-axis): soup, salads, snack, oven dishes, lunch

Y-axis: 0% to 100%

Values shown: 8%, 24%, 18%, 21%, 8%

Mythos Tomate

Es klingt einleuchtend: »Obst und Gemüse aus heimischem Anbau ist frisch, gesund und schont durch die kürzeren Transportwege die Umwelt.« Mit diesem Satz gab vor einigen Jahren die damalige deutsche Landwirtschaftsministerin Ilse Aigner den Startschuss für die Kampagne »Einfach naheliegend« der Bundesvereinigung der Erzeugerorganisationen Obst und Gemüse (BVEO).

Ganz so einfach ist die Welt allerdings nicht.

Gewiss: Eine Tomate ist gesund, wenn man dafür einen Riegel Schokolade liegen lässt. Aber ist sie daher automatisch heilsam, wie oft angenommen wird? Und sind Tomaten frischer, wenn sie aus Bayern nach Berlin reisen anstatt aus dem holländischen Grenzort Venlo? Wie frisch sind regionale Äpfel, die über viele Monate in gekühlten »Frischhaltelagern« liegen? Sind kurze Transportwege wirklich gut für die Umwelt, auch wenn die Produkte dafür in beheizten Gewächshäusern wachsen? Sind Qualität und Sicherheit garantiert, nur weil die Erzeuger in Deutschland sitzen?

Auf der *Grünen Woche*, der jährlichen Landwirtschaftsausstellung in Berlin, wird wie selbstverständlich damit geworben, dass deutsche Tomaten »frisch wie aus dem eigenen Garten« seien. Die Betonung liegt dabei auf dem »wie«, denn die für den Handel bestimmten Tomaten wachsen ja im Gewächshaus, auch in Deutschland und in Österreich. Aber auf den Werbebildern sucht man solche Stahl-und-Glas-Skelette vergebens, dort sind romantische Gärten und grüne Wiesen abgebildet. Niederländische Tomaten dagegen gelten gemeinhin als Industrieprodukte. Liebe Deutsche, habt ihr etwa Tomaten auf den Augen?

Es ist aufschlussreich, dass in einer Auflistung von sechzehn Sorten deutschen Gemüses auf der Internetseite der BVEO ausgerechnet die Tomate fehlt. Man findet sie auch nicht versehentlich unter »Obst«, sondern erst beim Weiterklicken unter dem Stichwort »Rezepte«. Dort wird vermeldet, dass die Tomate das meist gegessene Frischgemüse in Deutschland ist. Warum also fehlt sie auf der Liste? Vermutlich weil für deutsche Erzeuger mit deutschen Tomaten nur wenig zu verdienen ist. Denn es gibt sie kaum; nur etwa jede zwanzigste verkaufte Tomate kommt aus Deutschland.

❧

Die Tomate gehört in vielen Ländern der Welt zu den beliebtesten Gemüsesorten überhaupt. Im deutschsprachigen Raum kochen die Emotionen um sie allerdings besonders hoch. Viele fürchten sich hier zum Beispiel vor der »Gentomate«. Aber gibt es die überhaupt? Wo hört die Wahrheit auf und wo fängt die Fiktion an?

Nationale Tomaten?

Ein Mythos, dem man häufig begegnet, ist der von der »nationalen Tomate«. Die Tomate aus heimischem Anbau ist nicht nur in Deutschland und Österreich heiß begehrt, sondern zum Beispiel auch in Polen, England und Rumänien. Das Saatgut für die in all diesen Ländern angebauten Tomaten wird aber sehr oft in Holland veredelt, also hergestellt. Diese Tatsache ist kaum bekannt, vielleicht auch deswegen, weil die Holländer jedem Kunden gern die Idee von seiner »einheimischen« Tomate gönnen. Früher, in ihren Kolonien, haben sie schließlich gelernt, dass es profitabel ist, so zu tun, als ob die Dorfältesten das Sagen haben, während man selbst im Hintergrund die Fäden zieht.

Wer, wie ich, in Den Haag am Rande der Gewächshauslandschaft des Westlands (der »Gläsernen Stadt«) aufgewachsen ist, kommt gar nicht auf die Idee, die Massen der von dort stammenden Tomaten als eine nationale oder gar lokale Errungenschaft zu betrachten. Nicht weil sie von schlechter Qualität wären, oder weil die meisten davon nach Deutschland exportiert werden. Nein, sondern weil wir wissen, dass der Geschmack einer Tomate vor allem durch ihre Rasse bestimmt wird, egal wo sie wächst. Dabei sollte sie am besten in einem geschützten Glasgewächshaus angebaut werden, so wie sie die Holländer gerne überall auf der Welt errichten. Das ist nicht nur schlauer Handelsgeist: Je mehr Hightech beim Anbau eingesetzt wird, umso weniger Mittel gegen Schädlinge braucht eine Tomate. Dies ist eins der vielen Paradoxe, die in diesem Buch zu Tage treten.

Die Holländer sind für ihren gesunden Pragmatismus oder, wenn man will, üblen Zynismus in Sachen Lebensmittel bekannt. Als Handelsnation kennen die Niederlande seit Jahrhunderten weniger Angst vor dem Unbekannten als der Durchschnitts-Europäer. Das heißt, wenigstens bis vor kurzem war das der Fall. Denn »das Fremde«, ja selbst »Europa«, sind auch in Holland inzwischen zu eher negativ geprägten Begriffen geworden. Und dass, obwohl wir Niederländer doch immer waschechte Europäer waren, und sei es nur, weil keine andere Nation mit ihren Agrarprodukten so stark von den offenen Märkten profitiert hat.

Die Niederlande sind, gemessen am Warenwert, (Vize-)Weltmeister beim Export frischer Tomaten. Wie das Land dies erreichen konnte, obwohl zum Beispiel Spanien und Italien sehr viel mehr Tomaten produzieren, gehört zu den Geheimnissen, die in diesem Buch gelüftet werden. Gleiches gilt für die Frage, warum die europäischen Gartenbausubventionen vor allem nach Holland fließen, während rumänische und ungarische Kleinbauern kaum davon profitieren.

Als ich für mein letztes Buchprojekt in Ungarn und Rumänien unterwegs war, stieß ich auf ein merkwürdiges Phänomen: Obwohl diese Länder von heißen Sommern und einer langen Landwirtschaftstradition geprägt sind, wurden dort in den Supermärkten und auf den Wochenmärkten massenhaft niederländische Tomaten und Paprikas angeboten. Selbst im Sommer waren sie häufig sogar billiger als das einheimische Saisongemüse. Da fingen die Recherchen zu diesem Buch an. Ich fragte mich zum ersten Mal, nach welchen Regeln die bizarre Welt des Frischgemüses wohl

Regionalgeschichten

funktioniert. Wieso reisen Millionen nahezu identische Tomaten kreuz und quer durch Europa?

Neben der spanischen ist es vor allem die niederländische Tomate, die sich durch Europa bewegt – frisch oder als Saatgut, und dann teilweise unter den Firmennamen von Bayer oder Monsanto. Auch ins Oderbruch, eine Region ganz im Osten des Landes Brandenburg, reist sie. Um 1900 ging eine holländische Gartenbaufamilie ihr dorthin voran. Mit ihrer Geschichte, der Geschichte des niederländisch-deutsch-ungarischen Geschlechts Kosdi-van Spronsen, beginnt dieses Buch. Die Familie erlebte das turbulente 20. Jahrhundert im Oderbruch, im Osten Ungarns und in Holland. Ihre Geschichte bietet der Tomate einen historischen, geografischen und politischen Kontext. Wer sich fragt, ob das, was damals galt, auch heute noch gültig ist, und ob das, was für Tomaten gilt, auch für Gurken und Paprikas oder gar für Äpfel zutrifft, findet hier Antworten.

Diese grenzüberschreitende Gärtnergeschichte reicht bis in die Gegenwart. So fragt sich der Oderbruch-Bewohner Frank Schütz, der eine wichtige Rolle darin spielt, wieso die nahe Großstadt Berlin heute mit weniger Frischwaren aus der Region versorgt wird als früher, obwohl doch regionales Obst und Gemüse so gefragt sind. Vier Fünftel der Deutschen sind laut Umfragen sogar bereit mehr Geld zu bezahlen für Tomaten »von hier«. Wie kann es überhaupt sein, dass frische Produkte, die in der eigenen Region wachsen, teurer sind als jene, die von weit her kommen? Die Antwort ist ernüchternd, und hat in diesem Fall viel mit dem Strukturwandel in der ehemaligen DDR zu tun.

Viele Deutsche und Österreicher haben auf die Frage, warum ausgerechnet die Tomaten aus den Niederlanden oft billiger sind als die einheimischen, eine schnelle Antwort parat, die fast immer gleich lautet. Besonders drastisch formuliert hörte ich sie in Wien, wo ich 2013 im Rahmen meiner Recherchen ein *Visiting Fellowship* am Institut für die Wissenschaften vom Menschen innehatte:»Aber Annemieke, das liegt doch daran, dass die Tomaten, die ihr um die Welt schickt, so beschissen schmecken!«

Ja, ich bin Niederländerin. Und nein, ich will kein Werbebuch für holländische Tomaten schreiben, nicht einmal für Tomaten an sich, egal woher sie stammen. Aber diese Antwort ist wirklich etwas zu kurz gegriffen. Ich kontere daher meistens provozierend: »Die Holländer exportieren alle möglichen Sorten von Tomaten, sehr aromatische ebenso wie geschmacklose. Es kommt darauf an, was ihr Deutschen und Österreicher bezahlen wollt.« Als Niederländerin hat man bei diesem Thema schließlich eine gewisse Narrenfreiheit. Die Wirklichkeit ist allerdings komplexer, wie schon die Oderbruch-Geschichte verdeutlichen wird.

Etwa sieben Jahre habe ich gebraucht, um den europäischen Frischgemüsehandel vom Samen bis zum Supermarkt – also von der Geburt der Tomate bis zu ihrem Ende auf dem Teller – einigermaßen zu begreifen.

Menschen im Mittelpunkt

Dazu habe ich einem Dutzend ost- und westeuropäischer Staaten recherchiert. Vor Ort habe ich mit den unterschiedlichsten Akteuren der Tomatenbranche gesprochen: mit Züchtern und Zeitarbeitern, mit Saatveredlern und Öko-Aktivisten, mit Gewächshausbauern und Geschmackstestern, mit Händlern und Transporteuren, mit Biologen und Gentechnikern, mit Politikern und Patentspezialisten, mit Ethikern und Lobbyisten, Verkäufern und Verbrauchern. Ich habe mich umgeschaut und viel gelesen, nicht an erster Stelle Bücher, sondern hunderte von Websites, Studien und Berichten. Und ja, auch probiert habe ich. Ich lasse mich beim Testen von Tomaten allerdings genauso verführen wie alle anderen. In einem romantischen Mittelmeerhafen bei Sonnenuntergang schmecken sogar mit Unmengen Gift besprühte lokale Tomaten ohne Geschmack ganz wunderbar, wenn sie von reichlich Olivenöl und Schafskäse umgeben sind.

»Geschmack steckt zwischen den Ohren«, so hat es ein niederländischer Tomatenzüchter resolut formuliert. Dieser Jos Looije, der sehr vernünftig und mit philosophischem Zweifel über alle Facetten der Tomate erzählen kann, spielt eine besondere Rolle im Buch – wie auch sein Bruder Vincent, der in Spanien unter völlig anderen Umständen Tomaten anbaut. Die vielen quasi-wissenschaftlichen »Lecker-und-gesund«-Ansprüche, die die Tomate umgeben, werden im Kapitel »Ge-

schmack« eher kritisch analysiert. Zur Beruhigung: Der Leser wird nach der Lektüre weiterhin Tomaten essen, denn schaden tun vor allem die kontrollierten Exporttomaten nicht. Jedenfalls nicht der Gesundheit. Unter dem Tomatenanbau leidet allerdings die Umwelt, wie im Kapitel »*Schaden*« erläutert wird.

Rezepte sucht man in diesem Buch vergeblich, wie auch Tipps zum Erwerb oder Anbau geschmackvoller Tomaten fehlen. Meine eigenen ungelenken Balkonzucht-Erfahrungen dienen eher zum Verständnis des Sexuallebens der Tomate. »*Marktforschung*« dagegen gibt es reichlich. Jedes Kapitel schließt mit meinen Ausflügen in Supermärkte, Discounter, Läden und auf Wochenmärkte – in ganz Europa, aber zumeist in Berlin, Wien und Amsterdam.

Das Allerwichtigste bei diesem Projekt ist allerdings nicht die Tomate, sondern es sind die Menschen, die ihr Leben bestimmen. Ich will die Spieler auf dem Feld verstehen. *Slow Journalism*, nennen manche meine Herangehensweise. Ich betrachte das als Kompliment. Die Tomate ist nämlich *Very Fast Food*. Sie bewegt sich dermaßen schnell über den europäischen Kontinent, dass man andauernd auf die Bremse treten muss, um diese faszinierende Welt zu verstehen.

Prolog: Eine Gärtnerfamilie erobert Europa

An einem Januartag werden in der Manschnower Fontana-Gärtnerei die ersten Tomatensämlinge der Saison ins Gewächshaus gebracht. Die *Märkische Oderzeitung* begleitet diesen feierlichen Ritus zuverlässig.

»Klein-Holland« im Oderbruch
Auf der Suche nach dem Spronsen-Erbe

Dabei werden, so die Regionalzeitung, die niederländischen Pflanzen der Sorte *Pureza F1* in »Plastikpackungen« mit modernem Steinwollsubstrat gesetzt.

Wenn hier von Erde statt von Steinwolle die Rede wäre, hätte diese Nachricht auch schon vor hundert Jahren in der Zeitung stehen können. Heute wie damals geht es um »Manschnow«, um »Tomaten«, um »Gewächshäuser« und um »die Niederlande«. Vor mehr als hundert Jahren siedelten sich hier Söhne der Familie van Spronsen aus Loosduinen an. Sie kamen von der Nordseeküste ins Oderbruch, einen Streifen eingepolderten Landes etwa fünfzig Kilometer östlich von Berlin.

Die van Spronsens dürften sich überlegt haben, dass es in der damaligen Reichshauptstadt eine große Nachfrage nach Tomaten und anderem Frischgemüse geben müsse. Und diese Nachfrage wollten die niederländischen Gartenbaupioniere wohl mit der Einführung aufrecht stehender Glashäuser weiter ankurbeln. Einer von ihnen, Willem van Spronsen, hatte sich schon Ende des 19. Jahrhunderts, wie viele andere aufgeschlossene junge Gärtner aus den Niederlanden und Flandern, von den technischen Neuerungen im englischen Gartenbau inspirieren lassen.

Wo, wenn nicht in London, hätte ein halbes Jahrhundert zuvor so etwas wie der Crystal Palace mit seiner grandiosen Konstruktion aus Eisen und Glas errichtet werden können? Seitdem hatten die Briten das Verfahren, verhältnismäßig preiswert große, stabile Glasplatten zu fabrizieren, immer weiter entwickelt. Sie experimentierten sogar schon vor 1900 mit dampfbeheizten Glasgewächshäusern für Tomaten, Gurken und Trauben. Mit dem Kopf voller Pläne und Ideen machten sich Willem van Spronsen und einige seiner Brüder irgendwann kurz nach der Jahrhundertwende auf den Weg in Richtung Oderbruch, um in der an holländische Polder erinnernden Landschaft ihr Glück zu versuchen.

»Überreste der Holländer-Gärtnerei? Das sind im Grunde nur noch Ruinen. Na ja, bis auf das alte Heizhaus der Spronsen-Familie, das vor zwei Jahren noch stolz aufrecht gestanden hat. Aber dann wurde der Schornstein gesprengt, um auf dem Gärtnereigelände eine Kaufhalle zu bauen. Dabei ist er dann auf das Heizhaus gestürzt. Und die Kaufhalle ist schließlich gar nicht gebaut worden.«

Walter Schütz spricht mit leicht spöttischem Unterton. Er hat diesen typischen, etwas wortkargen »DDR-Humor«, der schlechte Nachrichten ein wenig abmildert. Er erlebte hier im brandenburgischen Dorf Manschnow einiges an Zerstörung, im Weltkrieg und im Kommunismus. Aber danach kamen, unerwartet heftig, noch die Folgen des Kapitalismus hinzu. Schütz weiß natürlich, dass die Zerstörung des Heizhauses durch den Schornstein kein Zufall war. Aber er spricht es nicht aus, denn das würde die Situation noch unerträglicher machen, besonders wegen der Sinnlosigkeit des Ganzen.

Schütz weist auf ein typisches Glashaus niederländischen Stils hin, mit Spitzdach. Darin wächst es üppig. Sogar durch das Dach und die einstigen Wände des Gerippes dringt dichtes Grün. Die Fensterscheiben sind nicht mehr da oder sie sind kaputt. Und Gemüse kann man das Gewächs nicht gerade nennen, das hier zu sehen ist. Es ist Unkraut. Eine Nebenwirkung der neuen Zeit, wie Schütz verärgert feststellt. »Auch zu DDR-Zeiten gab es hier und da noch Kleingärtnerei. Nach 1980, als viele LPGs zusammengelegt wurden und die Produktion noch stärker vereinheitlicht, riss man die meisten Glashäuser, die nach dem Krieg instandgesetzt worden waren, allerdings wieder ab.«

Gewächshausruinen im Brandenburgischen Manschnow

Der energische Rentner ist zu jung, um die größte Zerstörung in der Region bewusst erlebt zu haben. In den ersten Monaten des Jahres 1945 verschob sich hier die Kriegsfront sieben Mal hin und her. Im April stand unten im sumpfigen Oderbruch die Rote Armee, und oben auf den Seelower Höhen wartete das letzte Aufgebot der Nationalsozialisten. Auch damals wurden Schornsteine von Fabriken und Heizhäusern gesprengt. Nicht, weil sie im Weg standen, wie kürzlich bei der geplanten Manschnower Kaufhalle, sondern weil sie den Russen als Orientierungspunkte hätten dienen können. Nachdem sich der Pulverdampf der größten Schlacht des Zweiten Weltkrieges auf deutschem Boden verzogen hatte, lagen 50 000 tote Soldaten im Sumpfgebiet – die meisten von ihnen Rotarmisten.

Die van Spronsens – oder »die Spronsen«, wie man sie hier nennt – haben ihre Schornsteine schnell wieder aufgebaut und ihre Glashäuser repariert. Sie konnten nicht ahnen, dass kaum zehn Jahre später alles vorbei sein würde. Keiner aus der mittlerweile angewachsenen Familie ist in Manschnow und Umgebung geblieben. Und von den Dorfbewohnern kann niemand mehr aus eigener Erfahrung über die Niederländer erzählen.

Der Vater von Walter Schütz ist, von den Ruinen einmal abgesehen, mehr oder weniger der einzige Anknüpfungspunkt an die niederländische Vergangenheit. Er lebt nicht mehr, aber er hat vor und nach dem Krieg in der Spronsen-Gärtnerei gearbeitet. Schütz holt ein Bild, das seinen Vater in jungen Jahren vor den Gewächshäusern zeigt. »Er hat in den Gurken und Tomaten gearbeitet, aber auch im Freilandgemüse wie Kohl – die Spronsen haben alles Mögliche angebaut.«

Der Vater war ziemlich wortkarg. Als Walter alt genug war, um ihn über die Vergangenheit zu befragen, kamen nur wenig Antworten. »Vater hat bloß dies erzählt: Wie Marinus van Spronsen nach Holland gegangen ist, da ist er vorher die Feuerleiter des Schornsteins hinaufgeklettert und hat seine Mütze obendrauf gehängt.« Das war um 1953. Es soll Marinus' Protest gegen die Zwangskollektivierung des Familienunternehmens gewesen sein. Zu diesem Zweck war er volle 65 Meter in die Höhe geklettert.

Ende der fünfziger Jahre hatte die ganze van Spronsen-Familie die DDR verlassen. Fast alle gingen in die niederländische … – nein, »Heimat« war Holland für sie bestimmt nicht mehr. Nahezu alle von ihnen waren im Oderbruch geboren. Piet van Spronsen ist sogar für seine deutsche Heimat im Krieg gefallen, irgendwo auf russischer Erde.

Marinus, der Schornsteinkletterer, gehörte wahrscheinlich zur zweiten Generation der van Spronsens, die in der Gegend von Manschnow lebte, und zur ersten, die dort zur Welt gekommen war, irgendwann zwischen 1910 und 1920. »Es waren die Gebrüder Spronsen, die hier mit dem Anbau von Tomaten und Gurken unter Glas überhaupt angefangen haben«, erzählt Schütz. Er zeigt auf ein Häuschen am Rande der verfallenen Gärtnerei. »Hier wohnte der Mann, der noch nach dem Krieg das Treibhausgemüse der Spronsen nach Berlin gefahren hat.«

In den Unterlagen des Amts Golzow, ein paar Kilometer von Manschnow entfernt, taucht 1906 »der eingewanderte Holländer van Spronsen« auf. Ein Bruder? Oder hat Willem sich selbst dort registrieren lassen? Dieser beginnt Gemüseanbau im benachbarten Gorgast, so heißt es, »der alsbald auch nach Golzow übergriff«. Schon vor dem

Zweiten Weltkrieg gab es im Oderbruch schätzungsweise fünfzig Gärtnereien, von denen sich mehrere im Besitz der Familie van Spronsen befanden. »Es wächst alles gut hier«, sagt Walter Schütz. »Das Klima ist dem in Holland ähnlich. Das haben die Holländer bemerkt. Deswegen sind sie hergekommen und haben hier investiert.« Schütz selbst war Meister-Beregner in der LPG. »Auf dem ehemaligen Spronsen-Gelände habe ich die Gurken gemacht, und bin dann zur Beregnung gekommen. Ich durfte nicht Ingenieur werden. Dazu fehlten mir die richtigen Verbindungen – politische, wohlverstanden.«

Die Landwirtschaft im Oderbruch, einem etwa fünfzehn Kilometer breiten und fünfzig Kilometer langen Streifen entlang der Oder, haben die Niederländer zwar nicht erfunden. Aber sie standen sozusagen an ihrer Wiege, vor gut 250 Jahren. Friedrich der Große verfolgte eine Politik der »Mélioration«, der Verbesserung des Landes durch Trockenlegung. Mit der Einpolderung des Oderbruchs beauftragte der Preußenkönig den Holländer-Sohn Simon von/van Haerlem, einen Wasserbauingenieur. Dieser ließ die Oder umlenken, Kanäle und Gräben zur Entwässerung ausheben, Deiche bauen und Bäume zur deren Befestigung pflanzen.

Friedrich der Große soll begeistert verkündet haben: »Hier habe ich im Frieden eine neue Provinz erobert, ohne einen Mann zu verlieren!« Niederländische Kolonisten gehörten zu den ersten, die sich in der neuen, aber irgendwie vertrauten, fruchtbaren Sumpflandschaft (hier Bruch genannt) niederließen. In kürzester Zeit entstanden fünfzig Dörfer. Auf der östlichen, heute polnischen Seite des Bruchs, an der Warthe, die in die Oder mündet und ebenfalls Teil des großen Meliorationsprojekts war, hießen bis 1945 noch Dörfer »Woxholländer« und »Sumatra« – letzteres ein Hinweis auf eine echte ehemalige Kolonie der Niederlande, im heutigen Indonesien.

Das Oderbruch wurde zunächst zur Kornkammer und vor etwa hundert Jahren dann zum Gemüsegarten Berlins. Es ernährte die Reichshauptstadt, genau wie es sich die van Spronsen-Brüder ausgemalt hatten. Und ab 1949 ernährte es dann die Hauptstadt der neu gegründeten Deutschen Demokratischen Republik. Im Jahr 1950 wurden laut DDR-Statistik täglich fünfzig Tonnen Gemüse nach Berlin geliefert. Auch West-Berlin aß damals noch mit. Freilich ging es, anders als vor dem Krieg, um eher einseitige Kost, bevorzugt um Kohl, weil der die meisten Kilos auf die Waage bringt.

Während Manschnow auch nach dem Krieg noch zu Deutschland gehörte, lag die nahegelegene Stadt Küstrin nun größtenteils in der Volksrepublik Polen. Im dortigen Krankenhaus war 1938 Helga van Spronsen zur Welt gekommen. Die Oder wurde nach dem Krieg zur Staatsgrenze. Auf den Ruinen der zerstörten Festung Küstrin, hoch auf dem polnischen Ufer, flatterten die roten Fahnen. Mit ihrem Vater Henk und ihrer Mutter Irmgard, einer Deutschen aus der Gegend, gehörte die kleine Helga van Spronsen 1946 zu den ersten in der Großfamilie, die vor den Zerstörungen und dem politischen Umbruch flohen. »Die jüngeren Spronsen gingen kurz nach dem Krieg schon in die Niederlande«, erinnert sich Walter Schütz. »Die anderen machten zunächst weiter. Die Zwangskollektivierung in Genossenschaften fing ja auf freiwilliger Basis an, nicht wahr?« Er guckt schelmisch. »Als Ausländer standen die Spronsen einerseits unter noch höherem politischem Druck, sich zu arrangieren, als die anderen. Anderseits waren sie etwas weniger angreifbar – sie konnten ja leichter weg. Wie auch immer, bis 1953 durften sie noch weitermachen. Dann war Schluss.«

Und das war wohl der Augenblick, als Marinus seine Mütze an den Blitzableiter auf dem Schornstein hängte. Er wollte nicht in die GPG, Gärtnerische Produktionsgenossenschaft, und schon gar nicht in eine noch umfangreichere LPG. »Kaum waren die letzten Spronsen aus Manschnow weg«, erzählt Schütz, »kam ihre Gärtnerei zur LPG ›Pascha Angelina‹, benannt nach der ersten sowjetischen Traktoristin. Und dann wurde hier alles anders. Nicht alle hier sehen das so, aber das war eine Katastrophe. Auf einen Schlag sind hier die selbständigen Gemüse-, Obst- und Blumen-Betriebe aufgelöst worden, die alle auf etwas spezialisiert waren. Alles plattgemacht. Noch immer hat sich das Oderbruch nicht davon erholt.«

Tatsächlich sehen nicht alle das so. Eine Online-Chronik beschreibt begeistert, wie »mit der demokratischen Bodenreform« tausende Hektar Land enteignet und unter »landarme« Leute aufgeteilt wurden. 1963 hatte die Manschnower LPG schon 136 Mitglieder und 64 Hektar, sie wuchs und wuchs. Schütz: »Fast alles wurde Freilandgemüse, also draußen angebaut. Die Russen brauchten nur unsortierte Tomaten für die Soßen, sowie Knoblauch und Gurken – Hauptsache viel.« Das ging alles in einen Topf oder in die Gulaschkanone; dabei kam es nicht auf verfeinerte, schön aussehende Tomaten an. »Um 1970 hat man den Glashäusern noch einmal ein neues Leben vergönnt«, fügt Schütz an. »Da wurden Nelken für Polen gezüchtet. Das hat aber nicht lange gedauert, dann war die Grenze wieder zu. Nur offizielle Delegationen durften noch rüber.« Danach wurden die meisten Gewächshäuser abgerissen, die anderen dem Verfall preisgegeben.

Nach 1945 lag Manschnow, wie gesagt, nicht mehr mitten in Deutschland, sondern ein paar Kilometer von der Oder-Neiße-Grenze entfernt. Wo die alte Reichsstraße 1 noch bis nach Königsberg und weiter geführt hatte, endete die Fernverkehrsstraße F 1 (heute Bundesstraße 1) nach Kriegsende an der Oder im »Küstriner Vorland«. Erst seit 1992 ist dieser Grenzübergang nach Polen wieder offen. In ihrem letzten Abschnitt vor der Grenze heißt die B 1 »Straße der Freundschaft« – noch immer.

Die Freundschaft mit dem polnischen Brudervolk hat im Sozialismus allerdings nie wirklich funktioniert, so Walter Schütz. »Man hat aus Polen mal Einsätze zur Tomatenernte bekommen, wenn nicht genug Studenten aus Berlin zur Verfügung standen. Aber viel mehr war nicht.« Die meisten der Oder-Brücken waren zerstört, blieben zerstört und sind es auch heute noch. Die wenigen funktionierenden »Freundschaftsbrücken« waren ab 1980 meist ständig für die Ostdeutschen gesperrt. Im Tauwetter der siebziger Jahre hatten sich noch viele DDR-Bürger in polnischen Kinos Westfilme angeschaut. Aber dann wurden die Polen mit ihrer Gewerkschaft Solidarnosc der DDR-Führung viel zu eigensinnig. Die Parteileitung befürchtete eine »Ansteckung« ihrer Arbeiter und Bauern, und diese fürchteten den Leerkauf ihrer Läden, falls die Polen über die Oder kämen. Denn in der polnischen Volksrepublik der achtziger Jahre herrschte Mangel an allem.

Nach der Wiedervereinigung wurde es im Oderbruch immer stiller und leerer. Die Wirtschaft auf der deutschen Seite schrumpfte, während »drüben« im wieder freien Polen der Handel florierte. Viele Polen gründeten ihre eigenen kleinen Unternehmen, weil man vom Staat wenig erwartete. Sie boten den Brandenburgern, die auf neue Arbeit warteten, alle möglichen Waren und Dienstleistungen billig an. So geriet das ohnehin künstliche Gleichgewicht an der Grenze immer mehr ins Wanken.

»Das mit den Kontakten über die Grenze«, fügt Sohn Frank hinzu, der sich aus seinem Gartencenter losgelöst hat, »also echte Kontakte mit den Polen, daraus ist nix geworden. Obwohl es viele Versuche gab, von Bürgerinitiativen bis hin zu EU-Vorzeigeprojekten. Man müsste, denk ich mal, Rheinländer hierher an die Oder-Neiße-Grenze holen, um grenzüberschreitend Party zu machen.«

Frank Schütz (Jahrgang 1970) hat kurz nach dem Mauerfall in Manschnow ein Blumengeschäft aufgemacht. »Ich war in der Schule nicht derjenige, der der ›Linie‹ gefolgt ist. Ich bin dem eigenen Kopf gefolgt, habe mich den Zwangsmitgliedschaften verweigert, wie der Deutsch-Sowjetischen Freundschaft, der Freien Deutschen Jugend und so weiter. Also, Abitur, Studieren, Feinmechaniker: Das alles ging nicht. Nach der Wende habe ich dann sofort in Berlin eine kaufmännische Ausbildung nachgeholt, und dann den Blumenladen hier eröffnet.«

Nicht alle seine Mitbürger waren so initiativreich, sagt er. »Es gab Anfang der Neunziger diese Runder-Tisch-Stimmung: Uns geht's jetzt gut. Etwas unternehmen? Aber wozu? Es hat diesen Gedanken einfach nicht gegeben. Der Brandenburger Ministerpräsident, Manfred Stolpe, hat ja auch immer wieder neue Fabriken versprochen – die dann nicht gekommen sind.« Der SPD-Politiker Stolpe wurde später Bundesverkehrsminister, obwohl Bürgerrechtler schon früh aufgedeckt hatten, dass er zu DDR-Zeiten als »IM Sekretär« Informant des Staatssicherheitsdienstes gewesen war.

Nach der Öffnung des Eisernen Vorhangs wurde über die Vergangenheit meist geschwiegen. Die Gegenwart mit ihren vielen Forderungen und Widersprüchen war schon anspruchsvoll genug. Gelähmt und ohne Kapital, so standen viele Brandenburger da. Die Euphorie über den Mauerfall war schnell dahin. Das Agrarland wurde durch die Treuhandanstalt privatisiert, auch die ehemaligen Spronsen-Ländereien. »Aus einem neuen Leben für die Gärtnereien ist nach der Wende wenig geworden«, erzählt Frank Schütz. »Die LPGs wurden nicht richtig abgewickelt, mit den Privatisierungen ging viel schief. Man wurde übernommen, war leichtes Futter nicht nur für Westdeutsche. Zum Beispiel waren auch einige niederländische Unternehmer wieder schnell dabei.«

Walter Schütz und seine Hobbytomaten

Manche im Oderbruch meckern über die holländischen Landwirte, die die Gelegenheit ergriffen und eine Agrargenossenschaft mit gegründet hatten. Andere sagen, wir sollten doch froh sein, dass sie hierher kommen und wenigstens ein paar Arbeitsplätze schaffen, wenn von uns keiner das Risiko auf sich nehmen kann oder will.

Frank Schütz betreibt mit Unterstützung der Familie sein Gartencenter in Manschnow. »Gartencenter«, das klingt anders als »Gärtnerei«. »Ich produziere tatsächlich nicht selbst«, erklärt er. »Na ja, ein paar Blumen und Tomaten aus Vaters Hobbygarten verkaufe ich mit, und einen Weihnachtsbaum kann man sich bei uns im Garten aussuchen. Aber das ist keine Produktion in wirtschaftlichem Sinne.« Die Familie Schütz hätte nichts dagegen gehabt, eine Gärtnerei nach alter Tradition zu gründen. »Die große Frage nach der Wende war für uns: Schaffen wir es, die Produktion von null an aufzubauen? Nein, dafür war die gigantische Summe, die man hätte investieren müssen, einfach nicht aufzubringen.« »Die Kredite hätten wir gar nicht gekriegt«, fügt Vater Walter hinzu. Frank: »Das Risiko wäre viel zu groß gewesen.«

Das Risiko ist hier seit jeher auch mit dem Wasser verbunden. Bis zur Wende hat Walter Schütz die Beregnung seiner LPG geleitet. »Dann hieß es: Beregnung brauchen wir nicht mehr«, erklärt er mit zynischem Unterton. »Ab jetzt wächst alles von alleine. Wir hatten zum Beispiel lange Rohrleitungen. In einer Nacht- und Nebelaktion gleich nach der Wende waren sie verschwunden. Alles wurde entsorgt, was sich irgendwie zu Geld machen ließ. Hier war rechtsfreier Raum.«

Beregnen: Das mag komisch klingen, im sumpfigen Polder. Aber das Oderbruch ist eine launische Landschaft. Große Teile liegen unterhalb des Wasserspiegels – wie in Holland. Aber anders als dort gibt es hier ein erhebliches Landschaftsrelief. Oftmals ist es gleichzeitig zu trocken und zu nass, nur an verschiedenen Stellen. Statt blühender Landschaften kam das Wasser. Es kommt immer wieder, bisweilen als regelrechtes Hochwasser.

»Es ist hier eine Badewanne, wenn man nichts macht«, erklärt Walter Schütz. »Wir waren ja einiges gewöhnt. Da kauft man eben eine Badehose. Ich meine, vor der Wende war es auch nicht ideal. Die alten Mühlen, die das Wasser weggepumpt haben, waren alle schon zu DDR-Zeiten geschlossen. Aber heute gibt es diese Probleme ständig. Der Boden kann sich nicht erholen. Ich hatte ab der Spronsen-Gärtnerei bis hier bei uns im Dorf zweihundert Meter Graben – tiefen Graben. Jetzt wächst Schilf. Die Gräben sind fast zu, man sieht sie kaum noch.«

Hier klingt Walter Schütz zum ersten Mal richtig verärgert. Frank und er heben bisweilen selbst stattliche Stücke Graben aus. Das ist schwere Arbeit, dazu ziemlich sinnlos: »Am Oder-Neiße-Radweg drüben hat man zwar eine Entwässerung gemacht, aber dieses Wasser wird in den erstbesten Graben weggepumpt. Sehr unvernünftig.«

Dazu kommt der großflächige Maisanbau für Biogas, der den Boden verdichtet, so dass das Wasser kaum abfließen kann. Von einer »Naturkatastrophe« kann man bei diesen Überschwemmungen wirklich nicht sprechen, kommentiert Walter Schütz. »Man sollte den ganzen Wasserhaushalt wiederherstellen. Aber das ist nicht mit zwei Millionen getan. Und die Grünen sind dagegen. Die wollen das Oderbruch der Natur überlassen. Absaufen lassen, also.«

Das Wasser spaltet die Gemüter. Die auf der Hand liegende Lösung, der Oder wieder mehr Raum zu geben, ist für die Bewohner des Bruchs

Überreste von »Klein-Holland« im Oderbruch

ein heikles Thema. Mit Angst und Bange schaut man Richtung Holland, wo in den letzten Jahren Teile des einst gewonnenen Landes dem Meer und Flüssen zurückgegeben wurden. »Der Wildnis überlassen«, wie man hier im Oderbruch sagt.

In ihren Alpträumen sehen die Bewohner des Oderbruchs sich vom Wasser eingeschlossen. Wo vor einem Jahrhundert die Tomaten erstmals in trockenen Treibhäusern wuchsen und vor fünfzig Jahr die Massengemüseproduktion im Freiland florierte, wird dann nichts mehr sein, sogar manche Dörfer nicht. Einige Monate vor dem Treffen mit Vater und Sohn Schütz, im März 2012, haben in Manschnow auf der Straße der Freundschaft viele für den Erhalt der »Kulturlandschaft Oderbruch« demonstriert. Sie müssen sich keine allzu großen Sorgen machen. Der Boden ist mittlerweile viel zu teuer geworden, um ihn der Natur preiszugeben. Im Notfall kann man sich zur Melioration des Wasserhaushalts ja wieder die Hilfe holländischer Ingenieure holen.

❧

»Ach nein, wir doch nicht. Wir haben in Manschnow nie in einer Villa gewohnt. Dafür waren wir viel zu arm.« Helga Kosdi-van Spronsen sieht sich die Fotos einer verfallenen Villa in Manschnow an. Walter Schütz hatte erzählt, dass sie früher dem holländischen Gärtnergeschlecht gehörte, dem Helga entsprossen ist. »Ich glaube, dass der Bruder meines Vaters, der im Krieg gefallen ist, da gewohnt

Gärtnerglück im Kalten Krieg
Gergely Kosdi und Helga van Spronsen finden eine Heimat

hat«, erzählt Helga Kosdi-van Spronsen in ihrem Haus in der Randstad, dem großstädtischen Ballungsraum im Westen der Niederlande. Es muss Piet van Spronsen gewesen sein, der für die Deutschen gekämpft hat, vermutlich selbst Deutscher war und in russischer Erde zurückblieb. »Daran, wo wir selbst gewohnt haben, kann ich mich nicht erinnern. Es war jedenfalls nicht in einer vornehmen Gegend. Mein Vater war mit einem deutschen Bauernmädel verheiratet.«

Das klingt unfreundlich. Und so meint sie es auch. Die negativen Gefühle haben vor allem mit ihrer Kindheit in Brasilien zu tun, erklärt sie. Ihre Mutter hatte Helga und ihre drei Schwestern dort meist sich selbst überlassen. »Wir wohnten in einem Dorf. Meine Mutter ging zum Arbeiten in die Stadt und wir sahen sie nur am Wochenende.«

Helgas Vater, Henk van Spronsen, hatte mit Frau und Kindern 1947 den Sprung nach Brasilien gewagt. »Ein Jahr vorher waren wir aus Manschnow ins niederländische Westland gezogen«, erzählt sie. »Meine deutsche Mutter stammte aus einem der Oderbruchdörfer in der Nähe, und da waren die Russen. Aber wir hatten noch Vaters alte Verwandtschaft in und um Loosduinen.« Das Dorf in der Gartenbauregion Westland wurde später von Den Haag verschluckt. »Mein Opa Willem war um 1900 Gurkenzüchter in Loosduinen. Sein Opa war, glaube ich, auch schon Gärtner.« Kurz nach Ende des Zweiten Weltkriegs und der deutschen Besatzungszeit herrschte im Westland allerdings äußerste Armut. Die Rückkehrer wurden daher wohl nicht gerade mit offenen Armen aufgenommen, zumal Helgas Mutter Deutsche war und auch ihr 1907 geborener Vater sein ganzes Leben in Deutschland verbracht hatte. »Warm ist der Empfang in Loosduinen bestimmt nicht gewesen. Ein Jahr später waren wir schon in Brasilien.«

Ehemalige Spronsen-Villa in Manschnow

Helga van Spronsen war damals neun Jahre alt. In ihr Gedächtnis haben sich viele schlechte Erinnerungen eingebrannt. »In Holland war das Leben hart, in Brasilien noch härter. Vater war hart und Mutter war auch hart. Ich habe ihr keine Träne nachgeweint, als sie 2013 gestorben ist.« Vater Henk starb bereits 1977. Seine Härte sei auch den bitteren Lebensbedingungen geschuldet gewesen, relativiert sie. »In Brasilien hat er als Landarbeiter auf Bauernhöfen gearbeitet, wurde ausgebeutet.«

Die neue Unfreiheit muss für den einst selbständigen Gärtner aus dem Oderbruch ein schweres Los gewesen sein. »Wir sind sicher fünfzehn Mal umgezogen. Vater hat zwar noch das eine oder andere selbst angebaut, aber er hatte kein Geld zum Investieren, daraus wurde also nicht viel. Wir Töchter haben schon in jungen Jahren gearbeitet. Das ganze Geld musste bei den Eltern abgegeben werden, so ging das. Erst als Vater anfing in einem Schlachthof zu arbeiten, konnten wir Geld für die Überfahrt in die Niederlande sparen. Ich wollte so schnell wie möglich aus Brasilien weg.«

Helgas eigene Härte könnte mit all den traumatischen Erlebnissen in ihren Jugendjahren zusammenhängen. »An meine ersten acht Jahre in Manschnow habe ich nur wenige Erinnerungen. Aber den riesigen, hohen Schornstein unserer Gärtnerei, den sehe ich noch immer vor mir.« Sie weiß auch noch, wie ihre Eltern alles vorbereitet hatten, um jeden Moment weg zu können. Das muss im Frühjahr 1945 angefangen haben. »Ich erinnere mich, dass wir, für den Fall, dass die Russen schießen würden, eine Matratze an die Wand gestellt hatten.« Doch man ging nicht einfach so weg aus der deutschen Heimat. »Was da bei uns in Manschnow nicht alles wuchs: Gurken, Kohl, Tomaten und noch vieles mehr …«

Ob es wirklich eine »Flucht« war, ist nicht ganz klar. Sie konnten weg – vermutlich hatte Henk van Spronsen noch einen niederländischen Pass. Nein, sagt Helga Kosdi-van Spronsen, von Boden und Besitz hätten sie nach dem Fall der Mauer keinen Cent zurückbekommen. Doch die Familie hat sich, soweit sie weiß, auch nicht wirklich darum bemüht. Sie selbst ganz bestimmt nicht. Dafür ist ihr weiteres Leben viel zu turbulent verlaufen, wobei sie noch mehr Grenzen überwinden musste. Und nicht nur sie. Auch ihr späterer Ehemann Gergely Kosdi konnte dabei mitreden.

In ganz Mitteleuropa war das Ende des Zweiten Weltkriegs der Beginn einer Zeit von Flucht und Vertreibung. Die damals noch vereinten alliierten Mächte aus Ost und West verschlossen die Augen vor ethnischer Gewalt, insbesondere, wenn sie sich gegen Minderheiten der besiegten Staaten (Deutsche, Ungarn usw.) richtete. So wurde der achtjährige ethnische Ungar Gergely Kosdi 1945 mit seinen Eltern und Großeltern aus dem tschechoslowakischen Komárno über die Donau ins angrenzende Ungarn vertrieben. Auf der anderen Seite der Brücke liegt das ungarische Komárom. Die durch den Fluss geteilten Stadthälften gehörten bis 1918 zur österreichisch-ungarischen Doppelmonarchie. Aber nach dem Ersten Weltkrieg verlief entlang der Donau plötzlich eine Staatsgrenze. In Komárom durften die Kosdis sich nicht ansiedeln. Als »subversive Elemente« mussten sie sich im Süden Ungarns niederlassen. Dort war es leer geworden, nachdem man die meisten ethnischen Deutsch-Ungarn, eine große Bevölkerungsgruppe, die dort seit Jahrhunderten zu Hause war, aus dem Land vertrieben hatte.

Nur noch wenig Romantik: Gewächshausanlage im holländischen Westland

Beide Volksrepubliken, die ungarische und die tschechoslowakische, lagen auf der unfreien Ostseite des neu entstandenen »Eisernen Vorhangs«. Die Brücke zwischen Komárom und Komárno hieß zwar »Brücke der Freundschaft«, aber sie war die meiste Zeit ebenso unpassierbar wie die gleichnamigen Brücken über Oder und Neiße zwischen der DDR und der Volksrepublik Polen. Im Jahr 1956 hegte der 19-jährige Gergely Kosdi nur noch wenig Sehnsucht nach seiner Geburtsstadt. Im Herbst jenen Jahres wurde der große ungarische Volksaufstand gegen das kommunistische Regime niedergeschlagen. Kosdi gelang es, über Österreich in die Niederlande zu fliehen. Er hatte im Kino eine Wochenschau gesehen, die ein nahezu futuristisches Bild des niederländischen Gartenbaus vermittelte. Hier sah er seine Zukunft! So fand Gergely Kosdi seinen Weg in die Gläserne Stadt. Er landete in Loosduinen und arbeitete dort in den Gurkengewächshäusern.

An Helga van Spronsen sind dagegen die heißesten Jahre des Kalten Krieges vorübergegangen. 1956 lebte sie noch in Brasilien und kämpfte mit ganz anderen Problemen. Nach ihrer Umsiedlung in die Niederlande Anfang der sechziger Jahre kam sie bei einer Tante in Den Haag unter und fand Arbeit in einem chinesisch-indonesischen Geschäft in der mondänen *Passage*, der ältesten überdachten Einkaufsstraße Hollands. »Die Stelle hatte ich meinen Sprachkenntnissen zu verdanken. Es kamen viele Ausländer in den Laden. Ich sprach natürlich fließend Portugiesisch, und ansonsten habe ich mit meinem Vater Niederländisch und mit meiner Mutter Deutsch gesprochen.«

Unterdessen fühlte sie sich »schon ein bisschen über der Zeit«. »Ich war schon fast fünfundzwanzig, als ich in die Niederlande zurückkam.« Zum Glück ging man samstags tanzen. »Ich weiß es noch genau: Ich saß in der Ecke, und Kosdi bat mich zum Tanz.« Gergely Kosdi gelang es, eine Saite in Helga zum Schwingen zu bringen. Dass er im vertrauten Gartenbau tätig war, interessierte sie freilich kaum. »Ich sprach ein bisschen schlechtes Niederländisch und Deutsch, und da stand dieser Mann, der auch allerlei Sprachen ein bisschen sprach. Das schuf eine Verbindung.«

Gergely Kosdi und Helga van Spronsen waren beide mehrfach heimatlos. Die Niederlande der sechziger Jahre empfanden sie als das Gelobte Land. Es bedeutete Freiheit – wenn auch für Gergely auf andere Weise als für Helga. Gergely, dessen Name in Loosduinen zu »Sjors« eingeholländischt wurde, war »kein typischer Ungar«, sagt Helga. »Ach, er war ein schöner Mann. Groß, ein wenig blond, mit blauen Augen. Er wird wohl slawisches Blut in sich gehabt haben, seine Vorfahren kommen schließlich aus der Gegend, die jetzt in der Slowakei liegt.«

Es ist, als hätte sie ihren ältesten Sohn Sandor beschrieben. »Sandor hat vor allem auch die Art, Sachen anzugehen, von seinem Vater geerbt: das Fortschrittliche, die Unternehmungslust. Mein Mann hat mit seinen Gurken drauflos experimentiert.« Sie heirateten 1965, und schon bald kam Sandor zur Welt. Er trägt also Spuren von Krieg und Vertreibung im Blut, von Kommunismus und von der Freiheit, von Ungarn, Berlins Gemüsegarten im Oderbruch und der Gläsernen Stadt im Westland, ganz abgesehen von einer Spur Brasilien. Bei Sandor Kosdi fließt das wiedervereinigte Europa durch die Adern.

Gergely Kosdi wusste zunächst gar nicht, dass Helga aus einer Gärtnerfamilie stammte. Er selbst hatte in Ungarn zwar in der Landwirtschaft gearbeitet, jedoch nie etwas mit Paprikas oder anderen

Sandor Kosdi in seiner
neuen Heimat Ungarn

Gartenbauprodukten zu tun gehabt. Nun war er bei den Gurken gelandet und machte sich nach der Hochzeit mit Helga van Spronsen
als Gurkenerzeuger selbständig. Hätte er nicht der Paprikapionier der
Niederlande werden können? »Paprikas?« Nein, darüber haben sie damals nicht nachgedacht, sagt Helga. »Die gab es zu der Zeit in den Niederlanden noch überhaupt nicht. Genauso wenig wie im Manschnow
meiner Kindheit.«

Aber gerade deswegen! Als Helga und Gergely sich kennenlernten,
wurden im Westland zögerlich die ersten Paprikas angebaut. Das war
eine Notlösung, inspiriert vom holländischen Handelsgeist. Der Markt
wurde in den sechziger Jahren nämlich mit preiswerten Weintrauben
aus Südeuropa überschwemmt, und die Traubenproduzenten aus dem
Westland – es gab tatsächlich viele – suchten damals eine andere Ver-
wendung für ihre Glasgewächshäuser. Das wurden die Tomate und die
Paprika.

Beides baute man hauptsächlich für den Export an. Tomaten wurden auch in den Niederlanden selbst gelegentlich gegessen. Aber Paprika? Die holländische Hausfrau hatte keine Ahnung, was sie damit

machen sollte. Sie kaufte allenfalls kleine Mengen als Suppengemüse. Eigentlich wussten lediglich die chinesisch-indonesischen Restaurants, wie man leckere Speisen aus den – damals vor allem grünen – Paprikas zubereitet.

Und die Gurken? »Es war so«, erzählt Helga Kosdi-van Spronsen, »dass die Tomate damals noch ein einförmiges Massenprodukt war, das jeder erzeugen konnte. Die Gurke dagegen ist empfindlich, sie ist etwas für Spezialisten.« Gergely Kosdi machte die Gurkenzucht Spaß, sagt sie. »Mein Mann musste ständig etwas Neues ausprobieren. So hat er die alten Gewächshäuser abgerissen. Die fand er plötzlich zu niedrig. Sie waren genauso niedrig wie die in Manschnow, glaube ich. Ich war ja immer dagegen, gegen all diese Experimente und die damit verbundenen Scherereien. Aber er baute trotzdem höhere Gewächshäuser.«

Das Ehepaar zog schon bald um nach Noorden bei Nieuwkoop, einem neuen Gartenbaudorf an der Grenze zur Provinz Utrecht. Dort bekamen sie ein schönes Stück Land. Es lag zwar zwischen Blumenzüchtern, doch das war ihnen egal. Es gab dort immer genug zu tun. Mal mussten sie wegen des Familienzuwachses ein Stück am Haus anbauen, dann wieder eine Heizung in die Gewächshäuser legen. »Auf die Dauer würde die Gurkenzucht nicht mehr ohne Wärme funktionieren, sagte mein Mann. Also haben wir uns wieder Geld geliehen. Das war damals ganz einfach bei der Bank. Wir haben ziemlich oft Kredit bekommen.«

Gergely Kosdi wurde ein respektierter Gurkenproduzent. Seine Frau Helga ist, trotz ihrer Skepsis gegenüber den ständigen Neuerungen, stolz auf ihn. »Er hat ein ganzes Kesselhaus gebaut. Erst hatten wir nur einen kleinen Ölofen im Gewächshaus.« Das Öl machte in den siebziger Jahren Platz für Gas. Anders als heute wuchsen die Gurken, Tomaten und Paprikas allerdings noch in Erde. Das bedeutete, dass der Boden jedes Jahr entkeimt werden musste – eine Heidenarbeit. »Das Entkeimen dauerte einen guten Monat. Aber es war nötig, wenn man jedes Jahr wieder Gurken ziehen wollte. Meine Eltern züchteten, früher in Manschnow, nie zwei Jahre hintereinander dasselbe auf demselben Boden. Sie wechselten zum Beispiel Tomaten mit Gurken ab. Dann hat man weniger Probleme mit den Krankheiten, die aus der Erde hervorkommen.«

Beim Entkeimen des Gewächshauses wurde jedes Mal aufs Neue 80 Grad heißer Dampf unter eine Plane auf dem Boden geblasen. Die Hitze sollte die Krankheitskeime abtöten. Die Plane wurde an den Rändern mit schweren Ketten gehalten. Das Entfernen der knallheißen und bleischweren Ketten in einem Gewächshaus, in dem es dampfte wie in einem Türkischen Bad, war bis in die achtziger, neunziger Jahre ein typisch holländischer Studentenjob für den Sommer.

In den siebziger Jahren wuchs und wuchs die Gurkengärtnerei der Familie Kosdi-van Spronsen in Noorden immer weiter. Gergely hatte schon bald drei Betriebe – und drei Söhne. Sandor, der Älteste, sei immer schon verrückt nach Ungarn gewesen, erzählt seine Mutter. »Als Kind stand er mit einer Peitsche da und knallte und rief, dass er in die Puszta gehen würde.« Ab Mitte der siebziger Jahre, als der Kalte Krieg abflaute und die Familie Visa für Ungarn bekommen konnte, fuhren die Kosdis in ihrem ersten Auto regelmäßig zur dortigen Verwandtschaft in den Urlaub. Gergelys Eltern lebten damals noch.

Sohn Sandor staffierte sich später in seinen Studienjahren mit ungarischen Folklorehemden und hohen Stiefeln aus und zeigte sich gern im ungarischen Tanzclub von Westland. Der war von der Flüchtlingsgeneration gegründet worden. »Mein Mann war aktiv in dieser ungarischen Exilgemeinschaft. Und dort meldete sich dann auch meine zukünftige Schwiegertochter, weil sie sich ein bisschen einsam fühlte.« Nach dem Fall des Eisernen Vorhangs war die junge Ungarin, von der sie spricht, als Au-Pair-Mädchen in die Niederlande gekommen. Sandor lernte sie im Club kennen. »Er hat seine Frau also eigentlich seinem Vater zu verdanken«.

Tibor, der jüngste Sohn von Helga und Gergely Kosdi, hat auch eine ungarische Freundin. »Er importiert in Ungarn Trecker aus China. Heute Morgen rief er an, dass er schon über zwanzig verkauft hätte.« Der mittlere Sohn, Albert, hat die Gurkenzucht des Vaters übernommen. 2011 ist der Betrieb, nach fast einem halben Jahrhundert in der Provinz Zuid-Holland, nach Oosterhout in der Provinz Gelderland umgezogen. Das Gartenbaugebiet in Noorden war nämlich von der Verwaltung dazu bestimmt worden, der Natur zurückgegeben zu werden. Es ist genau das, was die Unternehmer und Einwohner im Oderbruch fürchten. Aber der Plan für Noorden wurde 2012 widerrufen, weil der

Kommune das nötige Geld fehlte. Da war Albert Kosdi schon weggezogen.

Albert und Tibor wurden von ihrem Vater zur Ausbildung auf die Gartenbauschule geschickt, Sandor durfte, als ältester Sohn, ein Ingenieurstudium aufnehmen. »Sandor machte sich auch überhaupt nichts aus der Gärtnerei«, erzählt Helga Kosdi-van Spronsen. »Er kam dabei gut weg. Die anderen Jungs mussten nach der Schulzeit helfen, Gurken sortieren und so. Aber jetzt ist ausgerechnet Sandor in Ungarn Allround-Gärtner geworden.«

Gergely Kosdi starb 2006. »Er war eigentlich dagegen, dass Sandor sich in diesem rückständigen Gebiet an der rumänischen Grenze niederlässt, mit den vielen Zigeunern und so. Aber er hat trotzdem geholfen, die Scheune zu bauen. Lauter gebrauchtes Material haben sie hier für Ungarn verladen.«

Helga Kosdi hat Ungarisch gelernt, die Sprache passte noch in die Sammlung. Jedes Jahr im Sommer ist sie einen Monat lang in Ungarn. Sie verbringt dann die meiste Zeit bei Sandors Familie in Hajdúdorog in der ostungarischen Puszta. Doch sie besucht auch stets für eine knappe Woche das Donaustädtchen Komárom, wo noch eine Schwägerin ihres Mannes lebt. Nachdem das Tauwetter im Kalten Krieg eingesetzt hatte, wurde es für vertriebene Ungarn einfacher, dorthin zurückzukehren. Und seit 2004, als sowohl Ungarn als auch die Slowakei der Europäischen Union beitraten, kann man sogar die einst so symbolisch beladene Grenze zwischen »den sozialistischen Brüdervölkern« wieder frei passieren.

»Es ist ein schweres Leben für Sandor«, seufzt seine Mutter. »Er hat zum Beispiel des Öfteren viele Paprikas geliefert, die er nie bezahlt bekommen hat, weil der Abnehmer pleite war.« Sie selbst bekommt manchmal auch welche geschenkt. »Sandor hat mir neulich wieder eine große Kiste mit Paprikas geschickt. Nett von ihm. Aber warum? Das Zeug kann ich hier auch kaufen. Sogar die typisch ungarischen Spitzpaprikas. Holland produziert mehr Paprikas als Ungarn.«

❧

»Meine armen Paprikas frieren jetzt so.« Frühlingsstürme über der Puszta haben Sandor Kosdis Gewächshäuser im ungarischen Hajdúdorog in eine Trauerlandschaft verwandelt. Vereinzelte Metallskelette stehen an diesem letzten Maitag noch immer krumm und schief da.

Ein Niederländer in Ungarn
Sandor Kosdi auf den Spuren seines Vaters

Die Reste der losgerissenen Folienüberdachung flattern im Wind. Der Boden ist durchweicht. Seine frühen Paprikasämlinge standen gerade erst auf eigenen Beinchen, als das Unwetter kam. Kosdi hat sie mit Tunneln aus Vliestuch vor dem sicheren Tod bewahrt. Diese Überdachung sieht aus wie die Raupenbahn auf einer Kirmes in seiner niederländischen Jugend. Die jungen Kohlpflanzen, die sich unversehens im Freien wiederfanden, müssen nun selbst zusehen, wie sie klarkommen.

Die ostungarische Tiefebene kann im Sommer ein flimmernd heißes Becken und im Winter eine eisige Steppe sein, um sich im Frühjahr in eine tobende Sturmlandschaft zu verwandeln. Für jemanden, der wie Sandor Kosdi aus dem holländischen Polder stammt, bleibt das Klima gewöhnungsbedürftig. Zum Glück hat er noch ein paar wiederhergerichtete Gewächshäuser voll mit kleinen Paprikapflanzen, die gut aussehen. Die Paprikas hängen bereits im Miniformat an der Pflanze.

Sandor Kosdi möchte sich völlig auf den Anbau von Paprika verlegen, was für Ungarn eigentlich ganz normal klingt. Doch das ist es längst nicht mehr. Als finanziellen Puffer züchtet er zusätzlich verschiedene Kohlarten, Zuckermais, Tomaten und was sonst in der Puszta noch wachsen will. Der Blumenkohl ist zum Glück ernterif und unbeschädigt. »Mein Leben besteht aus Plackerei und Unsicherheit«, so fasst er zusammen. »Auch die Maiskolben bringen manchmal so wenig ein. Kannst du mal schauen, was sie im Berliner Supermarkt kosten?« Er weiß nur allzu gut, dass die Antwort nicht verraten wird, was der Züchter daran verdient.

Das Telefon klingelt. Nach einem kurzen Gespräch kommt Kosdi zurück. »Gute Nachrichten! Ein Händler braucht Blumenkohl. Ich habe gut tausend Stück da. Das weiße Gold in schlimmen Zeiten, mein Blumenkohl! Sie sind jetzt gerade für kurze Zeit knapp. Sobald

Sandor Kosdis Gewächshäuser nach dem Frühlingssturm

sie etwas teurer werden, kommen aber sofort billige Partien etwa aus Italien. Und dann bleibe ich darauf sitzen.« Kosdi schickt ein paar Leute zum Blumenkohl und geht hinterher. »Weißt du, was mir neulich passiert ist? Ich wurde von einem örtlichen Markthändler angerufen. Er hatte gehört, dass es beim Lidl in Debrecen, an der Grenze zu Rumänien, Brokkoli gibt, der billiger ist als beim Großhandel. Ich bin in Debrecen öfter auf dem Markt, um meinen Kohl zu verkaufen. Er sagte also, bring mal eine Partie Brokkoli für mich mit zurück. Diese Lidl-Brokkolis hat er dann auf dem Markt hier in Hajdúdorog verkauft!«

Er hebt die Hände zum Himmel. »Ist das nicht absurd? Und dann die Preise: Warum kann man hier so billige Möhren und Zwiebeln aus den Niederlanden und Belgien kaufen? Meine liegen frisch in meinem Lädchen. Ich müsste sie teurer verkaufen, um etwas daran zu verdienen, aber na ja ...« Sein »Lädchen«, das ist ein offener Schuppen mit Schilfdach. Es markiert den Anfang seines Landes: eine Bake in der flachen Puszta. Dort verkauft er alles Mögliche für den lokalen Bedarf, manchmal auch das Ergebnis kleiner Experimente. »Ich habe von Bejo aus Enkhuizen Saat für rosa Tomaten bekommen. Die kosten normalerweise zwanzig Cent das Stück! In den Niederlanden werden rosa Tomaten selten gezüchtet, aber hier ist man verrückt danach. Bejo macht die Saat für den Export. Wir werden sehen.« Paprikasämlinge hat Kosdi auch reichlich im Angebot, jetzt im Mai. Paprikas sind in Ungarn, genau wie Tomaten, Saisongemüse.

Als kleiner Gemüsebauer, mit 15 Hektar Boden, von denen ihm acht selbst gehören, hat Kosdi ständig alle Hände voll zu tun. Er ist Züchter, Erzeuger und Verkäufer, Verwalter, Gewächshaus- und Häuslebauer in einer Person, außerdem noch Vater von vier Kindern und Ehegatte. Zudem hat er, als Sohn einer niederländischen Mutter aus einem vornehmen Gärtnergeschlecht, den van Spronsens aus dem Westland, die Ehre hochzuhalten. Willem van Spronsen, der um 1900 ins Oderbruch zog, ist sein Urgroßvater. »Ich bin sogar einmal dort gewesen, als Student in den Achtzigern. Ich wollte mit einer Freundin Urlaub in Polen machen. Und Manschnow liegt nun mal genau an der Bundesstraße 1, die von der niederländischen zur polnischen Grenze führt.« Mehr oder weniger zufällig war er dann in dem Dorf gelandet, dessen Name ihm schon zuvor ein Begriff war. »Leider habe ich wenig aus dem kurzen Aufenthalt gemacht. Ich habe damals nicht so richtig gewusst, was ich dort in Manschnow anfangen sollte.«

In ein paar Wochen ist Mutter Helga wieder einmal für einen Monat zu Gast. Nur allzu gern hätte er dann den Anbau an seinem bescheidenen Haus, einer umgebauten kleinen Csárda, ursprünglich eine Puszta-Schenke, fertig gehabt. Doch die Produktion geht wie immer vor. »Mein Vater hat gesagt: Sorg erst dafür, dass du etwas verdienen kannst. Er hat mit eigenen Händen den großen Schuppen für mich gebaut, das Erste, was hier fertig war. Man kann auch erst ein schönes Haus bauen, dann hat man eine Sicherheit für die Bank. So machen das die Deutschen. Tja, was ist klüger? Jetzt ist das Geld alle – vorübergehend, hoffe ich.«

Gärtner war wohl das Letzte, was Sandor Kosdi werden wollte. Er kennt den Wahnsinn der Gewächshauszucht von zu Hause aus den Niederlanden. »Diesen Mahlstrom aus immer mehr und immer größer und innovativer, um noch ein akzeptables Einkommen zu haben. Mein Bruder in den Niederlanden arbeitet mit seinen energieverschlingenden Mega-Gewächshäusern vor allem für die Bank. Es braucht nur eine Kleinigkeit zu passieren … 2011 war er mitten in der Gurkenernte, als die Ehec-Katastrophe kam. Er konnte seine Gurken nicht mehr loswerden. Nein, der Stress ist nichts für mich. Ich bin ohnehin schon ein ziemlich nervöser Typ.«

Von Gemüseanbau hatte er absolut keine Ahnung, sagt Sandor Kosdi. »Ich habe ein Ingenieur-Diplom. Das hilft hier ein bisschen, so habe ich aus einer alten russischen Fräsmaschine einen Apparat zum Aufdecken der Folien auf den Gewächshäusern konstruiert.« Nachdenklich ergänzt er: »Ja, letztlich ist es dann doch der Gartenbau geworden. Ich denke oft darüber nach, dass mein Vater auch erst in einem fremden Land Gärtner geworden ist. In Österreich hat man ihn 1956, nach seiner Flucht aus Ungarn, gefragt, wo er hin wollte. ›Nach Holland!‹, hat er gesagt. Wenn es schlecht bei mir läuft, in einer Saison mit viel Sturm und Hagel oder mit Großhändlern, die meine Lieferungen nicht bezahlen, denke ich an meinen Vater. Er kam auch von weit her und hat mit nichts angefangen. Und er hat es geschafft, mit seinen Gurken.«

Einen Hang zu Ungarn hatte Sandor Kosdi immer schon. »Während des Ingenieurstudiums konnte ich ein Praktikum im Ausland machen. Na, ich wusste schon, wo. Ungarn war mir vom Familienurlaub vertraut. Alles hier hatte mich damals sehr beeindruckt. Die Computer waren moderner als die in den Niederlanden!« Sein ungarisches Praktikum absolvierte er kurz bevor im Sommer 1989 der Eiserne Vorhang an der Grenze zwischen Österreich und Ungarn fiel. »Da saß ich schon wieder zu Hause. Das habe ich komischerweise nicht so miterlebt.«

Kurz darauf lernte er in Holland seine zukünftige Frau kennen. Ihre Familie kommt hier aus der Region, der armen ostungarischen Puszta. »Als wir 1997 nach Hajdúdorog umzogen, hat mein Vater noch einen ungarischen Pass für mich organisiert. Ein Niederländer konnte hier kein Land kaufen, und das ist noch immer schwierig. O je, mir fällt gerade ein, dass mein ungarischer Pass abgelaufen ist. Und den niederländischen muss ich auch noch verlängern lassen. Tja, was bin ich jetzt? Europäer?«

Wenn man mit dem Zug in Hajdúdorog ankommt, glaubt man sich in den Niederlanden wiederzufinden. Es weht ein steifer Wind. Neben dem kleinen Bahnhof gibt es einen Fahrradständer, sogar mit einem

Schuften in der Puszta: Sandor Kosdi und einige seiner Mitarbeiter

Dach darüber. Manch einer steigt direkt aus dem Zug auf sein Fahrrad.
Die Familie Kosdi wohnt ziemlich abgelegen außerhalb des Dorfkerns.
Die Kinder sind hier geboren und sprechen kein Niederländisch. Sandor Kosdi wird hier trotzdem »der Holländer« genannt. Und so fühlt
er sich auch, oder vielleicht hier erst so richtig. Sein halbfertiges Haus
ärgert ihn, das ist der kalvinistische Niederländer in ihm. »All die Un-
ordnung hier auf dem Gelände, all das, was nicht fertig ist … Ich bin
einer, der ständig aufräumen muss.«

Doch an diesem windigen Junimorgen muss der Blumenkohl geliefert werden. Sandor Kosdi begibt sich damit zum Gemüseladen des
Dorfes. Er sieht sich dort immer gut um. Es gibt reichlich Paprikas im
Angebot. Die beliebten, vorn spitz zulaufenden, weißen ungarischen
Paprikas sehen ziemlich verschrumpelt aus. Die Sorte hält sich nicht
lange, sagt Kosdi. Sie kommen aus Südungarn, aus einem der wenigen
Glasgewächshäuser, mit denen das Land versucht, den Jahreszeiten zu
trotzen. Daneben liegen teurere Paprikas aus Holland, viereckig und
rot, sowie etwas dunklere aus Spanien.

Doch wer kauft im »Paprikaland« Ungarn Importpaprikas? Nahezu alle Ungarn, die man danach fragt, schwören, dass sie nur ungarische Paprikas mögen und diese erst in der Saison essen. Dann sind sie frisch und preiswert. Höchstens zu Garnierungszwecken kaufen sie mal so eine »bittere, steinharte« Blockpaprika aus dem Ausland. Ansonsten seien die »sogar gekocht nicht durch den Hals zu kriegen«, wird gern ergänzt. Aber dafür halten sie lange.

Auch auf dem Dorfmarkt von Hajdúdorog sieht Sandor Kosdi niederländische und spanische Blockpaprikas, auch Kalifornien-Paprikas genannt. Und in den Supermärkten der nahen Großstadt Debrecen liegen sie ebenfalls aufgetürmt da. Es sind so viele, dass die Ungarn, die ja behaupten, sie würden sie nicht essen, sicherlich tausende von Banketten damit garnieren, hübsch Ton in Ton aus diversen Rottönen oder mit Gelb- und Grüntonen gespickt. Selbst wenn die ungarische Paprikasaison losgeht, verschwinden diese westeuropäischen Paprikas nämlich nicht aus den Regalen. Manchmal werden die Preise gesenkt, doch sie bleiben durchweg zwei- bis dreimal so teuer wie die ungarischen. Sie sind also eher Luxusprodukte, keine Dumpingware wie die westeuropäischen Tomaten von nebenan.

Der Einkaufspreis dieser Importprodukte ist verhältnismäßig niedrig, dermaßen niedrig sogar, dass der ungarische Durchschnittserzeuger kaum eine Chance hat, es in die Regale der Supermarkt- und Discounterketten zu schaffen. Seine Produktion ist zu teuer, denn er hat meist mit veralteter Technologie zu kämpfen. Und sein Angebot ist zu klein, zu wenig konstant hinsichtlich Qualität und Form und zu sehr saisonal gebunden. Sandor Kosdi hätte nur allzu gern ein beheiztes holländisches Glasgewächshaus in seinem Betrieb. »Das würde mir mindestens das Sechsfache an Paprikas einbringen. Aber man bekommt hier von der Bank keinen bezahlbaren Kredit.« Er kann nur mit Neid daran denken, wie einfach seine Eltern damals Kredite für ihre niederländische Gurkenzucht bekommen haben. Ihre Investitionen hatten immer wieder dementsprechend höhere Erträge eingespielt, und mehr als das. Das könnte Sandor mit seinen Paprikas auch gelingen.

Wenn man sich länger mit Ungarn unterhält, dann kommen sie häufig auf etwas zu sprechen, das viele Probleme in ihrem Land er-

Teure holländische
Paprika in einem
ungarischen Supermarkt

klären soll. Dabei sehen sie die Schuld dann einmal nicht beim Staat
oder bei »Europa«, sondern bei sich selbst – oder noch lieber: bei »den
anderen«. Es herrscht in Ungarn auffallend viel Misstrauen, Neid und
Rücksichtslosigkeit zwischen den Menschen. Sie selbst erklären diese
Haltung mit dem Kommunismus, der »die Menschen gegeneinander
ausgespielt hat«, und mit der postkommunistischen Korruption an der
Spitze der Verwaltung, »die ein schlechtes Beispiel gibt«.

Diese Einstellung prägt das Leben. Sich als Erzeuger in einer Genossenschaft organisieren, um gemeinsam gegenüber den Supermärkten aufzutreten? Vergiss es. »Genossenschaften hauen dich übers Ohr«,
hört man dann. Die Gärtner scheinen auch ihr Fachwissen und ihre
Erfahrungen lieber nicht miteinander zu teilen, geschweige denn ihre
Sachen. Eine ungarische Redewendung lautet: »Die Kuh des Nachbarn
möge tot umfallen.«

Manchmal wird die Stimmung sehr unheimlich. Dann hört man
einen jungen Paprikazüchter plötzlich gegen »die Multis und die Ju-
den« wettern, die den Ungarn dies alles angetan haben. Das Volk murrt
wegen der zu hohen Preise und der verlorenen Jobs. Wenn die poli-

tische Führung des Landes noch ein klein wenig nationale Emotion hinzufügt, erscheint selbst die Europäische Union, die man zuerst als Weihnachtsmann gesehen hatte, der Geschenke bringt, aus ungarischer Sicht plötzlich als Wolf im Schafspelz.

Sandor Kosdi kennt die schmerzhafte Vergangenheit Ungarns nicht aus eigener Erfahrung. Groll ist etwas, das ihm fern liegt, und nationalistische Gefühle sind ihm fremd. Das Land zog ihn einfach an. Doch er scheitert regelmäßig an der hiesigen Mentalität. »Ich müsste eigentlich mehr produzieren und vor allem auch effizienter handeln, um als Betrieb zu überleben. So möchte ich einen hochwertigen Lastwagen anschaffen, am besten zusammen mit Gärtnerkollegen. Dann könnte man Waren derselben Qualität außerdem gemeinsam transportieren. »Aber na ja, zusammenarbeiten in Ungarn?«

Manchmal stehe es ihm bis hier, seufzt er. In einer solchen Stimmung hat er dem ungarischen Online-Magazin *Agrár Unió* einmal anvertraut: »In Ungarn herrscht eine erbärmliche Arbeitsmoral.« Er illustrierte seine Behauptung mit Beispielen, die es in sich haben. Frei übersetzt: »Letzten Juni hatte ich 50 000 reife Maiskolben, und die mussten zu deutschen Supermärkten transportiert werden. Es sind nicht alle Kisten an mich zurückgeliefert worden, und viele davon waren kaputt … In Ungarn ist das Einhalten von Verträgen ein Riesenproblem, vor allem auch, was das Zurückbekommen der eigenen Sachen angeht. In den Niederlanden mietet man die Sachen von einer Erzeugerkooperation – und hat weiter nichts damit zu tun.«

Ehrlichkeit ist etwas für die Dummen, sagt man hier. »Machst du beim Bluffen und Lügen nicht mit, guckst du in die Röhre. Na ja, in den Niederlanden wird auch ganz schön geschummelt. Allein schon die Offshore-Steuerparadiese, von denen man liest …« Sandor Kosdi wundert sich immer wieder über die menschlichen Unzulänglichkeiten. Er selbst ist eher ein sanftmütiger Zauderer. »Dann werde ich eben nicht reich. Wenn ich bei dem, was ich tue, ehrlich bin, bin ich auch glücklicher.«

Um christlich zu handeln, muss er nicht in die Kirche gehen. »Ich wüsste nicht, in welche, zu viel Auswahl.« Seine Frau findet in diesen schweren Zeiten Unterstützung bei den Zeugen Jehovas im Dorf. Doch im Gegenzug erwartet man eine ebenso intensive Teilnahme am Leben der Glaubensgemeinschaft. Das nimmt nahezu das gesamte Wochenende in Beschlag. Sie nimmt die Kinder oft mit. Ehegatte Sandor rackert sich derweil auf Gottes Acker ab. Er kann schon verstehen, wieso die Menschen abgestumpft wirken. »Viele sehen keine Zukunft, wissen nicht, wovon sie leben sollen.« So wird verständlich, warum ein Großteil des einheimischen Gemüses am Finanzamt vorbei verkauft wird, an der Haustür, schwarz auf den Märkten oder unter der Hand. »Sonst schafft es der kleine ungarische Gärtner nicht.«

»Ich war zu nett und zu gutgläubig«, fügt er hinzu. »Bei uns gab es am Anfang beispielsweise jeden Tag Kaffee für die Belegschaft. Aber damit ist Schluss. Das macht hier keiner, und es wird dadurch auch nicht wirklich besser gearbeitet. Und Alkohol gibt es auf meinem Land auch nicht mehr, außer zu besonderen Anlässen.« Der holländische Ungar in ihm ist inzwischen tatsächlich ein wahrer Europäer geworden, und das genießt er sehr. »Außerhalb der Hauptsaison, so wie jetzt, habe ich zwölf Mitarbeiter: Ungarn, Ukrainer, Rumänen: Sind wir hier nicht international?! Sieh mal, meine fantastische Ukrainerin steckt jetzt die Kohlsamen in Hunderte von kleinen Töpfen mit Erde … – Ach ja, ich habe mich ja selbst für dieses Leben entschieden.«

Sandor Kosdi verkauft seine Paprikas dann doch über einen der so verabscheuungswürdigen regionalen Erzeugervereine: die Genossenschaft, an der er im Interview mit dem Online-Magazin noch sein Mütchen gekühlt hatte, weil die Logistik dort überhaupt nicht funktionierte. »Mein Gemüse landet dank des Vereins in Deutschland, bei Aldi und Kaufland beispielsweise, und in Skandinavien. Nein, nicht in den Niederlanden. Ich habe darauf keinen Einfluss, die Genossenschaft bestimmt den Handel. Aber ich glaube, dass es dafür dort kaum einen Markt gibt. Sogar die roten Spitzpaprikas werden in den Niederlanden selbst erzeugt. In den Niederlanden können sie alles züchten.«

Kosdi will gerade Saatgut für die Kapia, die Spitzpaprika, kaufen. Dazu hat er ein »*Speed-Date*« an einer Tankstelle 20 Kilometer entfernt, damit er nicht den ganzen Weg nach Budapest fahren muss. In der Hauptstadt gibt es eine Niederlassung von Rijk Zwaan, dem weltweiten Saatgutunternehmen. Dort befinden sich auch, sagt er, kleinere Büros der anderen großen holländischen Gemüsesaatbetriebe. »Ich habe Saat von allen Großen. Und nicht nur ich. Man verwendet hier häufig niederländisches Saatgut, auch für typisch ungarische Paprika-sorten.«

Gestern trug er noch ein T-Shirt mit dem Schriftzug des ehemals selbstständigen Saatgutherstellers Royal Sluis. Er weiß genau, welcher der multinationalen Chemie- und Agrarkonzerne welche holländische Saatgröße verspeist hat. Auf dem Weg zur Tankstelle zeigt Kosdi auf vereinzelte Baumgruppen – »Da standen Bauernhöfe, bis die Kommunisten sie zerstört haben.« – und auf verstreute, kleine Schafherden: »Die Hirten haben alle mobiles Internet, und statt Hunden haben sie jetzt Elektrozäune.« In der Ferne sieht man das Bergland der Weinregion Tokaj. Dann kommt die kleine Tankstelle in Sicht. Dort übergibt eine junge Frau Kosdi das bestellte Saatgut und wird für die Mühe mit Kartoffeln und Blumenkohl belohnt. »Das bisschen Saat kostet mich immerhin 2 000 Euro. Jedes Jahr wieder, aber dann hat man zuverlässiges und gesundes Zeug.«

Die Samen, die Kosdis ukrainische Mitarbeiterin bereits seit Tagen präzise in kleine Töpfchen mit Erde steckt, sind mal knallgelb, dann wieder giftblau mit Perlmuttglanz. Das sagt nichts über den Inhalt aus. Die Farbe ist eine kleine Spielerei beim Coating, der Schutzschicht gegen Krankheiten und Ungeziefer. »Der Pusztaboden besteht aus fruchtbarem Löss«, erzählt Kosdi. »Das ist schön, aber je natürlicher der Boden, umso mehr Feinde haben die Pflanzen. Vor allem im Becken, in dem wir hier sitzen, sind viele Schädlinge aktiv. Deswegen ziehe ich jetzt einige Kapia auf Kokosmatten statt auf Erde hoch, als Experiment. Diese Paprikapflanzen bekommen ihre Nahrung über kleine Schläuche. Die niederländische Gewächshauszucht kennt fast nichts anderes mehr. Der Vorteil ist der, dass man so nahezu biologisch züchten kann, ohne Chemie.«

Doch zurzeit kommt Kosdi nicht mit biologischen Mitteln aus. Er hat eine Raupenplage auf seinen Kohlpflanzen – oder waren es Koloradokäfer, oder beides? Auf jeden Fall lassen die Biester sich nicht mit unschuldiger Ungezieferverzichtung organischer Art vertreiben. Kosdi ist schwer beschäftigt, redet und redet und schüttelt dabei die Flasche mit Chemikalien des Agrarkonzerns Syngenta. Dabei bekommt er einiges von dem hochgiftigen Zeug ab, das eigentlich für die Sprühvorrichtung hinter seinem Belarus-Traktor gedacht war. Er hatte nicht

Eine Mitarbeiterin von Sandor Kosdi steckt Gemüsesamen in Töpfchen

bemerkt, dass die Kappe schon ab war. Schnell greift er zu einem Wasserschlauch und richtet einen ordentlichen Strahl auf sich. »Das ging wohl ziemlich schief.«

Später am Tag erzählt er, weshalb er, anders als sein Vater und sein Bruder, keine Gurken anbauen will, nicht dort und nicht hier. Das ist nicht nur wegen des Drucks, immer mehr produzieren zu müssen. »Es ist eine störanfällige, schwierige Zucht, die man viel besprühen muss. Ich habe schon mein ganzes junges Leben in den Gurkengewächshäusern verbracht, im Gift also. Heutzutage haben sie zwar weniger schädliche Alternativen, aber früher war das ganz schön heftig. Ich habe manchmal gedacht, dass der Krebs, an dem mein Vater gestorben ist, von dem Gift stammte, das er gegen den Koloradokäfer auf seine Gurken gespritzt hat.«

🍏

Es ist Januar, und in der Manschnower Fontana-Gärtnerei sind wieder die ersten Tomatensämlinge der Saison ins Gewächshaus gesetzt worden. Diese Tomaten sind »seit Jahrzehnten ein ausgesprochener Verkaufsschlager«, berichtet die *Märkische Oderzeitung*. Seit Jahrzehnten? Zu DDR-Zeiten waren frische Tomaten nur sehr begrenzt auf dem Markt. Sind sie vielleicht nach der Wiedervereinigung ein Verkaufsschlager geworden, gerade weil es so wenige davon gibt? Aber wo sind sie denn? Die Regionalzeitung gibt die Antwort: »Beim Blumenhändler oder auf den Märkten«. Beim Blumenhändler? Ach, damit ist zweifellos das lokale Gartencenter von Frank Schütz gemeint. Er verkauft neben den eigenen Blumen ja auch die Hobby-Tomaten seines Vaters Walter. Die Oderbruchtomate wurde auch schon im nahen Golzow gesichtet, in der multifunktionalen Oderhalle. Ansonsten hat sie noch ein paar Abnehmer im Speckgürtel von Berlin und in der Hauptstadt selbst. Stecknadeln im Heuhaufen.

Der Untergang des regionalen Gartenbaus
Wo sind die Oderbruch-Tomaten und Havelland-Äpfel für Berlin?

Ist das Oderbruch noch immer Berlins Gemüsegarten, wie vor hundert Jahren? Oder ist es nach dem Mauerfall wenigstens wieder der Zulieferer von Tomaten und anderen Gartenbauprodukten geworden, der es einst war? »Was sich jetzt Fontana nennt, also die Gärtnerei, war mal unsere LPG«, erklärt der Manschnower Rentner Walter Schütz. »Oder besser, die sechs Hektar, die Manschnow davon geblieben sind. Die hat der ehemalige Produktionsleiter der LPG sich unter den Nagel gerissen, will ich mal so sagen. Und der hat sich bei den Holländern, den paar neuen Landwirten, ein bisschen umgehört, sprich er hat sich ein paar Ratschläge in Sachen Tomaten geholt.«

Der Mann war nicht der einzige der damaligen »roten Junker«, also der ehemaligen LPG-Chefs, der nach der Wende ehemals volkseigenes Land zu subventionierten Preisen erwarb. Später konnten sie das Land für ein Vielfaches weiterverkaufen. Die damalige LPG, in der Walter Schütz als Beregner gearbeitet hat, wurde aus Golzow verwaltet, dem wichtigsten Dorf im Umkreis. Es war eine Vorzeige-LPG, die mit 6 750 Hektar etwa ein Zehntel des ganzen Oderbruchs ausmachte: der flä-

Überreste holländischer Gewächshäuser im Oderbruch

chengrößte landwirtschaftliche Betrieb der DDR. Aufgrund dieser herausgehobenen Stellung hatte Golzow die Ehre, viele prominente Staatsgäste der DDR zu empfangen. Einer der bedeutendsten Besucher war 1984 der nordkoreanische Präsident Kim Il Sung. Allerdings wurde ihm vorgetäuscht, er sei in einer ganz anderen LPG – nämlich in der, die er bereits 1956 besucht hatte und die er nun noch einmal sehen wollte. Das ging aber schlecht, denn diese LPG war inzwischen gar kein Musterbetrieb mehr. Also ging es nach Golzow. Der befreundete Diktator war aber dennoch zufrieden, wie die *Berliner Zeitung* recherchiert hat.

Ein weiteres Erfolgskapitel in der Geschichte der Golzower Landwirtschaft wurde bekannt, als vor ein paar Jahren die EU-Subventionen veröffentlicht werden mussten. Die LPG-Nachfolgerin Landwirtschaft Golzow GmbH hatte zwischen 2002 und 2008 fast elf Millionen Euro von der EU erhalten und war damit einer der größten Empfänger in Brandenburg. Die Boulevard-Presse titelte: »Golzows Kinder sind erwachsen«. Das war ein Verweis auf eine Erfolgsstory anderer Art: die

Langzeit-Dokumentation *Die Kinder von Golzow*. Das sind zwanzig Filme, in denen die Regisseure Winfried und Barbara Junge mehrere Einwohner von Golzow von der Einschulung an durch ihr Leben begleiten. Das Projekt, das 1961 unter der Ägide der DEFA, dem staatlichen Filmunternehmen der DDR, begann und bis 2005 fortgeführt wurde, bietet einen einmaligen Einblick in das Landleben mehrerer Jahrzehnte. Die Chronik fängt quasi an, als die »kapitalistische« Familie van Spronsen gerade weggezogen ist und die erste Generation wahrer Sozialisten heranwachsen konnte.

Indirekt erzählt der Film auch vom Leben der Familie Schütz. Walter und Frank haben miterlebt, wie das Oderbruch nach dem Mauerfall seinen Charakter geändert hat, insbesondere in den letzten fünfzehn Jahren. Walter Schütz zeigt auf das, was ohnehin ins Auge springt: Maisfelder ohne Ende, nur unterbrochen von Sonnenblumenfeldern, leere Wiesen, gelegentlich eine Biogasanlage ... Alles hier wirkt monoton. Bei einer so langweiligen Landschaft gibt man schnell dem Plansozialismus die Schuld. Aber Walter Schütz korrigiert: »So sieht es hier erst seit der sogenannten Wende aus. Das war zu DDR-Zeiten alles Produktionsfläche für Gemüse, Getreide und Obst. Eine Art Vielfalt. Bis in die kleinste Ecke wuchs irgendetwas.« Die Metamorphose der Landschaft ist also jüngeren Datums. »Das bisschen, was zu DDR-Zeiten noch von der Vorkriegsvielfalt und Abwechslung in der Landschaft übrig geblieben war«, ergänzt Frank, »ist nachträglich weitgehend zerstört worden.«

Die Landwirtschaft Golzow hat lange standgehalten, erzählt Walter Schütz. »Aber dann ist sie doch übernommen worden.« Sie ist heute eine Tochter der Agrargenossenschaft Odega, die dadurch der größte Landwirtschaftsbetrieb der Region wurde. Es ist eine Firma »von hier« geblieben, so betont die Geschäftsleitung immer wieder. Das ist eine Ausnahme. Odega sah sich, wie auch viele andere Unternehmen, mit auslaufenden Pachtverträgen konfrontiert. Ihr blieb nur die Möglichkeit, das Land überteuert zu kaufen, denn sonst wäre es verloren gewesen.

Die Folgen der Umwälzungen sind nicht zu leugnen. Odega wirbt mit dem Spruch: »Wo die Natur noch gesund ist.« Allerdings verwandelt sich die Natur bei der Firma »frisch vom Feld ins Fass«. Odega vermarktet vor allem Industrie- und Tiefkühlgemüse sowie Konserven wie Sauerkraut und eingelegte Gurken. Damit lässt sich leichter kalkulieren und handeln als mit Frischgemüse. Die paar Hektar Tomaten, die Odega noch anbaut, verschwinden anonym im Brandenburger Ketchup.

Was ist von der Erfolgsgeschichte geblieben? Vom Aufschwung, den einst der »eingewanderte Holländer« van Spronsen mitgeprägt hat, der 1906 auf dem Golzower Amt aufgetaucht war? Die Berliner bekommen die Produkte aus ihrem Gemüsegarten Oderbruch heute selten frisch, sondern meist in Dosen, tiefgekühlt oder eingelegt in »dekorativen«, »bedienfreundlichen« Odega-Abdeckfässern. Industriegemüse ist Billigproduktion. Es werden kaum noch Arbeitskräfte benötigt; ein Arbeitsplatz auf dreißig Hektar ist keine Ausnahme.

Im Jahr 1875 hatte Golzow 2061 Einwohner, Tendenz steigend. Im Jahr 2000 war nur noch die Hälfte übrig, Tendenz rückläufig. Die Menschen im Oderbruch wurden von zwei dramatischen Umwälzungen erfasst: der Wirtschaftskrise und dem Klimawandel. Genauer gesagt waren es eigentlich die Reaktionen auf beide Dramen, die in ihrer Wechselwirkung den Boden zum Spekulationsobjekt gemacht haben.

Im Kampf gegen die Erderwärmung ist Biomasse ein wichtiger, weil erneuerbarer, Energieträger. Insbesondere Mais für Biogasanlagen wurde vor etwa fünfzehn Jahren zum neuen Hoffnungsträger. Zur gleichen Zeit entdeckten Anleger im Kampf gegen die Schwankungen der Finanzmärkte den ostdeutschen Boden als sicheren Hafen für ihre Investitionen. Grundbesitz ist in Krisenzeiten eine sichere Bank, vor allem wenn Ackerland dank der stark nachgefragten Biomasse zur überteuerten Mangelware wird.

So machten sich ein paar Holdings daran, das Brandenburger Land unter sich aufzuteilen. Die Bodenpreise waren vor wenigen Jahren, anders als zum Beispiel in Niedersachsen, noch auf »Ostblock-Niveau«, und außerdem als ehemaliges Volkseigentum in großen Mengen verfügbar: »Heute investieren. Morgen ernten.« Inzwischen befindet sich die Mehrheit der Agrarflächen in den neuen Bundesländern in den Händen von nur wenigen Besitzern. In den alten Ländern wäre so eine solche Monopolstellung auf Grund der Eigentumsverhältnisse und der durchschnittlich viel kleineren Höfe unmöglich.

Die Privatisierung der einst volkseigenen Felder und Forste in Brandenburg liegt in Händen der BVVG, der Bodenverwertungs- und -verwaltungs GmbH. Als staatliches Nachfolgeunternehmen der Treuhandanstalt hat sie den politischen Auftrag, erstens die bestmöglichen Preise zu erzielen und zweitens vor 2025 alle Privatisierungen abzuwickeln. In den vergangenen Jahren sind die Preise für Ackerland in Brandenburg pro Jahr um fast zehn Prozent gestiegen. Manchmal ist es sogar das Doppelte. Im Februar 2014 konnte die BVVG der Presse selbstzufrieden mitteilen, dass die Äcker und Wälder in Brandenburg »wieder wertvoller« geworden seien. Das frühere DDR-Staatseigentum hatte sich binnen eines Jahres durchschnittlich um 23 Prozent verteuert.

Allein 2013 hat die BVVG in Brandenburg mittels Landverkauf 118 Millionen Euro eingenommen. Das wurde kurz nach dem Rundgang mit Walter und Frank Schütz entlang der Ruinen und Felder bekannt. »Die neuen Chefs im Oderbruch sind eher Industrielle und Investoren als Bauern«, hatte Walter Schütz damals erklärt. »Sie fahren manchmal vorbei – durch Land, mit dem sie nichts verbindet.« Auf Druck der Bauern wurde die Verkaufsstrategie inzwischen etwas sozialer gestaltet, mit kleineren Verkaufsflächen, die für Großinvestoren weniger interessant sind. Trotzdem hat der Staat im Jahr 2015 für Flächen in Brandenburg und Berlin Erlöse von 139 Millionen Euro erzielt. Im gleichen Jahr hat der Europäische Gerichtshof entschieden, dass die BVVG nicht immer an den Meistbietenden verkaufen muss. Es mutet komisch an, dass übernationale Richter eine staatlichen Instanz dazu aufrufen müssen, sich von Bodenspekulation fern zu halten.

»Sie produzieren alles was groß gefördert wird, in erster Linie für Biogasanlagen«, hatte Walter Schütz kommentiert. »Sie« stammen aus Hamburg oder Homburg, heißen KTG Agrar oder Agrarius und sind börsennotierte Aktiengesellschaften. Für Leistungen mit erneuerbaren Energien kassieren sie alle möglichen Förderungen, Boni und Prämien in Millionenhöhe, vom Bund und von der EU. Ihr Grundbesitz wächst jährlich um einige tausend Hektar.

International wird für die Spekulation mit Grundbesitz der Begriff *Land Grabbing* gebraucht, »Land ergreifen« oder »Land an sich reißen«. Die großen Biogasanlagen verschlingen tatsächlich Land, aber der Begriff trifft auch auf die Kapitalanleger zu. *Land Grabbing* ist ein weltweites Phänomen. Landwirtschaftsfremde Konzerne wie Fondsgesellschaften und Banken investieren in Äcker irgendwo auf der Welt. In einer Agrarius-Infobroschüre heißt es: »Gerade die noch recht jungen EU-Länder, wie Polen, Tschechien, Bulgarien, die baltischen Länder, und vor allem Rumänien, bieten Unternehmern im Agrarbereich Chancen, die im westlichen Teil Europas weitgehend ausgeschöpft sind.« Das Versprechen: »Mindestens 10 % jährlicher Gewinn.«

Der West-Europäer, der ins Oderbruch investiert, profitiert zweifach (wenigstens solange ihm keine Pleite dazwischen kommt, wie bei KTG Agrar 2016): Sein Geld ist in der sicheren Bundesrepublik und gleichzeitig in einem dieser günstigen »jungen EU-Länder« (Brandenburg) unterwegs. Der tatsächliche Bodeneigentümer ist nicht immer sichtbar. Das Land wird manchmal an Dritte weiterverpachtet oder noch unter dem Namen des alten Agrarbetriebs bewirtschaftet. Das gilt vor allem, wenn es schon vor der Übernahme eine starke Marke gab, wie zum Beispiel Frenzel Oderland-Tiefkühlkost in Manschnow. Nach einer Insolvenz wurde das Unternehmen stillschweigend belgisch und kam dann, bis zu dessen Insolvenz, in den Besitz von KTG Agrar. Inzwischen hat Farmers Land den Besitz übernommen – und das alles innerhalb weniger Jahre. Die Bewohner des Oderbruchs wissen, wenn wieder ein Unternehmen von hier in den »Kapitalsumpf von unbekannten Investoren« übergeht (so ein Kommentar im Leserforum der *Märkischen Oderzeitung*). Man weiß das so genau, weil bei jeder Übernahme Arbeitsplätze verloren gehen.

Frank Schütz macht an erster Stelle das Subventionssystem für diese Entwicklung verantwortlich: »Alle Bauern bekommen Pauschalbeträge pro Hektar, das ist das größte Übel«, seufzt er. »Gartenbau lohnt sich dann bei uns viel weniger als diese Mono-Anbaukulturen der Großunternehmen, vor allem für die Biogasanlagen, die die Landschaften plattmachen. Die ökologischen Parteien sollten hier gegensteuern, aber gerade die haben sich dieses System ausgedacht, das ist ja das Schizophrene.«

Es gibt in Deutschland etwa 9 000 Biogasanlagen, mehr als die Hälfte des gesamteuropäischen Bestands. In den Niederlanden sind es zum Beispiel nur etwa 500 und in Ungarn schätzungsweise 50. Ungarn hat dafür aber Warmwasserquellen. Die Niederlande haben ihr Erdgas und wenig Raum für den großflächigen Anbau von »Energiepflanzen«. Dieser Rückstand in Sachen erneuerbarer Energien hat also, wie jeder Nachteil, auch seinen Vorteil – um mit dem berühmten holländischen Fußballer Johan Cruyff zu sprechen.

Zugegeben, die Mehrheit der Biogasanlagen auf deutschem Boden ist klein und ökologisch sinnvoll, weil wirklich nachhaltig. Sie erzeugen Strom für den eigenen Hof, und für das Dorf gleich mit. Das Übel für den Boden bilden die großen Biogasanlagen, die so viel Kapazität haben, dass es in ihrer Umgebung nicht ausreichend »Futter« aus organischen Reststoffen gibt, wie Frank Schütz es ausdrückt. Diese Biosgasanlagen befinden sich zumeist außerhalb von Brandenburg. Sie benötigen tausend Tonnen Mais pro Tag, egal woher. Da erscheint es praktisch, dass es die relativ fruchtbaren und leeren Regionen wie das Oderbruch gibt. Der Energiemais, der dort angebaut wird, ist die wichtigste Ursache für die steigenden Bodenpreise.

Der Mais wächst im Oderbruch nämlich tüchtig, vor allem wenn die Pflanzen mit riesigen Mengen Dünger, Herbiziden, Insektiziden und sonstigen chemischen Mitteln versorgt werden. Da der Energiemais nicht gegessen, sondern nur verbrannt wird, kommt es ja nicht darauf an. Am liebsten spendiert man dem Boden schon vor der Aussaat einen Chemiecocktail, damit das Unkraut nicht von bezahlten Arbeitskräften weggepflückt werden muss. Besonders das umstrittene Unkrautvernichtungsmittel Glyphosat ist dafür beliebt. Es stört das Wachstum aller Pflanzen, was hilfreich ist, solange der Mais noch nicht eingesät worden ist, oder auch kurz vor der Ernte, um diese zu erleichtern. Glyphosat wird auf etwa einem Drittel aller deutschen Agrarflächen eingesetzt, vor allem das der Monsanto-Billigmarke Roundup.

In ganz Brandenburg steht derzeit auf etwa einem Fünftel des Ackerlands Mais: Energiemais, aber auch Mais für Tierfutter oder zum menschlichen Verzehr (namentlich für die Produktion von Stärke). Hinzu kommen noch Sonnenblumen und andere Energiepflanzen. Trotz der rasanten Preissteigerungen liegt der kommerzielle Wert des Bodens noch immer unter dem in der alten Bundesrepublik. Deswegen sind die Kapitalanleger weiter hinter dem Land im Osten her. Frank Schütz: »Sie kaufen es und verpachten es dann für viel zu viel Geld

Bodenständige Brandenburger: Frank und Walter Schütz

an die Bauern, die Land brauchen, und sich dafür bei der Bank hoch verschulden müssen.« Er kennt genug Landwirte, die »freiwillig« auf Energiemais umgestiegen sind, weil das mehr Geld bringt.

Es ist das Grüne Paradox: Die Wende in Richtung der erneuerbaren Energien zerstört die landschaftliche Vielfalt. Als Ersatz für fossile Energieträger ist Biomasse zudem nicht sehr effektiv. Die Bewertung der neuen Agrarstruktur im Oderbruch und an anderen Orten ist allerdings eine Sache der Perspektive. Die einen sprechen positiv von der neuen »Energielandschaft« und der »wunderbaren Wertsteigerung der Böden«. Die anderen von einer »Goldgräberstimmung« (*Der Spiegel*) oder von ackerfressenden »Heuschrecken« (*Märkische Allgemeine*).

Die Auswirkungen der Biogasanlagen, wenigstens in ihrer heute verbreiteten extremen Praxis, werden unterdessen auch von ehemaligen Befürwortern kritisch gesehen. Sicher, die ausreichende Produktion von Biogas ist eine der Voraussetzungen, um die Klimaziele zu erfüllen. Aber der Mais für diese Bio-Energie wird gegen alle ökologischen Prinzipien produziert. Allein schon das gebräuchliche stickstoffhaltige Düngemittel produziert Lachgas-Emissionen, die laut Bundesumweltamt dreihundert Mal stärker wirken als das ebenfalls ausgestoßene Treibhausgas CO_2. Und die Gärreste aus den Biogasanlagen verunreinigen Land und Wasser. Wie nachhaltig ist ausgelaugter, schwer kontaminierter und dazu noch überteuerter Boden? Das fragen sich Vater und Sohn Schütz, und noch manch anderer Bewohner des Oderbruchs.

Ein Beamter vom Landesumweltamt steht in der Brandenburger Schorfheide zwischen den Energiemaisflächen. Er dokumentiert die vom Biogas-Boom verursachten Auswirkungen auf das geschützte »Biosphärenreservat« Schorfheide-Chorin, fünfzig Kilometer vom Oderbruch entfernt. Es müsste in der Zukunft seine Bezeichnung »Biosphäre« (»Raum zum Leben«) ablegen, wenn nicht grundsätzlich eingegriffen wird. Die Landschaft wird steril sein, eine lebensfeindliche Wüste, so der Tenor seiner Worte. Diese Szene ist einem Dokumentarfilm entnommen, der *Climate Crimes* heißt, mit dem Untertitel *Umweltverbrechen und Vertreibung im Namen des Klimaschutzes*. Die österreichischen Filmemacher Eichelmann und Walder fanden die geeigneten Drehorte für ihre Dokumentation aus dem Jahr 2011 in Brasilien, im Irak, in Indonesien, im Osten der Türkei – und im Osten Deutschlands.

Im Sachstandbericht der Vereinten Nationen mit Maßnahmen zur Minderung des Klimawandels, der 2014 ausgerechnet in Berlin verabschiedet worden ist, heißt es, die weltweiten Emissionen von Treibhausgasen seien in den vergangenen zehn Jahren so stark gestiegen wie nie zuvor. Die Agrarwirtschaft habe daran einen beträchtlichen Anteil. Die Menschheit müsse dringend handeln. Aber wie soll das gehen, wenn die erneuerbaren Energien, die allgemein als Lösung angesehen werden, solche gravierenden Nebenwirkungen haben?

Da ist es auch nicht gerade hilfreich, dass ausgerechnet in der Nähe der Schorfheide eine niederländische Firma nach Erdgas bohren will und vermutlich auch wird – und zwar auf einer Fläche halb so groß wie Hamburg, wie die ZDF-Sendung *heute – in Deutschland* Anfang 2017 berichtete. Dieser fossile Brennstoff hat den Niederlanden, und speziell auch den Gewächshauszüchtern mit ihren beheizten Tomaten, riesigen Reichtum gebracht. Aber man muss nur über die Grenze nach Groningen fahren, um die gewaltigen Folgen der Erdbeben zu sehen, die

die Förderung dieses nicht erneuerbaren Rohstoffs hat: beschädigte, einsturzgefährdete Häuser, die auf brüchig gewordenem Boden stehen.

Viele Verbraucher sehen in der »Regionalisierung« des Gemüse- und Obstanbaus ein konkretes Mittel, um Gutes für die Umwelt und zugleich für die Wiederbelebung einer vernachlässigten Region zu tun. Frischwaren, die »von hier« kommen, so heißt es, haben keine langen Transportwege hinter sich und verursachen somit weniger zerstörerische CO_2-Emissionen. Der positive Nähe-Effekt fällt allerdings bei »Unterglasgemüse« aus einem beheizten Gewächshaus, wie zum Beispiel den Tomaten aus der Manschnower Fontana-Gärtnerei, vollständig weg.

Ohnehin liegen zwischen Traum und Tat Welten. Frank Schütz hält solche Regionalisierungswünsche für wirklichkeitsfremd. Die Entwicklungen im Oderbruch sind eher auf eine Ent-Regionalisierung hinaus gelaufen. Schütz hat sie in ein Paradox gefasst: »Zu DDR-Zeiten waren Regionalprodukte gar nicht gefragt. Aber es gab sie. Heute ist regional und frisch die Norm. Und was sehen wir? Die Berliner werden kaum noch mit unserem Frischgemüse beliefert. Wir sind so nah an Berlin, und schaffen es nicht mehr, die Stadt mit frischen Gartenbauprodukten zu versorgen. Das ist doch absurd.«

Die Situation ist anderswo in Brandenburg ähnlich. Als Parabel für die Entwicklung des regionalen Gartenbaus eignet sich die Geschichte des Apfels, einer traditionellen einheimischen Obstsorte, sehr gut. Jeden Herbst verkünden die Zeitungen in Berlin und Brandenburg, dass die Apfelsaison angebrochen ist. Auch die Ankündigung der großen Baumblütenfeste im Mai ist ein wiederkehrendes Ritual, nicht anders als die jährliche Meldung über die neuen Manschnower Tomatensämlinge aus Holland im Januar. Aber bei den Tomaten bleibt es wenigstens beim Zeitungsbericht. Dort kommen keine halbe Million Besucher vorbei wie beim Baumblütenfest im märkischen Havelland. Blühen dort bei Werder dann massenhaft die Apfelbäume, wie es uns Zeitungen, Supermärkte und Tourismus-Websites weismachen wollen?

»Das Havelland wird als Brandenburgs Obstgarten bezeichnet.« Das ist schön formuliert, diesmal von der Rewe-Kette. Denn das heißt natürlich nicht, dass die Bezeichnung stimmt oder dass dabei an Äpfel gedacht werden sollte. Zu DDR-Zeiten wuchsen allein im Havelland, in der Umgebung von Potsdam, Äpfel auf 11 000 Hektar Land. Kurz nach der Wende wurden dort Millionen Obstbäume gerodet. Der *Nordkurier* beschrieb vor ein paar Jahren, wie nach dem Einzug der Marktwirtschaft monatelang die Motorsägen dröhnten. Die Äpfel entsprachen nicht den EU-Normen. 8 300 DM pro Hektar bekamen die Produzenten als Rodeprämie, wenn sie sich verpflichteten, nach dem Kahlschlag 15 Jahre lang auf die Erzeugung von Äpfeln zu verzichten. Zwei Drittel der Anbauflächen veschwanden. 2016 wurden nach Abgaben des Statistikamts für Berlin-Brandenburg in ganz Brandenburg nur noch auf 800 Hektar Äpfel angebaut. Noch immer verschwinden alle zwei Jahre weitere 100 Hektar.

Das Statistikamt meldet dennoch die »sehr gute Apfelernte«, die 2016 von den 800 Hektar erwartet wird – das klingt nach sozialistischer Planerfüllung und verschleiert zugleich die dramatische Realität. Zu ihr gehört auch, dass der Ertrag pro Hektar in Brandenburg kaum die Hälfte des deutschen Durchschnitts erreicht, so hat es die Berliner Humboldt-Universität berechnet. Mit diesem Ertrag könnte man höchstens einen von fünf Berlinern mit Äpfeln versorgen, von den Brandenburgern ganz abgesehen. Ein hoher Apfelertrag wird nämlich schon längst nicht mehr mit hochstämmigen Bäumen aus dem Bilderbuch erzielt, sondern mit niedrigen Sträuchern. Das einzige Unternehmen in der Region, das in diesem Produktionszweig mithalten kann, ist eine Südtiroler Firma, die sich in Altlandsberg nordöstlich Berlins angesiedelt hat.

Die Parabel der Apfelwirtschaft ist längst eine weltweite Geschichte. Wer in Berlin im Herbst Äpfel aus der Region oder auch nur aus dem eigenen Land kaufen möchte, wird meist mit leerem Beutel heimkommen. In den Supermärkten, Discountern und sogar auf Wochenmärkten liegen mehrheitlich Äpfel aus Chile, Argentinien, Neuseeland oder Südafrika. Und die sind meist billiger als die paar einheimischen. Die deutschen Händler warten nämlich, bis die alten Äpfel von der Südhalbkugel, gefolgt von denen aus Italien, Frankreich und Österreich fast aufgebraucht sind. Nur dann bekommen sie einen vernünftigen Preis. Das bestätigt am Telefon auch eine Mitarbeiterin des Obst- und Gartenbauverbands Brandenburg: »Die große Mehrheit der Brandenburger Äpfel wird gelagert.« Und das sind ja ohnehin nicht viele …

Die meisten deutschen Äpfel, die in der Hauptstadtregion gegessen werden, wachsen im Alten Land westlich von Hamburg. Das ist eins

Nur selten zu finden: Oderbruchtomaten auf dem Boxhagener Markt, Berlin

der größten Obstanbaugebiete Europas. Schätzungsweise 80 Prozent von ihnen werden zunächst beiseite gestellt und über viele Monate gekühlt gelagert. »Frischeschlaf« nennt die Obstbranche das euphemistisch. Diese riesige Energieverschwendung, bisweilen wird hier mehr verbraucht als beim Schiffstransport von Äpfeln aus der Südhalbkugel, wird ebenfalls bei einem Teil der deutschen Bio-Äpfeln praktiziert.

Die Wirklichkeit ist noch verrückter, wie Sachverständige aus dem Obsthandel in den Niederlanden erklären, wo das gleiche Prinzip herrscht. Auch die importierten Äpfel von der Südhalbkugel werden nämlich in Europa gelagert, zum Beispiel im Rotterdamer Hafen. Sie sind schon ganz dicht beim Verbraucher, aber auch sie sind in der Masse nicht erhältlich, wenn sie frisch sind. Auch sie warten auf die besten Preise.

In der ganzen Geschichte haben die Supermarktketten das Sagen. Sie nehmen keine schönen, kleinen Mengen erntefrischer Äpfel von Regional-Anbietern ab. Es ist die gleiche Geschichte wie die der kleinen Paprikazüchter in Ungarn. Die großen Einkäufer schätzen kleine, saisonbedingte Erträge nicht – bestenfalls als Goodwill, als Show. Man will den sicheren Umsatz. Irgendwann im März, also ein halbes Jahr nach der Ernte in Deutschland, erreicht das Angebot deutscher Äpfel etwa ein Gleichgewicht mit den ausländischen. Regionale Äpfel sind nur in kleinen Mengen dabei, jedenfalls, wenn damit (in Berlin) Äpfel aus Brandenburg gemeint sind.

Und wie steht es um regionale Bio-Äpfel, den Traum vieler Deutscher? Ein Mitarbeiter einer Berliner Biocompany-Filiale macht dazu eine bemerkenswerte Feststellung. Auf die Frage, warum Äpfel aus dem Alten Land bei Hamburg in seinem Laden als »regional« bezeichnet werden, sagt er entschuldigend: »Hier in Berlin-Brandenburg ist der Boden nun mal ziemlich ungeeignet für den biologischen Anbau. Der ist zu schlecht. Hier müssen deswegen noch mehr Chemikalien auf die Äpfel gespritzt werden als anderswo, und das geht bei Bioäpfeln nicht.« Und dazu kommt ja noch das verschmutzte Grundwasser wegen des heftig gespritzten und großflächigen Energiemaisanbaus für Biogasanlagen ....

Die heutige Apfelproduktion bringt dank der eingesetzten Chemikalien selbst eine ansehnliche Bodenverschmutzung mit sich, das geht aus Rechercheergebnissen hervor, die Greenpeace 2015 veröffentlicht hat. Auch hier gilt Johan Cruyffs Weisheit: Der Mangel an Regionaläpfeln hat für das schon in Mitleidenschaft gezogene Brandenburger Land auch wieder seine Vorteile.

Dies sind ein paar bizarre Paradoxe der Gartenbauwirtschaft, die auch Frank Schütz wahrnimmt. Er fragt sich, warum die frischen Landwirtschaftsprodukte aus der Region nicht zur Berliner Bevölkerung gelangen, sondern in Biogasanlagen verschwinden. Berlin hat heute schließlich weniger Einwohner als noch vor dem Zweiten Weltkrieg, in der Blütezeit der Spronsen-Gärtnereien im Oderbruch, und wäre mithin heute besser zu versorgen als damals. Seine berechtigte Frage: »Wie kann es sein, dass heute Tomaten aus den Niederlanden preiswerter auf dem ostdeutschen Markt angeboten werden, als wir selbst produzieren können?«

Am Beispiel der Äpfel ist schon deutlich geworden, was die möglichen Antworten sein können. Die folgenden acht Kapitel, die den Weg der Tomate vom *Samen* bis zum *Markt* verfolgen, werden mehr Klarheit schaffen. Frank Schütz hat ebenfalls festgestellt, dass die Export-

Tomaten aus den Niederlanden den Aufschwung des Oderbruchs nicht gerade vorantreiben. Aber das leisten die winzigen 25 Hektar Brandenburger Gewächshaus-Tomaten ebenso wenig. Die Ausnahme ist der Spargel. Das fast konkurrenzlose Saisongemüse hat nach der Wende auf den dürren Brandenburger Sandböden einen Aufschwung erlebt. Spargel wächst in diesem Bundesland auf mehr als 3 000 Hektar: fast das Vierfache der Flächen für Apfelanbau – vom Vergleich zum Tomatenanbau mal zu schweigen.

Regionale Mangelware, wie zum Beispiel die Oderbruchtomate – die zudem aus Kostengründen teilweise im Ketchup verschwindet – kann ein fast märchenhaftes Image entwickeln. Dabei kann diese Tomate höchstens so gut sein wie die Pflanze, von der sie stammt. Im Oderbruch ist das zum Beispiel die niederländische Saatrasse *Pureza*. Alle anderen Umstände machen nämlich kaum einen Unterschied zu einer aus den Niederlanden importierten Tomate aus.

Was den Tomatenhandel betrifft, hatte die frische Oderbruchtomate zu DDR-Zeiten, obwohl vergleichbar knapp wie heute, wenigstens keine Konkurrenz aus dem kapitalistischen Ausland. Das stellt Frank Schütz höhnisch fest. Ebenso unbekannt war in der DDR die Bodenspekulation, wie auch die neue Energiepolitik, deren unbeabsichtigte Folge sie ist. Was heute auf dem Land produziert wird, folgt einer anderen Logik als noch zu Zeiten der van Spronsen-Familie oder in den Jahren des Staatssozialismus. Diese Logik der Gegenwart stimmt Menschen wie Schütz, die die Freiheiten der neuen Zeit so herbeigesehnt haben, ein wenig traurig.

Nachtrag: Im Mai 2014, zwei Jahren nach unserem Treffen, ist Frank Schütz für die CDU Bürgermeister der Gemeinde Golzow geworden, in der auch sein eigenes Dorf Manschnow liegt. Als die aus der Langzeitdokumentation bekannte Grundschule 2015 um ihre Existenz kämpfte, hat Schütz sich mit Erfolg darum bemüht, neue »Kinder von Golzow« für die 1. Klasse dieser Schule zu finden, damit sie nicht ausstirbt. Sechs Kinder haben sich mit ihren Eltern in Golzow angesiedelt: Syrische Flüchtlingsfamilien. Ob sie endgültig bleiben dürfen und ob mehr Flüchtlingsfamilien folgen werden, war bei Drucklegung dieses Buches noch nicht geklärt.

TOMATEN

1 kg - 3 50

Samen

Eine Freundin aus Berlin schwört auf deutsches Obst und Gemüse. Immer wenn sie zu Besuch kommt, bringt sie etwas Frisches mit und fügt dann stolz hinzu: »Echt aus Deutschland, Annemieke!« Wenn es dabei um Saison-Erdbeeren geht, ist der Geschmacksunterschied zur Konkurrenz aus Ägypten, die man in der restlichen Zeit des Jahres bekommt, oft wirklich spürbar. Aber wieso sollten zum Beispiel niederländische oder belgische Erdbeeren schlechter schmecken als deutsche? Immerhin sind sie in ein paar Stunden vor Ort – oft schneller als Erdbeeren, die quer durch die Bundesrepublik reisen. Etwas in der Art antworte ich dann ein wenig spöttisch. Unsere deutsche Freundin ist eine weltoffene Achtzigjährige, die mehr als die Hälfte ihres Lebens in der DDR verbracht hat und wirklich nicht im Verdacht eines übertriebenen Patriotismus steht. Das Gleiche gilt für die vielen kosmopolitischen Österreicher, denen ich in Wien begegnet bin, als ich dort einige Monate für dieses Buch recherchiert habe. Manche von ihnen pflegen sogar eine ausgesprochene Abneigung gegenüber ihrem eigenen Staat; trotzdem versicherten sie mir fast ausnahmslos: »Wir essen nur österreichische Tomaten!«

Eigene Tomaten zuerst!
Vom Sinn und Unsinn der nationalen Identität

Die nationale Tomate ist angesagt. Nicht nur Deutsche und Österreicher schwärmen von Tomaten, die auf heimischem Boden gewachsen sind, am besten gleich um die Ecke. Viele andere europäische Konsumenten, ob Franzosen, Briten oder Rumänen, tun es ihnen gleich. In einigen Staaten des ehemaligen Ostblocks hängt sogar ein

Teil des Nationalstolzes an einer bestimmten Tomatensorte: der rosa Tomate. Für die Polen ist sie traditionell polnisch, für die Rumänen hingegen typisch rumänisch – und sie bangen um deren Existenz. Überall im Land erzählt man sich, die Europäische Union wolle den Tomatenanbau in Rumänien unterbinden, indem sie ein Reinheitsgebot erlässt, vergleichbar mit dem, das es für deutsches Bier gibt. Deshalb könne die rumänische Tomate nicht mehr mit den westeuropäischen Exporttomaten mithalten und würde »in die Illegalität der Hinterhöfe verbannt«. So hat man es mir bei meinen Recherchen oft zugeflüstert.

Dieser rumänische Mythos, der den komplexen europäischen Markt auf eine einfache Verschwörung reduziert, wird aber noch übertroffen von einem Mythos, der in ganz Europa weit verbreitet ist: der Mythos nämlich, dass Tomaten eine Nationalität haben, dass es tatsächlich rumänische, deutsche oder österreichische Tomaten gibt. Deren »nationale Identität« ist allerdings keineswegs eine ausgemachte Sache. Nehmen wir zum Beispiel die erwähnte rosa Tomate, die gleich mehrere Nationen für sich beanspruchen. Einer der wenigen Gärtner, die sie im westlichen Europa anbauen, ist der Flame Piet De Schepper. Im kleinen belgischen Ort Nevele bei Gent zeigt er mir stolz seine großen rosa Tomaten. Er bezeichnet sie nicht als »polnisch« oder »rumänisch«, sondern als »japanisch« oder »asiatisch«, denn auch in diesen Regionen sind sie sehr gefragt. Ganz im Gegensatz zu Westeuropa, wo eine Tomate am liebsten rot sein sollte.

»Die geeignete rosa Tomate für unser Klima habe ich bei De Ruiter Seeds in den Niederlanden gefunden«, erzählt De Schepper. »Sie gehört zur Rasse *Tomimaru Mucho* und heißt *Sweet Pink*.« Seine japanisch-flämische Tomate stammt also aus niederländischer Saat. Genau genommen ist das Saatgut sogar multinational, denn De Ruiter Seeds gehört zum weltweit agierenden US-Konzern Monsanto. »Rosa Tomaten sind an sich keine Verkaufsschlager«, resümiert Jörg Werner, der in der deutschen Niederlassung von Rijk Zwaan unter anderem für Osteuropa zuständig ist. Auch dieser Saatgutveredler, ein Konkurrent von De Ruiter Seeds, hat einige rosa Rassen im Angebot, mit denen er sich unter anderem an den polnischen Markt richtet. »Rijk Zwaan ist überall lokal organisiert«, erzählt Werner. »Nicht nur in Polen arbeiten wir eng mit

Piet De Schepper mit seinen rosa Tomaten in Nevele, Belgien

den Gemüseproduzenten zusammen. Gemeinsam erproben wir alles Mögliche.«

Aber kann man das Saatgut dieser rosa Tomaten polnisch nennen? Gibt es überhaupt Unterschiede zu einem Samen der typisch rumänischen Tomate? Jörg Werner erklärt die Paradoxien auf dem Saatgutmarkt: »Keines der zehn großen Saatveredelungshäuser hat für alle alten Rassen ein zeitgemäßes Äquivalent. Es gibt zwanzigtausend Tomatensorten. Die meisten Samen haben sich während eines jahrhundertelangen Prozesses des Kreuzens an die lokalen Umstände angepasst. Nur sind sie für eine Hightech-Produktionsweise nicht geeignet.« Also komme es darauf an, die Eigenschaften der alten Rassen in ein modernes Gewand zu packen. »Eine Tomate zu entwickeln kostet viel Zeit und Geld«, sagt Werner. »Wir müssen eine Auswahl treffen, und folgen dann bestimmten Trends. So bieten wir zum Beispiel die Sorte *Ochsenherz* an, die auch in Rumänien sehr beliebt ist. Das ist Hightech-Saatgut, wohlgemerkt«, fügt er hinzu. »Es ist nicht für den Hinterhof geeignet. Und es ist relativ teuer. Da liegen die Hauptprobleme.«

Rijk Zwaans Saat für rosa Tomaten ist niederländischer Machart, auch wenn bei der Zucht auf Eigenschaften geachtet wurde, die man speziell in Rumänien oder Polen schätzt. Werner beruhigt: »In kleinem Umfang wird dort auch die traditionelle rosa Tomate überleben, so wie sie seit Jahrhunderten gezüchtet wird. Sie wird es als Spezialität in die exklusiven Restaurants schaffen, wie ja auch im Westen alte Gemüsesorten wieder gefragt sind. Nur bleibt sie ein typisches Saisongemüse.«

Aber was heißt hier eigentlich »traditionell«? Gegen diesen Begriff ist einiges einzuwenden. Schon im kommunistischen Rumänien stammte ein ansehnlicher Teil der Tomaten, die auf den großen Staatsgütern angebaut wurden, aus niederländischem Saatgut. 1975 berichtete allerdings die niederländische Fachzeitschrift *Groenten en Fruit* (»Gemüse und Obst«), dass die Tomatenrassen, die in Rumänien des hohen Ertrags wegen gern angebaut wurden, sich dort als anfällig für viele Pflanzenkrankheiten erwiesen. Sie seien für das Klima und die Produktionsweise in Rumänien nicht gut geeignet. Die staatlichen Saat-Institute versuchten daher, diese Rassen an die regionalen Umstände anzupassen. Nach der Revolution von 1989 wurden diese Institute aber abgewickelt und der Weg war frei für noch mehr Importsaatgut. Prompt erschienen auf dem Markt neue niederländische und sonstige Rassen – ganz abgesehen von den frischen niederländischen Exporttomaten. Piet Duijndam, der als pensionierter Gemüsezüchter Anfang der neunziger Jahre nach Rumänien reiste, um sein Wissen über Gartenbau weiterzugeben, stieß dort auf »Restposten niederländischer Saatgutbetriebe, die billig gehandelt wurden«. Dieses Saatgut gedeiht allerdings nur richtig in Hightech-Gewächshäusern, die es in Rumänien gar nicht gab – ein Teufelskreis.

Die legendäre rosa Tomate wurde auch schon vor 1989 fast nur in privaten Gärten angebaut. Aber selbst damit ging es nach dem Untergang des Kommunismus bergab. »Wir bekommen einfach die Saat nicht mehr«, erzählt mir 2012 ein hoher Agrarfunktionär. Er hat die rosa Tomaten aus dem Garten seiner Oma als »die leckersten« in Erinnerung, die er »jemals gegessen« hatte, und ist tief traurig über ihr Aussterben. Mit einem Verbot der Europäischen Union hat dieses rätselhafte Verschwinden aber nichts zu tun, muss er gestehen. Saatgut bleibt nun mal

Verkauf von rosa Gartentomaten und anderen im polnischen Wrocław

nicht ewig brauchbar. Und Omas Enkelkinder bauen keine Tomaten mehr an, sondern kaufen sie im Supermarkt. Darüber hinaus sind die meisten großen Tomatenbauern zu den zeitgenössischen Sorten von Rijk Zwaan und Kollegen gewechselt, die resistenter und besser haltbar sind – kurz gefasst, mehr einbringen.

Zurück zu Piet De Schepper, der rosa Tomaten aus niederländischer, mittlerweile multinationaler, Saat züchtet. Sein Gewächshaus steht zufällig in Belgien, es könnte aber, mit ähnlicher Ausstattung und Technologie, überall auf der Welt stehen. Die Tomate will in nördlichen Gefilden nun einmal nicht ordentlich unter freiem Himmel wachsen. Aber was bestimmt überhaupt die nationale Identität von De Scheppers Tomaten? Was macht eine Tomate zu einer belgischen, deutschen oder rumänischen? Es gibt viele möglichen Antworten, aber formaljuristisch zählt in der EU nur eine Definition: Als Ursprungsland gilt das Anbauland. Und über diese Herkunft müssen die Verbraucher von frischem Obst und Gemüse laut EU-Verordnung 1182/2007 auch informiert werden. Diese Regel gilt merkwürdiger

Weise nicht für Kartoffeln, Bananen und noch manches Andere. Für Tomaten aber gilt sie, und das nicht ohne Grund. Zuvor wurde nämlich die Herkunft niederländischer Tomaten gern verschleiert, weil sie ein schlechtes Image hatten. Gab man sie dagegen als deutsch aus, ließ sich damit bei den östlichen Nachbarn mehr Geld verdienen. Die EU-Verordnung ist in der Branche aus diesem Grund auch als »Lex Hollandtomate« bekannt.

Für viele europäische Verbraucher ist die Herkunftsangabe wichtig, und deshalb wird damit auch heftig geworben. Dies betrifft allerdings nur die frisch geernteten Tomaten von heute. Eine ganze andere Frage ist die nach der Herkunft der Tomatenpflanze an sich, also von *Solanum lycopersicum*, dem rotgefärbten Spross aus der Familie der Nachtschattengewächse. Ihre wilden Vorfahren gediehen eine kleine Ewigkeit lang nur in Amerika, in einem breiten Streifen entlang des Äquators. Die kleinen Beeren dieser »Urtomate« wurden schon von Menschen gegessen. Inzwischen ist die wilde Pflanze aber eine Seltenheit geworden. Vor etwa fünfhundert Jahren wurde sie als Zierpflanze von europäischen Seefahrern mitgebracht. Aber erst in der Mitte des 18. Jahrhunderts entdeckte man in Südeuropa den kulinarischen Wert der – damals noch goldgelben – Früchtchen, wenn auch zunächst in sehr bescheidenem Maße. Erst nach weiteren hundert Jahren des Kreuzens und Selektierens wurden die einstigen Goldäpfel (*pomo d'oro*) größer und röter und prägten spätestens seit Anfang des 20. Jahrhunderts vor allem die italienische Küche. Aber ihre weltweite Erfolgsstory begann nicht in Italien, sondern bereits ein halbes Jahrhundert zuvor in den USA. Die Tomate war zusammen mit den italienischen Auswanderern quasi nach Amerika re-emigriert und eroberte von dort aus als Tomatenketchup die ganze Welt. Historisch betrachtet müsste man also der Tomate, wenn sie schon einen Ausweis braucht, einen Weltpass ausstellen.

Heute dagegen steht auf jedem Päckchen und an jeder Kiste mit Tomaten, vom Supermarkt in England bis zum Wochenmarkt tief in Kroatien, pflichtgemäß ihr Ursprungsland im Sinne der so anfechtbaren EU-Definition. Denn was bedeutet diese Theorie der Herkunft, des »nationalen Bodens«, überhaupt noch? Heute wachsen die kommerziell gehandelten Tomaten kaum noch irgendwo auf richtiger Erde, von

Biotomaten einmal abgesehen. Sie wachsen auf Steinwolle oder, noch moderner, auf organischem Kokos und meist in beheizten Glasgewächshäusern mit Spitzdächern »Venloer Art« (benannt nach der niederländischen Stadt Venlo).

Die Rasse ist viel bestimmender für die Identität einer Tomate als der Ort, an dem das weitgehend uniforme Gewächshaus (oder die Folienbehausung) steht. Man kann die nationale Identität der Tomate weder riechen, noch sehen oder schmecken. Selbst mit moderner Isotopenforschung ist der Ursprung einer Tomate nicht ermittelbar, so die Gartenbau-Website *Groenten & Fruit Actueel* im Jahr 2014. Der Anlass für die europäische Studie, aus der hier zitiert wird, war wieder einmal der Herkunftsbetrug. »Namentlich bei niedrigen Tomatenpreisen in den Niederlanden«, so *Groenten & Fruit Actueel*, »sei die Verlockung groß, diese als britische zu verkaufen«. Selbst mit den neuesten Labormethoden erwies es sich jedoch als unmöglich, britische von niederländischen Tomaten sicher zu unterscheiden. Die Isotopenuntersuchung erkannte nicht einmal Unterschiede zwischen spanischen und britischen Tomaten, obwohl die Erzeugungsumstände in beiden Ländern äußerst verschieden sind. Aufgrund innerer Eigenschaften kann man also nicht von einer britischen oder spanischen Tomate sprechen.

Vor diesem Hintergrund mutet es merkwürdig an, dass der Lebensmittel-Discounter Aldi Süd im Februar 2017 bekannt gibt, künftig die Isotopen-Analyse zu nutzen, »um die Authentizität von Obst und Gemüse aus regionalem Anbau sicherzustellen«. In seiner Pressemitteilung erläutert der Konzern, »dass Böden – je nach lokalem Klima, Grundwasser, Niederschlag und Düngung – eine typische Konstellation an Isotopen aufweisen, die sich wie ein Fingerabdruck in den darauf angebauten Pflanzen widerspiegelt«. Für Gemüse oder Obst, das tatsächlich im Boden wächst, mag das zutreffen. Es gilt jedoch nicht für Tomaten aus dem Gewächshaus.

Aber die Sache ist noch komplizierter. Selbst wenn Tomaten nämlich »in der Region« angebaut werden, stammen sie vermutlich von niederländischen Samen ab. Würde die EU den Ursprung der ausgepflanzten Sämlinge und Samen als Maßstab für das Herkunftsland nehmen, gäbe es im Handel also noch mehr Hollandtomaten als jetzt schon. Ähnliches gilt für andere Gemüsesorten, und selbstverständlich nicht nur in Deutschland: Sandor Kosdi in Ungarn wies schon auf seine Paprikasaat holländischer Herkunft hin. Aber eine Tomate, die in Rumänien angebaut wird, ist formal eine rumänische Tomate. Es hat zumindest etwas angenehm modernes, dass weder »Blut« (also der Samen) noch »Boden« (die Plastikgefäße mit Steinwolle oder ähnlichem) aus dem eigenen Land stammen müssen. So ist es auch möglich, dass auf der Verpackung einer »italienischen« *Mini-San Marzano*-Tomate das belgische Gütesiegel *Flandria* prangt. Niederländische Saatveredler wie Rijk Zwaan und De Ruiter Seeds haben eine solche *Mini-San Marzano* im Sortiment. Dennoch ist diese italienische Tomate holländischer Saat vor dem Gesetz eine belgische Tomate, denn dort wird sie angebaut.

Philosophisch betrachtet bleibt allerdings die Frage offen, was eigentlich eine Tomate zu einer Tomate macht. Und damit auch die Frage, was ihre nationale Identität ausmacht. Wird das Wesen der Tomate nur durch den Samen bestimmt, der sie hervorgebracht hat? Oder wird sie nicht auch durch die Energiequelle geprägt, die ihr Wärme spendet? Oder von der Nahrung, die ihre Wurzeln – meist über eine Nabelschnur aus Plastik – erhalten? Und was ist mit den vielen Menschen, die sie liebevoll hegen und pflegen? Sind die Tomaten in den holländischen Gewächshäusern vielleicht wenigstens teilweise polnisch und baltisch, und ihre spanischen Artgenossen nordafrikanisch, weil von dort die Arbeitskräfte kommen? Zwischen Geburt und Tod einer Tomate liegt eine ganze Reihe von Handlungen, an denen mehrere Nationen einen Anteil haben können.

Beim Besuch eines nagelneuen Tomatengewächshauses in Schleswig-Holstein frage ich den Verkaufsleiter Frank Schoof, ob hier deutsche Tomaten angebaut werden. Er antwortet zunächst etwas erstaunt: »Aber selbstverständlich. Denn sie wachsen hier, also auf deutschem Boden. Das sehen die Verbraucher gern! Na ja, sie wachsen zwar auf Steinwolle, aber die kommt zufälligerweise aus Deutschland. Und die deutsche Sonne bescheint sie, nicht wahr?« Der gemütliche Deutsche ahnt indessen, worauf ich mit der Frage hinaus will. Er fängt an, philosophisch mitzudenken. »Tatsächlich ist das Gewächshaus von Holländern gebaut worden, die ganze Technologie ist niederländisch und flämisch, die Sämlinge stammen aus Holland. Die Hummeln und die biologischen Schädlingsbekämpfer, wie die Wanzen, die hier herumfliegen, all diese Nützlinge sind ebenfalls niederländischer Herkunft, wie auch mancher Vorarbeiter … Tja, eigentlich sind nur die Schädlinge, die hier zu bekämpfen sind, echt deutsch.«

❧

»Garantiert ohne Gentechnik!« »Garantiert gentechfrei!« Immer öfter stehen solche Versprechen auf den Packungen von Milch und Eiern, Fleisch und Gemüse. Der Begriff »Gentechnik« ist allerdings mehrdeutig. Ohne Biotechnologie geht im Lebensmittelbereich schließlich heute fast gar nichts mehr. Jeder Samen für europäisches Supermarktgemüse ist ein genetisches Kunstwerk aus dem Labor der Veredler. Durch Kreuzung verschiedener Pflanzen wird hier festgelegt, ob ein neuer Samen die Resistenz gegen bestimmte Krankheiten oder andere nützliche Eigenschaften in sich trägt. Aber diese Art von »Gentechnik« im weiten Sinne ist bei den abgegebenen Garantien vermutlich nicht gemeint. Hier zielt man wohl auf die viel tiefer eingreifende genetische Manipulation, bei der dem Samen einer Pflanze Eigenschaften einer anderen Pflanzen-, Tier- oder Bakterienart eingepflanzt werden. Das macht vielen Verbrauchern Angst.

Die Angst vor dem roten Monster
Wo ist die genetisch veränderte Tomate?

Auch ein großer Tomatenzüchter aus Niederösterreich wirbt deshalb auf seiner Website mit dem Slogan »Garantiert ohne Gentechnik«. Und er steht nicht allein: Über hundert Wiener Gemüseerzeuger haben sich in einer Kampagne zusammengeschlossen, um gemeinsam zu bekräftigen, dass ihre Radieschen, Paprikas oder Tomaten (»Paradeiser«, wie man hier sagt) »gentechfrei« sind. Auch in der Bio-Branche ist das Phänomen zu beobachten: Bio-Cherrytomaten in einer Wiener Filiale der Supermarktkette Spar sind laut Verpackung »ohne Gentechnik« hergestellt. Die Vermutung liegt nahe, dass alle Tomaten, die kein derartiges Label tragen, voller Gentechnik stecken.

Die von der Hamburger Schulverwaltung betriebene Website *Hamburger Bildungsserver* führt als »gentechnisch verändertes Lebensmittel« unter anderem die *Flavr-Savr*-Tomate auf. Diese sei auf dem Markt erhältlich, so die Bildungsspezialisten, »wenn auch bisher nur in den Vereinigten Staaten«. An anderer Stelle auf der Website steht, dass *Flavr Savr* in US-Supermärkten vermarktet werde. Und weiter: »In Großbritannien ist ein Tomatenpüree aus einer ähnlichen Tomatensorte im Handel. Es ist freiwillig gekennzeichnet als ›made with genetically modified tomatoes‹ und wird nach Herstellerangaben mit großem Erfolg verkauft.« Müssen wir Kontinentaleuropäer uns nun gegen diese Tomaten und ihr Püree wappnen? Ist das ein Grund, sich über den Brexit zu freuen?

Noch mehr Unterrichtsmaterial gibt es im Kielwasser des einflussreichen Films *We Feed the World: Essen global* aus dem Jahre 2005. Die österreichische Dokumentation mit ihren einprägsamen Bildern von der industriellen Nahrungsproduktion wird häufig im Unterricht benutzt. Passende Lernmodule können die Schulen aus dem Internet pflücken. Gruselig knallrote Tomaten auf dem virtuellen Umschlag kündigen an, was zu erwarten ist. Im »Modul 5« wird die Frage »Was sind gentechnisch veränderte Pflanzen?« so beantwortet: »Die mittels Gentechnik erzeugten Hybrid-Melanzani sehen schöner und größer aus als die natürlich gezüchteten, ebenso die Paprika und Tomaten.« (»Melanzani« sind Auberginen auf Österreichisch).

Auch für das Katalyse Institut e. V. steht die Existenz gentechnisch veränderter Tomaten außer Frage. Auf der Website »Chemie in Lebensmitteln« warnen die Experten vor »gesundheitlichen Risiken« wie der »Erhöhung der Gehalte bekannter Giftstoffe in einzelnen oder allen Teilen des gentechnisch veränderten Organismus, wie im Falle von Solanin in der Kartoffel und Tomate«.

Aber zurück in die bereits erwähnte Gewächshausanlage in Schleswig-Holstein, wo nur die Schädlinge deutsch sind (und – formal betrachtet – die Paprikas und Tomaten). Dort betont der nette Verkaufsleiter Frank Schoof gegenüber Journalisten gern, dass er in seinen Tomaten- und Paprikagewächshäusern niederländischer Herkunft kein »Kunstprodukt« anbaut. »Wir machen hier keine Gen-Manipulation, wir schaffen den Pflanzen nur die Bedingungen, in denen sie sich am wohlsten fühlen.« Ein Journalist der *tageszeitung* hat diese Worte offenbar ohne Nachfragen notiert. Und der Leser denkt unwillkürlich: Die Deutschen machen das nicht, aber die Holländer, die produzieren das natürlich schon, dieses genetisch manipulierte Gemüse.

Verkaufsleiter Frank
Schoof im Paprika-
gewächshaus,
Hemmingstedt

Wer von Gentechnologie spricht, spricht von Samen. Ein ansehnlicher Teil der Saat, aus der unser Supermarktgemüse (inklusive Tomaten) gezogen wird, kommt aus den Niederlanden, wie auch die fertigen Tomaten selbst. Kein Wunder, dass die Gefahr gerade dort vermutet wird. Besonders unter den Deutschen denken viele bei niederländischen Tomaten an »Normtomaten-Faktoreien« und »Gen-Architektur« – so wie es *Der Spiegel* 1994 in seiner provokativen Titelstory »Frau Antje in den Wechseljahren« geschildert hatte. Hier diente die Tomate als Symbol für das Verlottern der Niederlande. Eine damals in Deutschland populäre holländische Fernsehmoderatorin wurde gar mit einer Hollandtomate verglichen: »geschmacklos und zur besseren Haltbarkeit bestrahlt«. Frau Antje, das Käsepromo-Mädchen, das es nur in Deutschland gibt, prangte wie eine Schlampe auf dem *Spiegel*-Umschlag, mit einem dicken Joint zwischen den roten Lippen. Die Niederlande befanden sich, soviel war klar, ein einem stattlichen Tief. Sogar die Rosen dufteten zuweilen nach Maggi, weil sich die Biotechniker »im Gen vergriffen« hatten. Und: »Die Gen-Architektur für die Tomoffel, die überirdisch Tomaten und unterirdisch Kartoffeln trägt, ist im Prinzip auch schon fertig.«

All das ist nur ein kleiner Ausschnitt aus dem unerschöpflichen Sammelbecken öffentlicher »Weisheiten« über Gen-Tomaten. – Was soll man davon halten? Einer, der sich mit gentechnisch veränderten Organismen auskennt, ist Christoph Then. Der promovierte Tierarzt ist einer der bestinformierten Europäer im Bereich Biotechnologie in Landwirtschaft und Ernährung. Er leitet Testbiotech e. V., ein kleines Non-Profit-Forschungsinstitut, das er 2008 gegründet hat. Seine kritischen Forschungen begleitet er, wenn er es für nötig hält, mit Aktionen und juristischen Verfahren. Nebenbei ist Then Berater von Greenpeace in diesem Bereich. Beide Organisationen teilen sich, zusammen mit noch ein paar gleichgesinnten Institutionen, einen gemütlichen kleinen Innenhof in München.

Als Holländerin, die in Deutschland und Österreich ständig mit der Angst vor Gentech-Tomaten konfrontiert wird, lege ich beim Gespräch gleich mit der heiklen Angelegenheit los: Gibt es nun gentechnisch manipulierte Tomaten oder nicht? Christoph Then weicht zunächst scherzhaft aus: »Ha, ein Buch über Tomaten! Die Tomate wurde in den Niederlanden erfunden, nicht wahr?« – »Erfunden«, das ist gut getroffen. Viele Deutsche und Österreicher sehen ja in der Hollandtomate einen Roten Zombie. Ich meine allerdings zu wissen, dass diese Tomate keinesfalls gentechnisch verändert ist. Da wird Then ernsthaft. »Stimmt. Es gibt keine Gentech-Tomaten im Handel, keine frischen, keine getrockneten, und keine Dosentomaten. Nicht in Europa, nicht in den USA, und auch nicht im Rest der Welt.« Das heißt, keine der gewerbsmäßig angebauten Tomaten, also solche, die man kaufen kann, enthält Eigenschaften eines tomatenfremden Organismus.

Die Versuche agrochemischer Konzerne, Samen mit Hilfe sortenfremden Erbguts resistenter gegen bestimmte Pflanzenkrankheiten zu machen – oder gegen das Gift, mit dem man diese Plagen bekämpft –, galten und gelten vor allem Mais und Soja, die im Freiland extrem anfällig sind. Man kann auch versuchen, eine Pflanze mit Hilfe von Gentechnik geschmackvoller oder haltbarer zu machen. Mit Tomaten gab es Mitte der neunziger Jahre ein paar Experimente in den USA und Großbritannien. »Aber sie sind erfolglos geblieben«, erzählt Christoph Then. In Kalifornien wurde eine gentechnisch veränderte Tomate hergestellt, die tatsächlich *Flavr Savr* hieß und die versprach, nicht so schnell matschig zu werden. In England gab es eine Schwester dieser Tomate, die zur Herstellung von Püree verwendet wurde. »Aber beide sind ganz kurz, ein paar Jahre höchstens, auf dem Markt geblieben«, ergänzt Then. »Die frische nur in den Vereinigten Staaten, und die in Großbritannien nur als Dosentomate. Beide wurden wieder eingestellt, und seitdem ist nie wieder eine gentechnisch manipulierte Tomate auf den Markt gebracht worden. Die traditionelle Veredelung, also das klassische Kreuzen von Tomaten, ist weitaus effektiver.«

»Gen-Tomaten« sind also nicht im Handel, und es sieht nicht so aus, als ob sie kommen würden. Zurzeit ist in der Europäischen Union nur ein einziges gentechnisch verändertes Gewächs zum Anbau freigegeben, eine Maissorte. In vielen Staaten, darunter Deutschland und Österreich, darf dieser Mais aber trotzdem nicht angebaut werden. Nur bei Importen ist mehr erlaubt, zum Beispiel Tierfutter, das gentechnisch veränderte Organismen enthalten kann, die dann tatsächlich, via Vieh und Geflügel, in Milch oder Eier gelangen können. Auf solchen Produkten hat die Angabe »garantiert gentechfrei« also tatsächlich einen Sinn – auch wenn es für einen Bauern, der (ausländisches) Futter benutzt, schwer ist, dessen Herkunft genau festzustellen. Aber bei Tomaten ist eine derartige Angabe nur irreführend: Sie selbst sind nicht gentechnisch verändert und sie bekommen auch kein gentechnisch verändertes Futter. Eine Tomate ist ja keine Kuh.

Es bleibt allerdings die Tatsache, dass gentechnisch veränderte Organismen in Ketchup entdeckt worden sind. Wie ist das möglich, wenn es doch keine »Gen-Tomaten« gibt? Christoph Then schafft auch in dieser Frage Klarheit. »Die Tomaten sind nicht die Ursache«, sagt er. »Bei Ketchup können gentechnisch manipulierte Bestandteile in den Zusatzstoffen vorhanden sein, zum Beispiel im Zucker aus amerikanischen Zuckerrüben. In Industrieprodukten dürfen solche veränderten Organismen ohne Angabe einen kleinen Anteil haben.« Die Kennzeichnung von Frischgemüse mit Labeln wie »Garantiert ohne Gentechnik« ist also genauso wahr wie unsinnig. Das kann man gut mit der Angabe »laktosefrei« auf vielen Produkten vergleichen, die schon von Natur aus keine Laktose enthalten.

Mit diesem Wissen lassen sich die Beispiele bewerten, mit denen dieser Abschnitt angefangen hat. Den niederösterreichischen Tomatenerzeuger, der mit seinen »gentech-freien« Tomaten wirbt, habe ich daraufhin angerufen. Meinen Hinweis, dass es gar keine Gen-Tomaten gebe, quittiert er am Telefon mit einem lapidaren: »Genau!« Verdutzt frage ich ihn, wie er das meint. Er antwortet: »Dann stimmt unsere Aussage doch.« – »Aber Sie suggerieren damit, dass es andere Züchter gibt, die Gentech-Tomaten produzieren.« – »Na ja, das ist nur ein bisschen Marketing.«

Die Experten des Katalyse Instituts, dem »unabhängigen Forschungsinstitut für den Schutz von Umwelt und Gesundheit«, sind so sehr darauf konzentriert, vor den Risiken der Gen-Tomate zu warnen, dass sie gar nicht mehr fragen, ob es die überhaupt gibt. Ausgerechnet Websites mit Materialien für den Schulunterricht nehmen es dabei mit den Fakten nicht so genau. Der *Hamburger Bildungsserver* präsentiert einen Wirrwarr undatierter und (teils deswegen) widersprüchlicher Informationen.

Das Unterrichtsmaterial zum Film *We Feed the World* erreicht inzwischen bereits die zweite Generation von Schülern, Lehrern und Eltern, obwohl in Sachen Frischgemüse auch dort vieles durcheinandergeht. Bei den dort erwähnten gentechnisch veränderten Tomaten handelt es sich nur um die erwähnten kurzfristigen Experimente aus den Neunzigern, und die »Gentech-Hybrid«-Auberginen sind in Wirklichkeit im Jahrhunderte alten Kreuz- und Selektionsverfahren entstanden. Fakt ist: Gentechnisch verändertes Gemüse gibt es nicht im Handel. Das war um 2005, als der Film gedreht wurde, nicht anders.

Fragwürdig ist es auch, die Begriffe »Gentechnik« und »Hybridsaat« inhaltlich miteinander zu verknüpfen. Während genetisch verändertes Gemüse überhaupt nicht existiert, ist Hybridsaatgut der Ursprung fast aller Gemüsesorten, die wir im Supermarkt oder anderswo kaufen – selbst für einen Teil des Bio-Gemüses. Solches Saatgut entsteht, indem man zwei Elternpflanzen über mehrere Generationen nur mit sich selbst kreuzt und dann miteinander (»Inzuchtlinien«). Auf diese Weise werden bestimmte positive Eigenschaften zuverlässig weitergegeben. Mit Gentechnik im Sinne von modifizierten Organismen hat das alles aber nichts zu tun, auch wenn sich diese Vorstellung hartnäckig hält. So unterstellte zum Beispiel das Naturkost-Magazin *Schrot & Korn* im Jahr 2014 unterschwellig einen solchen Zusammenhang: »Mit Hybridsaatgut und Gentechnik lässt sich mehr Geld verdienen.« Aber das sind zwei verschiedene Themen. Und Geld verdienen ist ja nicht an sich schon verwerflich. Auch Bio-Dinkelbrot und Socken aus Alpakawolle haben eine hohe Gewinnspanne ...

Mit seiner Titelstory über »Frau Antjes Wechseljahre« spielte der *Spiegel* ein Spiel mit der Wirklichkeit. Vielen Lesern dürfte dabei allerdings das Augenzwinkern entgangen sein. Lustig ist, dass gut zwanzig Jahre später die von der Redaktion herbeifantasierte »Tomoffel« tatsächlich Wirklichkeit wurde: Zwei niederländische Saatveredler präsentierten mit kurzem Abstand die Pflanzen *PotaTom* und *TomTato*, von denen man Tomaten und Kartoffeln ernten kann. Auch diese vielseitigen Pflanzen wurden allerdings ganz normal, auf dem Weg der klassischen Züchtung hergestellt. Von Gentechnik keine Spur.

Gänzlich ins Reich der Fantasie gehört die vom *Spiegel* beschriebene Bedrohung durch »bestrahlte Tomaten«, auch wenn die österreichische Zeitung *Der Standard* im Januar 2015 ausführlich über die radioaktive Bestrahlung von Nahrungsmitteln berichtet und dies mit dem großen Foto einer bedrohlich-roten Tomate illustriert. In der Bildunterschrift heißt es: »In Österreich hat der bestrahlte Paradeiser aber keine Chance.« Gibt es ihn denn woanders? Ja, außerhalb der EU. Es ist eine eher unschuldige UV-Behandlung, die in vielen Ländern als Hygienemaßnahme angewendet wird. Auf diese Weise werden Bakterien in Fertigprodukten wie zum Beispiel vorgeschnittenem Obst oder Gemüse abgetötet. In die EU dürfen solche Produkte nicht eingeführt werden. Dort ist die Bestrahlung nur bei wenigen Lebensmitteln erlaubt, in Deutschland lediglich bei getrockneten Kräutern und Gewürzen. Frische Tomaten dürfen in der ganzen EU bislang nicht bestrahlt werden. Aber man findet vorgeschnittene Tomaten, um die es hier geht, ohnehin selten in den Supermarkt-Regalen.

Der Standard immerhin zitiert einen amerikanischen Sachverständigen, der die Angst der Strahlungskritiker als irrational zurückweist und ihnen rät, sie »sollten besser ihre Mikrowellen rausschmeißen«. Die Frage, ob er Recht hat, wird in dem Artikel leider weder gestellt noch beantwortet. Stattdessen machen Text, Bild und Schlagzeile ordentlich Stimmung gegen die Tomate: »In Österreich pfui: Radioaktiv bestrahlte Nahrung«.

Der Spiegel hingegen hat offenbar die Seiten gewechselt und spottet heute nicht mehr über Frau Antjes »Gen-Faktoreien«, sondern immer öfter über die deutsche Angstkultur und die verbreitete Unwissenheit über Landwirtschaft und Lebensmittel. Deutschland habe ein Problem, sich auf neue Technologien einzulassen, heißt es zum Beispiel 2014 auf *SpiegelOnline* unter der Überschrift »Umstrittener Genmais: Die Angst-Debatte«. Eine sachliche Diskussion sei kaum möglich, stellen die Redakteure fest. Und gleich der allererste von 462 (!) Leserkommentaren bestätigt diese Feststellung, indem er geradezu pawlowsch die holländische »Gen-Tomate« aus der Mottenkiste holt: »Vor dem genmanipulierten Mais zittern, ... aber genmanipulierte Tomaten aus Holland täglich auf dem Tisch haben – wie albern.«

Im Greenpeace-Ratgeber *Essen ohne Gentechnik* aus dem Jahr 2015 geht es um Eier, Milchprodukte und Fleisch – nicht um Tomaten oder Paprikaschoten. Leider verzichten die Macher des Heftes aber darauf klarzustellen, dass keiner ihrer Ratschläge auf Frischgemüse zutrifft. Wenn Greenpeace, Testbiotech und andere Organisationen, die sich mit Umweltschutz, Gesundheit oder Ernährung befassen, nur ein einziges Mal laut verkünden würden, dass es in Wirklichkeit keine »Gen-Tomaten« gibt, hätten unwissende Website-Content-Produzenten und die Vertreter kommerzieller oder ideologischer Interessen weniger Chancen, irreführende Informationen unter die Leute zu bringen. Aber offenbar ist die »Gen-Tomate« ein allzu attraktives Feindbild.

Das wird noch einmal deutlich, als Testbiotech-Geschäftsführer Christoph Then mir in München ein ansprechendes, zwanzig Jahre altes Plakat schenkt. Darauf prangt in leuchtenden Farben eine im Stil von Andy Warhol gestaltete Suppendose, die laut Etikett gentechnisch veränderte Tomaten enthält. Statt *Campbell's Soup* heißt die Marke hier *Genefood's Soup*. Und über die ganze Breite des Plakats steht der Slogan: »No Patents on Life!« Tatsächlich war der Suppenfabrikant Campbell am ersten und letzten kommerziellen Experiment mit gentechnisch veränderten Tomaten in den USA beteiligt. »Das Plakat«, erklärt Then, »ist damals, Mitte der Neunziger, für unsere Aktionen gegen diese eine, amerikanische Gentomate entworfen worden. Es richtete sich zugleich gegen die Möglichkeit Tomaten zu patentieren. Damals hingen die beiden Sachen noch eng zusammen. Die ersten Patentanfragen betrafen

Werbung der Linkspartei; in Wirklichkeit ist auch die rechte Tomate gentechnikfrei

gentechnisch veränderte Organismen. Das hat sich aber längst geändert.« Trotzdem taucht die gefährliche »Gen-Tomate« bei Kampagnen gegen Gentechnik und Patente auf Gemüse immer wieder auf. »Sie ist eine Projektionsfläche, die gut ankommt«, sagt Then. Er erzählt von der riesigen aufblasbaren Tomate, die bei vielen, teils internationalen Aktionen gegen Patente auf Samen erfolgreich eingesetzt wurde. Mit ihren bedrohlichen Augen und monsterartigen Zähnen wurde sie in vielen Medien abgebildet. Testbiotech selbst wirbt sogar Sponsoren mit einer kleinen viereckigen Variante der Monstertomate.

Die Verwirrung ist inzwischen so groß, dass sogar seriöse Tageszeitungen Tomatensorten, auf die Patente angefragt wurden, versehentlich als gentechnisch verändert bezeichnen. So eröffnete die *Neue Zürcher Zeitung* 2011 einen Artikel über den Streit über die Patentierung einer Tomatensorte mit den Worten: »Die gentechnisch veränderte ›Schrumpftomate‹ ist mit ihrem geringen Wassergehalt gut für die Ketchup-Herstellung geeignet.« Dazu Christoph Then: »Das stimmt tatsächlich nicht. Sie ist klassisch gekreuzt worden.«

Samen

»Wir reden beim Gemüse, anders als zum Beispiel bei Mais oder Soja, über eine komplett gentechnikfreie Branche«, sagt auch Jörg Werner, der Berliner Manager des niederländischen Saatgutzüchters Rijk Zwaan, der für seinen Arbeitgeber in vielen Teilen der Welt tätig ist. »Die Züchtung von gentechnisch veränderten Organismen lohnt sich bei Frischgemüse nämlich nicht. Sie ist zehn Mal so teuer und aufwändig wie die traditionelle Gemüse-Veredelung und bringt nichts extra.« Werner bestätigt die Einschätzung des *Spiegels*. »In Deutschland gehen Gemüse und modernes Denken nicht gut zusammen. Die Angst vor grüner Technologie ist hier viel größer als zum Beispiel in den Niederlanden oder in den angelsächsischen Staaten. Da liegt ein fundamentaler Unterschied.« Wer in Deutschland grün denkt, hat bei Fragen, die Leben und Tod betreffen, oft viel konservativere Wertvorstellungen als niederländische Grüne. Die Angst, die sich teilweise aus den Praktiken des Dritten Reichs erklären lässt, schüre, so Werner, eine bestimmte Blindheit für die Fakten. »Wenn man genetische Veränderung mehr mit Pflanzenkrankheiten und der Gesundheit von Menschen assoziieren würde, wie es im medizinischen Bereich schon üblich ist, würde der Widerstand vielleicht kleiner werden.« Die Medizinwissenschaft erhofft sich von der Gentechnik, im Sinne von genetischen Veränderungen, zum Beispiel Lösungen für Querschnittlähmungen und Parkinson. Zudem könnten das Dengue-Fieber wie auch das Zika-Virus, das vor kurzem erst in Südamerika zugeschlagen hat, mit genetischer Manipulation vielleicht eingedämmt werden. Es wird dort schon mit dem Einsatz einer genetisch veränderten Mückensorte experimentiert, die sich nicht fortpflanzen kann.

Das alles betrifft die »weiße« oder »rote« Gentechnik. Was die »grüne« Gentechnik betrifft, ist die ganze Geschichte noch nicht erzählt. Denn auch wenn der Handel keinen Gewinn in der Gen-Tomate sieht, so sucht doch die Wissenschaft auf vielfältige Weise nach Möglichkeiten, gesündere Tomaten zu erschaffen – »gesund« sowohl im Sinne von »widerstandsfähiger« als auch von »besser für den Verbraucher«. Und diese Forschung bedient sich bisweilen der Gentechnik. Entsprechende Experimente in Laboren und auf eingeschränkten Probeflächen sind nicht illegal. Die Ergebnisse dürfen allerdings nicht auf den europäischen Markt gebracht werden. Das galt zum Beispiel für ein kanadisches Experiment, bei dem vor einigen Jahren auf drei Hektar Versuchsfläche eine neue, lilafarbene Tomate gezüchtet wurde, die ihre Farbe bestimmten Stoffen einer anderen Pflanzensorte verdankte. Diese Tomate durfte nur in Form von Saft zu befreundeten Wissenschaftlern in Großbritannien reisen – nachdem man zuvor die Samen herausgefiltert hatte, als Gewähr gegen unerwünschte Fortpflanzung. Auch um diese lila Tomate gab es allerdings einige Verwirrung. Denn zur selben Zeit kam eine ähnlich gefärbte Tomate in die britischen Supermärkte; sie war jedoch auf herkömmliche Weise aus alten Rassen gezüchtet worden.

Etwa zur gleichen Zeit war das Wageningen University & Research Center an der Entwicklung einer anderen gentechnisch veränderten Tomate mit lila Pigment beteiligt. Der Wageninger Test-Tomate hatte man zwei Gene des Löwenmäulchens eingepflanzt. Versuche mit Mäusen sollen nachgewiesen haben, dass sie nach einer Diät mit diesen Tomaten weniger anfällig für bestimmte Krebskrankheiten waren. »Eine Anti-Krebs-Tomate dank der genetischen Modifikation des Samens?« Dr. Susanne Huyskens-Keil, Agraringenieurin am Institut für Agrar- und Gartenbauwissenschaften der Berliner Humboldt-Universität, schüttelt mitleidig den Kopf. »Wäre es doch bloß so einfach. Aber eine Tomate besitzt ganz viele Inhaltsstoffe, die aufeinander einwirken. Eigentlich wissen wir noch kaum etwas darüber, wie wir eine gesündere Tomate herstellen können, geschweige denn eine heilkräftige.«

Das Arbeitsgebiet von Huyskens-Keil ist Produktqualität und Qualitätssicherung. Dazu betreibt sie klassische Forschung mit Tomaten, keine genetischen Manipulationen – jedenfalls zurzeit nicht. Das Institut für Gartenbauwissenschaften unterhält einen Forschungsstandort mitten im ländlich geprägten Berliner Bezirk Dahlem. Wer hier auf der Suche nach dem Kaffeeautomaten notgedrungen im Keller landet, stößt auf eine Tür mit einem Schild, das vor gentechnisch veränderten Organismen warnt. Huyskens-Keil klärt auf: »Das ist der ›S1-Bereich‹ des Fachgebiets Phytomedizin, ein Sicherheitsbereich, wo die Kollegen gentechnisch veränderte Organismen untersuchen können.« Der Begriff »S1« bezeichnet gemäß der deutschen Gentechnik-Sicherheitsverordnung die niedrigste Sicherheitsstufe. »Und dazu einen ›S2-Bereich‹, das ist die höchste Sicherheitsstufe hier. Aber wir benutzen beide zur Zeit nicht, vielleicht in ein paar Jahren.« Und nebenbei ergänzt sie: »Vor vielen Jahren, um 1995, haben wir Tests mit genetisch veränderten Tomaten gemacht. Das war eine Zusammenarbeit mit dem Unternehmen Monsanto, von dem wir das Material bekommen haben.«

Monsanto? Ist dieser agrochemische Konzern nicht der Fluch von Testbiotech, Greenpeace und anderen Umweltorganisationen, aber auch von grün denkenden Züchtern? Das global agierende Unternehmen gilt vielen als der Inbegriff des Bösen, der »widernatürlichen« Biotechnologie im Allgemeinen und der Gentechnik im Besonderen.

Grundsätzlich ist es nicht außergewöhnlich, dass eine wissenschaftliche Einrichtung mit einem Chemie- oder Saatzüchtungskonzern zusammenarbeitet. In den Niederlanden verdankt der Gartenbausektor einen Teil seines Erfolgs der intensiven Zusammenarbeit mit Universitäten, vor allem mit dem bereits erwähnten Forschungszentrum in Wageningen, mit Saatgutveredlungsbetrieben und mit Ministerien, vor allem dem Wirtschaftsministerium.

Die Forschungsfragen richten sich dabei natürlich an den eher kurzfristigen Interessen der Regierungsinstitutionen und der großen Konzerne aus. Dennoch ist bei allen Beteiligten der Stolz auf das »Polder-Modell« spürbar, auf das Miteinander, das die Errungenschaften des offiziell zum Spitzensektor proklamieren Bereichs »Agri & Food« ermöglicht hat. Der innovative Mehrwert für die Bürger, die als Steuerpflichtige für den Großteil der Forschungskosten aufkommen, bleibt jedoch nicht selten auf der Strecke.

»Viel länger als ein halbes Jahr hat diese Zusammenarbeit mit Monsanto nicht gedauert«, fügt Susanne Huyskens-Keil hinzu. Solche Untersuchungen seien vertraglich reglementiert, sagt sie, darüber könne sie keine Auskunft erteilen. »Aber das, was wir herausgefunden haben, war nicht besonders erfreulich. Die Ergebnisse waren nicht positiv.« In welchem Sinne? »Es gab negative Effekte auf die Qualitätseigenschaften. Das Projekt war nicht kommerziell interessant.« Huyskens-Keil meint also, dass die Versuche nicht erfreulich für Monsanto und die Gen-Tomate ausgegangen sind – übrigens ganz in Übereinstimmung mit den amerikanischen Forschungsergebnissen zur gleichen Zeit. Ihre Bewertung sagt allerdings auch etwas über die Gebundenheit an den Partner aus. Andere würden diese Ergebnisse als äußerst positiv oder beruhigend bewerten.

Auch die *Kumato*-Tomate des multinationalen Agrarkonzerns Syngenta wird wegen ihrer eigentümlichen, braunroten Farbe versehentlich hie und da als gentechnisch verändert bezeichnet. Sie ist jedoch das Ergebnis eines zehnjährigen Prozesses, bei dem verwilderte mediterrane Tomaten und Kulturtomaten auf klassische Weise miteinander gekreuzt wurden. Erst einige Jahre später, 2012, ist das Genom der Tomate völlig entziffert worden. Das Genom ist die Sammlung des Erbguts oder auch ihre »DNA-Reihenfolge«. Es stellte sich heraus, dass eine moderne Tomate über 35 000 Gene besitzt, und dass ihr ebenfalls untersuchter, wilder südamerikanischer Vorfahr sich kaum von ihr unterscheidet. So seltsam ist es also nicht, wilde und domestizierte Tomaten zu kreuzen.

Das Genom ist eine Blaupause der Architektur der Tomate. »Wir wissen jetzt noch besser, welche Merkmale auf welchen Genen lokalisiert sind«, erklärt Jörg Werner von Rijk Zwaan. »Wir können die Eigenschaften noch präziser und schneller finden und nutzen als zuvor.« Anders als viele Pressemeldungen glauben machen wollten, handelte es sich hier keineswegs um einen revolutionären Sprung. »Das ist nur ein kleiner Schritt vorwärts«, erklärt Werner. »Wir wissen jetzt zwar etwas besser, was eine Zelle macht. Aber noch immer nicht, wie sie das genau macht.«

Jörg Werners Worte passen gut zu den Aussagen von Dr. Huyskens-Keil über die (Un-)Möglichkeit eine heilsame Tomate herzustellen. Wunder sind hier nicht zu erwarten. Aber seit 2012 hat die Biotechnologie sich weiterentwickelt. Einige interessante Innovationen spielen sich gerade im Grenzgebiet zwischen »klassischer« Kreuzung und genetischer Veränderung ab. Dabei geht es vor allem um die Frage, ob die Pflanze eine Änderung im Erbgut im Prinzip auch von alleine hätte bewerkstelligen können. Wenn man in einen Samen bestimmte Resistenzen einbaut, die schon in anderen Tomatenpflanzen gefunden wurden, dann befinde man sich noch im Rahmen der klassischen Veredelung, so heißt es. Denn es werde ja keine artfremde DNA verwendet.

Aber was macht eine Pflanze in der Evolution jemals selbst, und was nicht? Kann man hier überhaupt eine Grenze ziehen? Die Europäische Union hinkt, als mitentscheidende Instanz in Bezug auf die Grenzen des Zulässigen, den neuen wissenschaftlichen Entwicklungen hoffnungslos hinterher. So bitten zum Beispiel Politik, Wissenschaft und Saatgutveredler die Europäische Kommission in Brüssel bis heute vergeblich um ein Urteil darüber, ob es sich bei dem Verfahren *CRISPR/Cas* um eine genetische Modifikation handelt oder nicht. *CRISPR* lässt sich nicht leicht in den gängigen Gegensatz »klassisch versus gentechnisch verändert« einordnen.

Das Verfahren arbeitet auf einer sehr subtilen Ebene und ist im Ergebnis von natürlicher Mutation kaum zu unterscheiden. Allgemein gilt es als die wichtigste Entdeckung der letzten Jahre, insbesondere für »DNA-Reparaturen« in der Medizin, aber mit zahlreichen Anwendungsgebieten auch im Agrarbereich.

Die revolutionären Möglichkeiten von *CRISPR* werden von manchen sogar als unausgesprochenes Motiv für die Fusion der Agrarchemieriesen Monsanto und Bayer betrachtet. Denn mit dieser Erfindung sei es noch viel leichter, so Vertreter der Branche, Resistenzen gegen Trockenheit oder Krankheiten bei Pflanzen einzubauen. Für die Tomate, die in weiten Teilen Europas in einer geschützten Glashausumgebung angebaut wird, dürfte das allerdings eine weniger dringende Rolle spielen.

»Heute liest und hört man überall, dass ein Kilo Tomatensaat mehr wert ist als ein Kilo Gold. Die Leute können von diesem Vergleich nicht genug bekommen!« Jörg Werner grinst und schaut sich im Berliner Büro des Saatgutveredlers Rijk Zwaan um. »Schon vor zwanzig Jahren habe ich damit angefangen, bei Präsentationen: Ich habe einen Kilosack mit Tomatensaat auf den Tisch geworfen und gesagt: Der Inhalt kann doppelt so viel wert sein wie ein Kilo Gold! Das ist in der Branche übernommen worden und kam sogar mehrmals im niederländischen Fernsehen … Wo habe ich bloß diesen Sack? Na ja, unwichtig, das war ja alte Saat, Demosaat, sozusagen.« Dann findet Jörg Werner ihn doch noch. »Normaler Weise kosten die billigeren Sa-

Das Gold aus dem Polder
Holländische Familienbetriebe trotzen den Chemiekonzernen

men tatsächlich zwischen 30 000 und 40 000 Euro pro Kilogramm, und Spezialitäten wie unsere *San Marzano* nicht weniger als 90 000 Euro.«

Wer mit diesem Wissen ins holländische De Lier reist, wo sich mitten in der Gartenbauregion Westland das Hauptquartier von Rijk Zwaan Zaadteelt en Zaadhandel (»Rijk Zwaan Saatzüchtung und Saatguthandel«) befindet, der erwartet einen schwer verbarrikadierten Hochsicherheitstrakt vorzufinden. Aber nichts dergleichen: Keine Bunker, keine Kontrollposten. Ungestört laufe ich an den unterschiedlichsten Gebäuden vorbei. Nur ein einziger Mann wird kurz sichtbar, als er vor einer geöffneten Tür seine Arbeitskleidung mit einer Hochdruckspritze säubert. Hinter dieser Tür, so erzählt man mir etwas später, wird das Saatgut gereinigt, das per Flugzeug aus der ganzen Welt hierher geliefert wird.

Der beschriebene Besuch fand im Jahr 2012 statt, als Rijk Zwaan auf dem Gelände gerade einen Neubau für seine Zentrale errichten ließ. Vier Jahre später ist der Komplex schon wieder erweitert worden und heißt jetzt: *Zaadtechnologisch Centrum*. Etwas weniger offen ist das Gelände inzwischen, aber trotz der großen Werte, um die es hier geht, immer noch weit entfernt von einem hermetisch abgesperrten Industriepalast. Obwohl das Unternehmen zu den weltweit größten Züchtern von Gemüsesaatgut zählt, ist der Saatgutmulti im Herzen ein urholländischer Familienbetrieb geblieben. Und das heißt: abgeneigt gegenüber jeglichem Prunk. Unter dem Bild der dreiköpfigen Direktion steht auf der deutschen Website von Rijk Zwaan: »Die Vision von Kees, Ben und Marco – Der Mensch im Mittelpunkt.«

Die schlichten Räume in Berlin, wo Jörg Werner arbeitet, wenn er nicht irgendwo in Europa unterwegs ist, befinden sich in einem gesichtslosen Einkaufszentrum am Stadtrand, unweit des Flughafens BER, der in einer endlosen Anbauphase steckengeblieben ist. Bereits 2012 haben wir uns hier ausführlich über viele Facetten des Saatguts unterhalten. Als ich im Frühjahr 2017 erneut vorbeikomme, ist Rijk Zwaan in ein anderes Stockwerk gezogen, wo es mehr Bürofläche und ein neues »Einzelhandelszentrum« voller Tomaten und anderer Gemüsesorten gibt. Aber noch immer herrscht auch in Berlin die informelle Schlichtheit. Mit dem *Rijk Zwaan Retail Center* hat Jörg Werner ein ganz neues Konzept umgesetzt: Hier werden Einzelhändler und andere

Handelspartner beraten, Mitarbeiter aus der ganzen Welt geschult und Verbrauchertests durchgeführt. Als *Testcase* dient ein großes Sortiment an Frischgemüse aus Rijk Zwaan-Saatgut, das in verschiedenen Supermarktregalen in amerikanischem, deutschem und niederländischem Design zur Schau gestellt wird.

Normalerweise sieht man die Produkte eines Saatzüchters nicht nebeneinander liegen. Das Saatgut von Rijk Zwaan befindet sich in den Händen von Tausenden Züchtern in Hunderten von Staaten. Und im Hauptquartier des Unternehmens im holländischen Westland. Hier in De Lier ist Maarten van der Leeden verantwortlich für den Handel und Verkauf. Er hat zweifellos seine Berufsgeheimnisse; immerhin liegt hier ein kapitaler Samenschatz. Aber seine Offenheit korrespondiert mit der Betriebskultur in Berlin. »Nein, wir haben keine Angst vor Diebstahl«, kontert van der Leeden sofort. »Das Saatgut erlangt seinen Wert ja erst in den Händen des richtigen Züchters. Der kann aus ein paar hundert Samen eine große Menge Tomaten erzeugen, deren Verkaufswert dann nochmals sehr viel höher liegt.«

Jeder Diebstahl würde außerdem sofort ans Licht kommen, fügt er hinzu. »Wir können von einem Samen ablesen, ob er uns gehört.« Der Einwand, dass ein Sack Samen doch ziemlich anonym zum Beispiel nach China gelangen könne, bringt van der Leeden nicht aus dem Konzept: »Kein Bauer oder Gärtner nimmt das Risiko auf sich, mit unbekannter Saat zu arbeiten. Das Saatgut macht ohnehin nur etwa fünf Prozent seiner Produktionskosten aus.«

Was kostet eigentlich ein einzelner Samen? »Der teuerste Samen von Rijk Zwaan kostet ungefähr achtzig Cent. Er gehört zu einer Tomatenrasse. Das ist tatsächlich teuer verglichen mit Samen anderer Gemüsesorten. Der Grund ist, dass an diesem Tomatensamen so viel herumgebastelt wurde – klassisch, versteht sich.« Jawohl, die Tomate ist ein Gemüse, und kein Obst – um das Missverständnis aus der Welt zu schaffen. »Fruchtgemüse« ist die gängigste Umschreibung für Gewächse wie Tomate, Paprika, Gurke und Aubergine.

Bei Rijk Zwaan denkt man auf lange Sicht und legt deshalb mehr Wert auf Zukunftsperspektiven als auf Äußerlichkeiten. Das Unternehmen investiert viel Kapital in die Forschung, im Wirtschaftsjahr 2015/2016 waren es 120 Millionen Euro, etwa 30 Prozent des Umsatzes.

Jörg Werner im neuen Retail Center von Rijk Zwaan, Berlin

Nur so kann man sich gegen internationale Konkurrenten wie Syngenta und Monsanto behaupten. Die Forschungsmittel fließen durch den Verkauf vieler verschiedener Gemüsesorten wieder zurück. Bei Saatgut für Salat und Spinat ist die Familienfirma sogar Weltmarktführer, aber auch das Tomatensaatgut kommt gut an. »Wirklich jeder Samen aus Rijk Zwaans weltweiten Versuchsstationen und Distributionszentren landet bei uns in De Lier«, erzählt Maarten van der Leeden. »Hier werden sie alle kontrolliert, gereinigt und verpackt. Es ist ein gigantischer logistischer Prozess, den wir mit Hilfe eines ausführlichen Protokolls für eingehende und für ausgehende Samen steuern.«

Dieser weltweite Handel ist »nur« die Folge des biotechnologischen Kerngeschäfts. »Die Veredlung von Saat kostet viel Zeit und Geld, wobei der Erfolg nie automatisch gegeben ist.« Das sagt der Tomatenzüchter Jos Looije, der sich nebenbei an einem kleineren, neuen Saatveredelungsunternehmen beteiligt hat. »Eigentlich ist das Entwerfen von Rassen eine Kombination aus Sachverstand, Wissenschaft und Künstlertum«, philosophiert Looije. »Man kann die entwickelten

Rassen mit den Gemälden von Rembrandt vergleichen. Sie sind nicht alle gleich schön und gleich gelungen. Ein guter Veredler merkt sich die Unterschiede. Er sieht in einem Samen das, was wirklich wichtig ist.« Das gilt, sagt Jos Looije, ohne Zweifel auch für Rijk Zwaan, einen selbstständigen Familienbetrieb wie sein eigener. Wie viele andere aus der Branche bewundert er das Traditionsunternehmen. »Rijk Zwaan will natürlich Geld verdienen. Trotzdem denkt man dort viel über die prinzipiellen Fragen des Metiers nach, vor allem darüber, wo die Grenzen des Akzeptablen liegen.«

Über Jörg Werner weiß Looije nur Gutes zu sagen, so wie man umgekehrt in der Berliner Niederlassung von Rijk Zwaan auch respektvoll über ihn spricht. So sind die Verhältnisse in der Branche: Man kennt sich, schätzt sich und – nicht unwichtig – informiert und inspiriert sich gegenseitig. Werner arbeitet schon über 25 Jahre für Rijk Zwaan. Zuvor hatte er, noch zu DDR-Zeiten, an der Berliner Humboldt-Universität Gartenbau studiert. »Alle Samenbetriebe stammen irgendwo aus den Jahren 1890 bis 1920«, erklärt er. »Damals haben einige Gärtner angefangen, für die anderen den Samen zu machen. Wir von Rijk Zwaan gehören mit der Gründung 1924 noch zu den Jüngsten.« Eine solche Arbeitsteilung hat gleichzeitig auch in Deutschland stattgefunden, fügt er hinzu. »In Getreidesaat ist Deutschland sehr stark geworden. Aber auch in der Gemüsesaatzüchtung gab es Konkurrenz zu Holland, zum Beispiel in und um Quedlinburg und Erfurt. Die Betriebe sind aber nach dem Zweiten Weltkrieg alle verstaatlicht worden, also abgekoppelt von der Welt – kaputtgemacht.«

Es ist erstaunlich, dass ein holländischer Familienbetrieb zur Weltspitze in der Veredelung von Gemüsesaat gehört, und das nicht nur im Hinblick auf den Ruf oder die Qualität, sondern auch im Umsatz. Ein Teil der Erklärung ist, dass multinationale Riesenkonzerne wie Monsanto, Bayer und Syngenta sich lange vor allem mit Chemie im Agrarbereich beschäftigt haben, also mit »Pflanzenschutz«, und erst an zweiter Stelle mit der Saatzüchtung. In letzter Zeit hat aber fast jeder Chemiekonzern eines oder mehrere niederländische Saatgutunternehmen geschluckt. So ist Bayer seit 2002 Eigentümer von Nunhems, damals einer der fünf größten Gemüseveredler in der Welt, spezialisiert auf »Glasgemüse« wie Tomaten. Die mittlerweile verloren gegangene

Marktposition des in Nunhem (bei Venlo) angesiedelten Betriebs versucht Bayer mit einem »ambitionierten Expansionsplan« zurückzugewinnen. Das Gemüsesaatgutgeschäft des Konzerns firmiert noch immer unter der Marke Nunhems, offensichtlich aus Imagegründen.

Die letzte große Übernahme von Monsanto galt im Jahr 2008 De Ruiter Seeds, einem weiteren holländischen Experten für Tomatensaat. Die Erben De Ruiter haben sich über eine halbe Milliarde Euro ausbezahlen lassen. »Heute sind gerade einmal zehn Samenhäuser verantwortlich für 85 Prozent des Weltmarktes in Gemüsesamen«, erklärt Maarten van der Leeden. »Rijk Zwaan nimmt hier eine mittlere Position ein, so ungefähr den fünften Platz.« Das ist gleich hinter Bayer. »Höher platziert sind nur biochemische Agrarkonzerne, wobei Monsanto von den zehn der einzige nicht-europäische ist. Zu den Größten gehören außerdem unsere niederländischen Kollegen-Familienunternehmen Enza und Bejo.«

Bejo Zaden, stark in Zwiebeln und anderem Freilandgemüse, erwartet in den nächsten zehn Jahren eine Umsatzverdoppelung. Und Enza Zaden, Spezialist in 30 verschiedenen Gemüsearten, wächst nach eigenen Angaben um zehn Prozent jährlich. Beide Firmen befinden sich, anders als Rijk Zwaan, in einem Cluster mit anderen Saatveredlern für Blumen, Pflanzen und Gemüse etwa 50 bis 70 Kilometer nördlich von Amsterdam. Das Gebiet wird in Holland ehrfurchtsvoll *Seed Valley* genannt. Man schätzt, dass von hier (zusammengenommen mit der Produktion von Rijk Zwaan) fast 60 Prozent der Gartenbausaat im Welthandel stammen. Betrachtet man nur die niederländische Gemüsesaat (ohne Blumen und andere Pflanzen), dürfte die eine Hälfte davon von selbstständigen Züchtern stammen, die andere Hälfte von den großen Agrarchemiekonzernen. Exakte Zahlen sind schwer zu berechnen, weil diese Konzerne multinational operieren, auch wenn viele dieser Aktivitäten immer noch in den Niederlanden selbst stattfinden. Der Anteil des niederländischen Gemüsesaatguts am Welthandel liegt nach Schätzungen des Wageninger Forschungsinstituts LEI bei gut einem Drittel. Bei der Tomatensaat ist das Bild ähnlich: Fast ein Drittel der Weltproduktion kommt aus den Niederlanden. Kein Wunder also, dass in *Seed Valley* über »nationale« deutsche, polnische oder österreichische Tomaten ein wenig gegrinst wird: *It's the seed, stupid!*

Wohlgemerkt, es geht bei diesen Zahlen nicht wirklich um die ganze Welt und auch nicht um sämtliche Tomaten- und Gemüsesamen. »Das betrifft nur kommerziell gehandeltes Saatgut, speziell in der westlichen Welt«, nuanciert Jörg Werner in Berlin. »In diesem Sektor geht um zwei bis drei Milliarden Euro jährlich. Das ist ›Supermarktgemüse‹ aus Hightech-Samen, mit avancierter Software hergestellt, und nicht irgendwo am Hof gezüchtet und verkauft.« Werner schätzt »rein aus dem Bauch«, dass dies die Hälfte aller Gemüsesamen auf der Welt sein könnte. »Es gibt ja keine Zahlen von Freiland- und lokaler Produktion weltweit. Und China ist in dieser Schätzung auch nicht dabei.«

Die Zahlen aus Wageningen, aus dem *Seed Valley* und vom Saatguthersteller Rijk Zwaan werden aus ganz anderer Ecke bestätigt und ergänzt. Der kritische Biotech-Forscher Christoph Then erzählt 2013, dass über 70 Prozent des weltweiten (kommerziellen) Samenmarktes von zehn Unternehmen kontrolliert werden. Der Trend gehe immer weiter in Richtung Saatgutmonopol und Beschränkung des Angebots, befürchtet Then in Einklang mit den Nichtregierungsorganisationen, auf deren Informationen er sich beruft. Dabei geht es allerdings nicht speziell um Gemüsesaat, sondern auch um Saatgut für Mais und Soja, also um Bereiche, in denen die Chemieriesen noch größere Marktanteile haben. Nach der aktuellen Fusionswelle werden laut Berechnungen von Corporate Europe Observatory demnächst drei oder vier der agromultinationalen Konzerne 60 Prozent des weltweiten Saatguthandels beherrschen. Syngenta steht alleine schon für etwa ein Sechstel des gehandelten Tomatensaatguts. Das Unternehmen ist kürzlich von China aufgekauft worden – und seine Tomatensaat in *Seed Valley* gleich mit. Im April 2017 scheinen die allerletzten formalen wettbewerbsrechtlichen Bedenken unter Auflagen ausgeräumt.

Vor den Chinesen hatte übrigens Monsanto auf Syngenta geboten – und das Nachsehen gehabt. Daraufhin wollte Monsanto Teile von Bayer übernehmen. Die beiden Firmen kennen sich aus der Zeit des Vietnamkrieges, als ihr Entlaubungsmittel *Agent Orange* zu militärischen Zwecken eingesetzt wurde. Aber auch diesmal platzte Monsantos Angebot. Es kann aber in dieser Branche merkwürdig kommen: Ende 2016 kaufte, umgekehrt, Bayer für knapp 60 Milliarden Euro den ganzen Monsanto-Konzern – falls die Kartellbehörden und die EU-

Kommission zustimmen. Nach *Spiegel*-Informationen ist das die bislang größte Übernahme durch einen deutschen Konzern im Ausland, und sie macht Bayer zur weltweiten Nummer eins im Geschäft mit Agrarchemie. So werden der Tomatenspezialist De Ruiter Seeds und einige andere im holländischen *Seed Valley* ansässige Saatgutveredler, die zu Monsanto gehören, jetzt also »deutsch«. Genauso wie Tomaten kann man auch dem weltweit agierenden Bayer-Konzern nicht so leicht eine nationale Identität zuweisen.

Die Fusionswelle im Bereich der Agrochemie ist sicher noch nicht zu Ende. Wie wird das Familienunternehmen Rijk Zwaan der zunehmenden Konzentration in der Branche widerstehen? Nachdem der Betrieb sich 1989 vorübergehend British Petroleum ausgeliefert hatte, es dann aber schaffte, seine Selbstständigkeit wieder zurück zu kaufen, haben Rijk Zwaans führende drei Familien geschworen, das Unternehmen immer in eigenem Besitz zu behalten. Da man keine Aktionäre bedienen muss, dafür aber viele Mitarbeiter hat, die Anteile der Firma besitzen, blickt man optimistisch in die Zukunft.

An einem schönen Tag im Juni erfuhren zwei gelbe Blüten eine Metamorphose. Kaum hatte ich einmal nicht nach ihnen geschaut, gab es auf meinem Balkon die ersten Tomaten, die dort jemals gewachsen sind. Wie war das möglich? Schon jahrelang hatte ich für dieses Buch recherchiert, trotzdem fehlte mir jede Vorstellung davon, was passiert war. Dabei hatte ich doch schon einige Versuchsglashäuser besucht und mir von Sachverständigen erklären lassen, wie sie dort *in sexualibus* operieren, mit der Hand und mit dem Computer. Aber dort wurde die Fortpflanzung der Tomate nur vom Menschen nachgeahmt. Richtig zur Sache ging es in den üblichen Gewächshäusern, wo die Tomaten für den Handel wachsen. Dort wiesen die Züchter mich auf ihre Hummeln hin, die die wichtige Arbeit des Bestäubens übernehmen. Deshalb hängt man überall Nistkästen auf, gruppiert wie Zimmer in »Hummelhotels« – der Begriff stammt

Blümchen und Bienchen
Wie macht die Tomate »es«?

von Koppert Biological Systems, einem niederländischen Unternehmen, das seit über 50 Jahren nützliche Insekten an Landwirte in der ganze Welt liefert. Aber auch dort hatte sich das Wunder der Natur immer wieder meiner Wahrnehmung entzogen, genauso wie in den vielen österreichischen, französischen oder rumänischen Gärten, in denen ich Tomaten hatte wachsen sehen.

Um endlich mit eigenen Augen zu sehen, wie die Tomaten »es« machen, beschloss ich meinen Balkon zur Versuchsstation umzurüsten. Die nötigen Samen besorgte ich mir bei Bekannten: von Jürgen, einem Biologen, der Ursamen sammelt und einen Hobbygarten an der Oder hat, und von Erich Stekovics aus dem österreichischen Burgenland, von dem später noch mehr zu lesen sein wird. Dazu kamen noch drei Packungen kommerzielle Tomatensamen aus dem Laden, die ich von Freunden geschenkt bekommen hatte. Aus all dem erwuchs allerdings ein einziges Chaos: Als all die Samen, die ich in Töpfchen verteilt auf das Fensterbrett gestellt hatte, zu meiner Überraschung wirklich keimten, hatte ich keinen blassen Schimmer mehr, was noch mal was war.

Immerhin verfügte ich jetzt über zwei Dutzend Sämlinge, die nach ihrem Umzug auf den Balkon tatsächlich bald gelbe Blüten trugen. Es wurde also Zeit, dass die Hummeln ihrer Arbeit nachgingen. Aber sie kamen nicht. Als tatsächlich einmal ein paar vorbeiflogen, zeigten sie keinerlei Interesse an den Tomaten. Die blühenden Geranien gefielen ihnen offenbar besser. Und obwohl ich immer noch keine einzige Hummel gesehen hatte, hingen da an diesem einen schönen Junitag plötzlich die ersten kleinen Tomaten. Wie war das passiert? Mein Mann scherzte: »Vielleicht waren die Samen schon befruchtet.« Oder hatte er das gar nicht als Scherz gemeint? Was wussten wir denn schon … Meine österreichischen *Black Cherries* und *Frühen Sibirischen*, die rotgrünen Odertomaten von Jürgen und die *Yellow Pearshaped* aus dem Laden (gelbe, birnenförmigen Kirschtomaten) – alle schienen von alleine zu wachsen. Nur die ovalen *San Marzanos* (ebenfalls aus einer kommerziellen Samenpackung) verwelkten, bevor sie reif waren.

Das Gärtnern wurde mir tatsächlich nicht in die Wiege gelegt. Früher besaß ich mal einen Garten, in dem ich aber gar nichts angebaut habe, sondern alles wild wachsen ließ. Das war nördlich von Amster-

Selbstversuch:
Tomatenpflanzen
auf dem Balkon der
Autorin

dam an einem kleinen See, der aus einem Deichdurchbruch entstanden war. Die Nachbarn nannten meinen Garten »Vietnam« und meinten, dass bei mir ein Einsatz des Entlaubungsmittels *Agent Orange* überfällig sei. Sie selbst pflegten vor allem sterile Grasmatten, manchmal sogar Kunststoffrasen, sowie Waldsträucher und Gartenzwerge, die neben dem Deich völlig deplatziert wirkten. Aus Widerstand dagegen ließ ich bei mir umso mehr alles wachsen und wuchern. Letztendlich haben mich dann aber die vielen Insekten vertrieben, die von der Wildnis in meinem Garten angelockt wurden.

Nun aber wollte ich wirklich wissen, wie die Tomate »es« macht. In der Urzeit der Tomate, habe ich herausgefunden, gab es noch getrennte weibliche und männliche Tomatenpflanzen, die zudem oft mehrjährig waren. Beide Eigenschaften sind mittlerweile verloren gegangen. Tomatenpflanzen bestäuben sich im Freien selbst. Das weibliche Geschlechtsorgan sitzt in der Mitte der Blüte und ist von männlichen Geschlechtsorganen umgeben, die den Blütenstaub beisteuern. Es gibt also keine männlichen oder weiblichen Blüten. Kurz gefasst, die Tomate ist ein androgynes Fruchtgemüse, das keine feste Geschlechterrolle wählen muss, und in Hinblick auf die Nachkommenschaft völlig unabhängig ist. Wie modern!

Man kann die Tomate im Prinzip auch »vegetativ« vermehren: durch das Stecken. Mit Geranien mache ich das immer. Ich habe noch Nachkömmlinge, die auf die schöne leuchtend-rosafarbene Pflanze zurückgehen, die ich meiner Mutter vor fünfzig Jahren zum Muttertag geschenkt habe. Diese vegetative Vermehrung ist die sexlose Variante. Der Vorteil ist, dass die Kinder, also die Stecklinge, eine exakte Kopie der Elternpflanze sind. Bei der Kartoffel, die mit der Tomate verwandt ist und in Freilanderde wächst, ist diese Herangehensweise die Norm. Aber bei der Tomate wäre diese Methode im Vergleich zur sogenannten »generativen« Vermehrung über Samen viel zu teuer und aufwändig.

Ich habe gelernt, dass die Tomate für ihre Fortpflanzung gar keinen Besuch von Hummeln oder anderen Insekten braucht. Ein leichter Windhauch reicht, um den Blütenstaub auf die empfängnisbereiten Narben der Blüten zu tragen. Wenn es windstill ist, kann man die Bestäubung auch mit Menschenkraft unterstützen, so wie es das Buch *Der Balkongarten* empfiehlt, das 1986 in Köln erschienen ist: »Dazu wird die Pflanze täglich am besten zwischen 11.00 und 14.00 Uhr geschüttelt.« Warum das Schütteln ausgerechnet um diese Zeit erfolgen soll, bleibt allerdings schleierhaft. Vielleicht ist es in Köln dann am windstillsten. Oder die Kölner kommen einfach gern zum Mittagstisch nach Hause, um sich danach auf ihre schmachtenden Pflanzen zu stürzen …

Vor dem Problem der Windstille stehen auch die großen Gemüseproduzenten. Denn die Tomate liebt den Wind nicht und wird deshalb in Gewächshäusern vor den Unbilden des Wetters geschützt. Aber mit ihrer Aversion steht die Tomate faktisch der eigenen Fortpflanzung im Wege. Das ist ein bekanntes Phänomen: Auch für manche Tierart scheint Sex lediglich ein notweniges Übel zu sein. In solchen Fällen helfen Hummeln – wenigstens bei Tomaten. Eine einzige Hummel kann 20 000 Blüten bestäuben, sagen Züchter. Und sie ist angenehm dumm und kommuniziert – im Gegensatz zu Bienen – nicht mit ihren Artgenossen. Andernfalls würden die Hummeln womöglich massenhaft durch die Entlüftungsluken aus dem Gewächshaus fliegen, wenn sich herumgesprochen hat, dass es draußen Blumen mit herrlichem Nektar gibt. Tomatenblüten produzieren so etwas nämlich nicht.

Eine Tomatenpflanze merkt ziemlich gut, wenn eine Hummel ihr den Blütenstaub einer anderen Tomatenrasse unterschieben möchte. Eine solche Kreuzbestäubung wirkt nur selten. Die Tomate ist im Wesen erzkonservativ, um nicht zu sagen rassistisch. Wer sich eine multikulturelle Tomate wünscht, braucht daher moderne Veredelungstechniken, um auf diese Weise eine leckere neue Mischrasse zu kreieren. Komischerweise haben die so gezeugten Hybridsamen eher den Ruf, die Sortenvielfalt zu verarmen als sie zu bereichern.

Tatsache ist, dass die so gezeugten Tomatenkinder ihre tollen Eigenschaften nur eine Generation lang garantiert tragen. Sie sind nicht »samenfest«. Gemäß den Mendelschen Regeln von der Vererbung geht es ab der nächsten Generation in alle Richtungen, weil dann die manifesten und versteckten Eigenschaften der Vorfahren wieder auftauchen. Auch meine gelben Mini-Birnentomaten aus dem Samentütchen waren hybrid (zu erkennen am Symbol ›F1‹). Das könnte erklären, warum ich in den darauffolgenden Jahren gelbe runde und orange birnenförmige Tomaten auf dem Balkon hatte – wie gesagt, bin ich zu faul, um Samen und Sämlinge ordentlich zu beschriften. Aber auch meine »samenfesten« Tomaten aus Österreich und von der Oder liefern nicht jedes Jahr das gleiche Ergebnis, obwohl sie das theoretisch tun müssten. Das Wetter und der Grad meiner Pflege unterscheiden sich, verständlicherweise, ebenfalls von Jahr zu Jahr.

Ich muss gestehen, dass meine Balkonzucht-Aktivitäten nicht mit Tomaten, sondern mit Paprika angefangen haben. 2011 hatte mir Sinterklaas (der weise Sankt Nikolaus) ein Säckchen aus dem Gartencenter mit fünf Samen einer scharfen ungarischen Gewürzpaprikasorte geschenkt. Daraus wuchsen tatsächlich fünf Pflanzen, die jeweils etwa zehn Paprikaschoten trugen. Was nicht in Suppe oder Nudeln verschwand, wurde getrocknet. Nach einer Saison hatte ich hunderte von Samen. Nach fünf Jahren wären es vielleicht Millionen gewesen, wenn ich alle wiederbenutzt hätte, statt Schoten und Pflanzen als billige Geburtstagsgeschenke zu verwenden. Freunde und Bekannte fingen jedoch schon bald an, Allergien oder Zeitmangel vorzutäuschen.

Mit den Tomaten lief es genauso. Bis auf die Sorte *San Marzano* lieferten alle meine Balkontomaten genug Samen für Tausende von anderen Balkons, theoretisch jedenfalls. Und dies alles, ohne dass sich

Pflanzen oder Gärtnerin besonders anstrengen mussten. Wenn das kein Wunder der Natur ist!

Zudem haben Tomatenpflanzen so etwas Sinnliches. Beim Streicheln des samtweichen Drüsenhaars verbreiten sie den typischen Tomatenduft, auch wenn noch gar keine Tomaten an der Pflanze wachsen. Kein Wunder, dass die Erzeuger die Rispen heute gleich mit verkaufen: Sie sind verborgene Verführer.

Sind Pflanzen und Tiere patentierbar? Können ein Lachs oder eine Tomate eine Erfindung sein? Oder bleiben sie für immer ein Stück Natur und vertragen daher kein Patent? Diese Fragen wecken viele Emotionen.

Erfunden oder gefunden?
Der Kampf um Patente eskaliert in München

Die Antworten sind allerdings weniger eindeutig, als man erwarten würde. Mit Patenten kann ein multinationaler Konzern nämlich Milliarden verdienen – pro Jahr. Es lohnt sich also, als »Autor« eines Produktes anerkannt zu werden.

Das bekannteste Symbol für den Kampf um die Patentierung des Lebens ist die Tomate. Diese Position teilt sie sich zwar mit einer Brokkolisorte, aber Brokkoli regt die Fantasie weniger an. Wieder ist es die Tomate, die mit einem negativen Image belastet ist. Christoph Then, der kritische Watchdog von Testbiotech in München, darf diese Tomaten-Obsession nochmals erklären. »Der Grund ist, dass die Tomate bei den Patenten auf natürliche Prozesse als erste dran war. Genau wie bei den gentechnischen Manipulationen in den Neunzigern. Die ›Schrumpeltomate‹ wurde zu unserem Testfall beim Kampf gegen die Zulassung solcher Patente.«

Es ist 2013, als wir dieses Gespräch führen. Seit 2000 verfolgt Christoph Then den patentrechtlichen Werdegang der »Schrumpeltomate«. Und bis heute ist kein Ende des Streits in Sicht, und das, obwohl der Fall offiziell als abgeschlossen gilt. Die Gretchenfrage, die noch immer eindeutig beantwortet werden muss, lautet: Wann kann man in der Wissenschaft und in der Rechtsprechung – das sind zwei verschiedene Perspektiven – von einer Erfindung sprechen? Und wann ist die Verbesserung einer Tomate »nur« das Ergebnis eines natürlichen Prozesses, der allerdings mit Hilfe moderner Technik beschleunigt wurde? *Erfunden* oder *gefunden*, darum geht es, denn Patente auf Pflanzensorten sind, ebenso wie Patente auf konventionelle Zuchtmethoden, im europäischen Patentrecht im Prinzip verboten.

Testbiotech, das Forschungsbüro mit Aktionspotential, ist nicht ohne Grund in München angesiedelt: Hier befindet sich auch der Hauptsitz des Europäischen Patentamts EPA. Das EPA, das noch Dienststellen in Den Haag, Berlin und Wien unterhält, ist keine Organisation der EU, sondern eine zwischenstaatliche Institution, an der vierzig europäische Länder beteiligt sind. Das wird in Medien und Politik oft vergessen, wenn man die EU zum Einschreiten auffordert.

Als Koordinator des internationalen Bündnisses *No Patents on Seeds* und Patentberater von Greenpeace ist Christoph Then in diesem Bereich so etwas wie das Gewissen der Nation. Sogar die einstige CSU-Landwirtschaftsministerin Ilse Aigner, die ansonsten am anderen Ende des Parteienspektrums steht, übernahm gerne Thens Argumente: »Konventionelle Züchtungsverfahren müssen eindeutig von der Patentierung ausgeschlossen sein«, verkündete sie. Vor dem, was sie als »kommerzielle Privatisierung unseres Naturerbes« bezeichnete, bangen in Deutschland, wie auch in Österreich, links und rechts gleichermaßen. In den Niederlanden bangen vor allem die Gemüsesaatzüchter, weil es dabei auch um ihre Freiheit und Innovationskraft geht.

Testbiotech ist zwar ein kleines Institut, es genießt aber große Reputation. Über dreihundert internationale Nichtregierungs- und Bauernorganisationen sind an den langjährigen Kampagnen gegen Patente auf Samen sowie auf Pflanzen und Tiere beteiligt. Ein Patent ist das erworbene Recht, eine Erfindung exklusiv zu benutzen und auszunutzen. Es waren die bereits erwähnten biochemischen Konzerne, die auch im Bereich Saatgut aktiv sind, die am Anfang dieses Jahrhunderts einen Run auf die internationalen Patenteinrichtungen begonnen haben. Wegen des Erfolges dauert dieser bis heute an. Wenn die Konzerne sich dabei weiterhin auf ihre ordentlich »erfundenen«, nämlich gentechnisch veränderten, Agrarprodukte wie Mais- und Sojasorten beschränkt hätten, müsste dieses Kapitel nicht geschrieben werden. Dann wäre die Tomate nicht betroffen.

Das Beispiel der »Schrumpeltomate« macht deutlich, dass es anders gekommen ist. Durch ein im Wesentlichen herkömmliches Kreuzungsverfahren ist diese Tomate wasserarm. Sie schrumpft schon an der Pflanze rosinenartig und kann dann leicht zu Ketchup und ähnlichen Produkten verarbeitet werden. Im Jahre 2000 hatte das israelische Landwirtschaftsministerium im Namen eines Unternehmens das Züchtungsverfahren dieser Tomate in München zur Patentierung angemeldet. Das Patent wurde unter der Patentnummer EP1211926 nach drei Jahren tatsächlich erteilt. Die Argumentation lautete kurz gefasst: Das Züchtungsverfahren selbst sei innovativ, also erfinderisch. Die vielen Bürgerinitiativen aus dem Bereich der Agrartechnologie und die selbstständigen Saatgutunternehmen staunten nicht schlecht: Zum ersten Mal wurde eine klassische Kreuzung wilder und handelsüblicher Sorten als patentierbar anerkannt.

Die »Schrumpeltomate« darf als Präzedenzfall für Patente auf nicht genetisch veränderte Gewächse gelten. Es begann ein schier endloser Kampf, der allerdings nicht von einer Bürgerinitiative oder einem Samenveredler angestoßen wurde, sondern vom niederländisch-britischen Unilever-Konzern, der 2004 Einspruch gegen das Patent EP1211926 einlegte. Christoph Then erklärt wieso: »Der Konzern wusste, was auf ihn zukommen würde, wenn biologische Prozesse und Produkte nicht mehr frei verfügbar wären.« Aber es schwang noch etwas ganz anders mit. »NGOs konnten ihre Beschwerde der Prozesskosten wegen kaum durchsetzen. Außerdem bestimmt das EPA selbst, welche Fälle es zur Verhandlung annimmt. Es gibt keine externe Aufsichtsbehörde. Über Berufungen wird in letzter Instanz im eigenen Haus entschieden. Das ist ziemlich absurd.«

Besser als jede Bürgerinitiative konnte der Lebensmittelgigant Unilever sich beim EPA Gehör verschaffen und eine vorübergehende Einschränkung des Tomatenpatents erreichen. Nach langem Hin und Her schien es 2010, als ob das Patent ganz kippen würde. Die Große Beschwerdekammer des EPA hatte bis dahin wiederholt entschieden, dass biologische Prozesse, inklusive die der Fortpflanzung, nicht patentierbar seien. Immer öfter aber nahm das Patentamt bei Anfragen zur Gemüsepatentierung Standpunkte ein, die im Widerspruch zur bisherigen Position standen. 2011 hörte das EPA Sachverständige an,

Plakat von Testbiotech
aus den neunziger
Jahren: Gefahren!?

2012 wurde das endgültige Urteil über die »Schrumpeltomate« vertagt. 2015 entschied die Große Beschwerdekammer dann, dass das Patent weiterhin bestehen könne – wie auch das auf die ebenfalls klassisch gezüchtete Brokkolisorte.

Aber das letzte Wort ist in diesem Kampf noch nicht gesprochen. »Europa« murrt. Das EPA hat in München eine riesige Grauzone geschaffen, in der vorgefundene Pflanzeneigenschaften plötzlich als Erfindung gelten können – ein Erfolg der spitzfindigen Argumentationen einer ganzen Armee von Juristen der Agrarchemiekonzerne. Dabei geht es um neue Maschinen und technische Prozeduren im Züchtungsverfahren, neue Ideen zur Unterteilung von Samen oder sogar zum Endprodukt selbst, also zum Gemüse oder zum Tier. Greenpeace Deutschland hat festgestellt, dass ein erteiltes Patent häufig sogar mehrere Stadien zwischen Samen und Supermarkt betrifft, so dass der jeweilige Konzern daran mehrmals verdient.

Bisweilen wirken die Entscheidungen des EPA recht bizarr. Christoph Then hat in den Testbiotech-Jahresbericht 2011 eine »schwarze Liste« europäischer Patentanmeldungen aufgenommen: unter anderem wurden Patente auf Schimpansen, menschliche Spermazellen und griechischen Bergtee zugelassen. Nach Protesten von verschiedenen Seiten wurde wenigstens das Sperma-Patent widerrufen. Auf die Frage, wie viele Patente auf Tomaten oder darauf bezogene Zuchttechniken das EPA bislang erteilt hat, muss Then aber zunächst die Antwort schuldig bleiben. Für ihn ist die Tomate vor allem ein Werkzeug in einem größeren Kampf für die Natur. Aber er verspricht, es herauszufinden. Im Juni 2013 mailt er mir: »65 Patentanmeldungen ausdrücklich auf Tomaten sind uns beim EPA bekannt (gibt wahrscheinlich noch mehr), vier sind erteilt.«

Ganze vier Patente? Im Vergleich mit den paar Tausend Patenten, die in München insgesamt auf Pflanzen vergeben wurden, ist das doch ziemlich wenig. Dabei hatten die Kampagnen gegen Patente auf Leben und die Berichte zum Thema mit all ihren Tomatenabbildungen den Eindruck erweckt, die »Schrumpeltomate« sei nur der Anfang einer endlosen Reihe von Tomaten-Patenten gewesen. Zugegeben, ein paar sind inzwischen hinzugekommen. So ist Syngenta 2015 über ein Patent geistiger Eigentümer einer Tomate geworden, die, genau wie die »Schrumpeltomate«, aus wilden und kultivierten Pflanzen herkömmlich gezüchtet worden ist. Und so hat auch Rijk Zwaan Anfang 2016 ein Tomatenpatent erworben, bei dem es sich, stark vereinfacht, um das Auskreuzen einiger unerwünschter Eigenschaften handelt.

Rijk Zwaan? Kämpft der niederländische Saatgutzüchter nicht in an vorderster Front gegen Patente auf klassische Samenveredlungsprozesse? Gleichzeitig beantragt das Unternehmen selbst ein Patent nach dem anderen, so zum Beispiel auf bestimmte Salatsorten, und ist als Partner im Biotech-Unternehmen KeyGene an noch mehr Patenten beteiligt. Insgesamt geht die Zahl der Patentanträge von Rijk Zwaan in Richtung derer von Monsanto. Christoph Then erwähnt bei unserem Gespräch 2013 schon eines der ersten Salatpatente von Rijk Zwaan: »Rijk Zwaan verhält sich beim Thema Patente zwiespältig«, lautet sein Kommentar. »Aber es ist ein Familienbetrieb, das ist etwas anderes als bei Monsanto, das sich in den Saatgutmarkt eingekauft hat.« Rijk Zwaan, meint er, ist notgedrungen in die Verteidigung geraten.

Rijk Zwaan-Manager Jörg Werner erklärt kurze Zeit später in Berlin bereitwillig, was es mit diesen vermeintlichen Widersprüchen auf sich hat. Es handelt sich ja ohnehin um öffentlich zugängliche Informationen des EPA. Seine Antwort fängt pragmatisch an: »Na ja, unsere patentierte *Salanova* ist schon etwas Neues. Das ist ein fertiges Gemüse, ein Endprodukt. Das heißt, die Pflanze gab es früher nachweislich nicht. Trotzdem kann man überlegen, ob man darauf ein Patent beantragen sollte. Und ja, wir halten noch deutlich mehr Patente. Wir haben die kuriose Situation, dass wir uns gegen Patente aussprechen, aber gleichzeitig so viele wie möglich erwerben, um am Markt zu bestehen.« Werner erklärt, dass man die Patente als Austauschobjekt erwirbt, um als vollwertiger Gegenspieler der großen Agrarchemiekonzerne zu gelten. »Aber das ist eine Besorgnis erregende Entwicklung. Das Nahrungsangebot wird immer mehr von immer weniger Marktparteien bestimmt. Die Gefahr droht, dass gar nichts Neues z. B. an Gemüse mehr entwickelt wird, sondern alle nur noch mit Patenten handeln, weil das leicht verdientes Geld ist. Und diese Einschränkung des Angebots durch Patente betrifft die ganze Kette, von Veredlern wie uns über die Züchter bis hin zu den Händlern und Verbrauchern.«

Das jahrhundertalte Sortenrecht, das die Weiterverwendung von neu entwickelten Rassen unter Züchtern geradezu gefördert hat, wird heute von Patenten überrollt. »Beim Sortenrecht hat derjenige, der die Sorte entwickelt hat, genau wie bei Patenten das alleinige Vermarktungsrecht«, erklärt Werner. »Aber mit dem sogenannten Züchtungsvorbehalt darf ich als Züchter an dem neuen Material weiterarbeiten. Und das ist beim Patenrecht ausgeschlossen.« Werners Chef, Rijk Zwaan-Direktor Ben Tax, warnte 2015 in einem Zeitungsinterview davor, dass es angesichts all der Patentierungen bald nur noch eine einzige Tomatensorte geben werde.

Also, was tun? Rijk Zwaans aus der Not geborene Lösung, selbst Patente zu beantragen, trägt seit 2016 immerhin erste Früchte. Seitdem gibt es eine umfassende gegenseitige Lizenzierungsvereinbarung mit Syngenta über die Nutzung der Patente des jeweils anderen. Auch wurde auf Rijk Zwaans Initiative hin für die Internationale Lizenzierungsplattform Gemüse (ILP) ein sogenannter »Open-Access-Ansatz« kreiert, der den dreizehn ILP-Mitgliedern gegen faire Bezahlung Zugang zu Patenten auf bestimmte Merkmale gewährt. Zu den Mitgliedern gehören quasi alle großen Saatgutveredler außer Monsanto, und jeder neue soll beitreten dürfen, selbst die kleinsten Veredler. Schließlich haben Rijk Zwaan und die Kollegen von Bejo einen Vertrag abgeschlossen, nach dem für die wechselseitige Inspiration überhaupt kein Cent mehr fließen soll. Direktor Ben Tax kommentiert: »Diese Vereinbarung ermöglicht es uns, die Pflanzensorten des jeweils anderen für Züchtungszwecke zu nutzen, selbst da, wo das Pflanzenmaterial unter den Geltungsbereich eines Patentes fällt.«

Das sind und bleiben aber alles Notlösungen, solange man die Patente auf lebende Organismen nicht los wird. Dieses versucht indessen die Europäische Union. Die niederländische EU-Ratspräsidentschaft hat dazu 2016 einen Vorstoß unternommen – und das, obwohl heute in den Niederlanden nicht »mehr«, sondern »weniger Europa« das Gebot der Stunde ist. Aber für das Land des *Seed Valley* schwingen bei einem freien Samenverkehr riesige Interessen mit. Im gleichen Jahr hat übrigens die Europäische Kommission bestätigt, was das EU-Parlament schon ein Jahr vorher entschieden hatte: Die Abschaffung von Patenten, die im Wesentlichen »Gefundenes« betreffen, also all das, was die Natur im Prinzip auch von alleine schafft.

So weit war man eigentlich schon vor Jahren. Nur hat bis heute niemand »das Monster in München« zähmen können, denn das Europäische Patentamt ist ja keine Behörde der EU. Es ist eine eigenständige Macht in einem viel größeren Europa. Wessen Europa ist das? Christoph Then meint, das Patentamt definiere sich als »Dienstleister der Industrie«. Das ist auch kein Wunder, wenn die Industrie das EPA für die erteilten Patente »pro Stück« bezahlt.

Nachtrag: Am 29. Juni 2017 hat das EPA dann doch eine Regeländerung beschlossen, wonach »Pflanzen und Tiere, die ausschließlich durch im Wesentlichen biologische Züchtungsverfahren gewonnen werden, von der Patentierbarkeit ausgeschlossen sind«. Die Tomate und der Brokkoli, womit alles anfing, heißen wieder *ge*-funden, statt *er*-funden. Nur für genetisch veränderte Pflanzen können ab Juli 2017 noch Patente beantragt werden.

Marktforschung
Herkunftsland

In Wien kaufe ich beim Billa-Supermarkt große *Caprese*-Tomaten. Die sind aber nicht italienischer Herkunft, wie man erwarten würde. *Caprese* ist einfach der Handelsname für eine Tomatensorte der Firma SanLucar. Diese Handelsfirma ist auch nicht spanisch, wie mich ein Billa-Mitarbeiter glauben lassen möchte. Es handelt sich um einen deutschen Konzern, der in Valencia gegründet wurde und in Spanien einen seiner größten Standorte hat. »Aber wir haben keine spanischen Tomaten«, erklärt mir SanLucars Marketingchef Gunnar Brune aus Hamburg am Telefon. »Für Tomaten ist im Winter Tunesien unseres strategisches Anbaugebiet, und im Sommer Deutschland.« Ich werfe ein, dass ich auch niederländische SanLucar-Tomaten gesehen habe. Widerwillig kommt die Antwort: »Ja, ein paar niederländische Produkte haben wir auch.« Vielleicht passen die Niederlande nicht so recht ins Image. SanLucar handelt mit Frischwaren aus mindestens dreißig Ländern, von Costa Rica über Nordafrika bis Europa. Die *Caprese*-Tomaten stammen aus Tunesien – so steht es als winzig kleine Pflichtangabe auf der Packung.

Obwohl das Image der Niederlande wenig exotisch ist, stellt sich überall in Europa immer wieder heraus, dass die exotischsten Tomaten im Handel oftmals gerade von dort kommen: ob grüngestreift, gelb, orange oder fast schwarz, und in allerlei Formen. Nur in der Sommersaison findet man auch sogenannte *Heirloom*-Tomaten, meistens aus Frankreich, auf dem Markt – einen Mix von als »alt« vermarkteten Sorten, oft in Holzkistchen. Die Supermarkt-Kette Kaufland in Berlin hat im Sommer 2015 auf einmal sehr exotische *Cortez*-Tomaten im Angebot, laut Packung »das Erbe der Azteken«. Dafür bezahlt man ordentlich. Aber diese Tomaten kommen nicht aus Mittelamerika, sondern aus Holland.

Auf der Website des Berliner Metro-Konzerns wird 2014 die Empfehlung eines französischen Sachverständigen namens Pierre-Yves Delforge zitiert: »Die *Richesso* Tomate findet man im Handel nur selten, so dass sie eine echte Besonderheit ist. Daneben ist sie auch geschmacklich besonders.« Für die Tatsache, dass man die *Richesso* nur selten findet, gibt es eine logische Erklärung: Es ist eine Metro-Marke. Die Tomaten stammen auch nicht aus

Frankreich, wie man denken könnte, sondern wieder mal aus den Niederlanden, wo sie unter verschiedenen Namen von Jos Looije vermarktet werden. Herkunftsland und Züchter stehen auch tatsächlich auf der Packung.

Nichts ist in diesem Fall gelogen, aber man muss beim Einkaufen schon ordentlich Zeit mitbringen, um die Wahrheit herauszufinden. Nicht nur schlaue Werbung, sondern auch Unachtsamkeit und irreführende Beschriftungen in den Supermärkten erschweren oft die Entdeckung des Herkunftslands. Zum Beispiel hängen im Sommer 2014 in einer Berliner Rewe-Filiale große Schilder mit der Aufschrift »Deutschland« über den Tomaten. Abgepackt sind sie tatsächlich in der Bundespublik, unter anderem in Köln. Das steht auch gut lesbar auf den Plastikpackungen. Fast unsichtbar ist dagegen vermerkt, dass sie aus Marokko und den Niederlanden kommen.

Das sonderbarste Phänomen ist aber wohl die multinationale Tomate. Tomaten wachsen in der Regel in diesem oder in jenem Land. Die deutschen Discounter wollen aber diese Einschränkung durch die Gesetze der Geografie und Physik offenbar nicht immer akzeptieren: So warb Lidl in einem Anzeigenblatt schon mit Cherry-Rispentomaten aus »Niederlande/Spanien/Italien«. In der Filiale fand ich dann bestätigt, dass es sich nicht um drei unterschiedliche Angebote handelte, sondern um ein einziges großes Becken mit losen Tomaten. Ähnlich austauschbar sind die Tomaten auch beim Konkurrenten Aldi, wo man immer wieder mal Cherrydattel-Tomaten aus »Spanien/Marokko/Tunesien« kaufen kann.

Dieses Phänomen gilt nicht nur für Tomaten und lässt sich sogar in der Ökobranche beobachten: Bio-Gurken kommen zuweilen aus »Bulgarien/Spanien«, Biotomaten aus »Italien/Niederlande«. Wenn diese verpackt sind, liegen die Packungen aus verschiedenen Staaten durcheinander oder kurz nacheinander unter dem gleichen multinationalen Schild. Bei losen Tomaten hat man dagegen keinen blassen Schimmer, welche woher stammt. Vielleicht ist die Angabe bei den teuren Tomaten im Bio-Regal eines Berliner Edeka-Marktes die ehrlichste (wenn auch formal nicht erlaubt): »Europa«. Allerdings ist das ebenfalls irreführend. Auf der Verpackung steht nämlich ganz klein, dass die Tomaten aus Israel stammen. Naja, das ist immerhin fast Europa.

Bei verarbeiteten Tomatenprodukten sieht die Welt noch einmal ganz anders aus. Wenn es um Tomaten in Dosen, Gläsern, Tetrapacks und Tuben geht oder auch um getrocknete und pulverisierte Tomaten in allen möglichen Lebensmitteln, kann der Inhalt von überall her stammen. Eine Herkunftsangabe ist nicht vorgeschrieben. Laut Schätzungen kommen drei Viertel aller Tomatenprodukte, die wir in Europa verbrauchen, aus China. Selbst wenn, wie auf Produkten der Marke *Heinz*, auf der Verpackung steht: »Produziert in der EU«, dürfen die darin verarbeiteten Tomaten gleichwohl von überall her kommen, auch von außerhalb der EU.

Eine Tube »Italienisches Tomatenmark« (so das Etikett) hört zum Beispiel auf den Namen *Rio Bravo*. Das ist sicher als Denkanstoß gedacht. »Río« heißt auf Spanisch Fluss, »Fiume« wäre das italienische Wort. Río Bravo ist der mexikanische Name eines Grenzflusses zu den Vereinigten Staaten, der dort Rio Grande heißt. Die Tomaten in der Tube könnten im Prinzip tatsächlich aus Mexiko stammen. Oder eben aus China. Auf der Produktwebsite wird als Herkunftsland für das »italienische« Tomatenmark mit dem mexikanischen Namen »Deutschland« angegeben. Das bezieht sich aber nur auf das Fertigprodukt, versteht sich.

Ganz ähnlich verhält es sich mit meinem »deutschen« Reform-Honig »aus traditioneller Imkerei«. Auf dem Etikett steht ganz klein: »aus EG-Ländern und nicht EG-Ländern«. Welthonig in deutscher Verpackung! Die Herkunftsbezeichnung *Made in Germany* ist schon lange keine Garantie mehr dafür, dass ein Produkt hochwertig oder gar »echt deutsch« ist. Hauptsache, es wurde in Deutschland verpackt oder abgefüllt. Für die Herkunft der Zutaten gibt es keine gesetzlichen Mindestanforderungen. Frische deutsche Tomaten wachsen dagegen wenigstens noch in Deutschland.

Gewächshaus

Im deutsch-niederländischen Grenzgebiet sollte das Beste aus beiden Ländern aufeinandertreffen. So hatte es auch die Deutsch-Niederländische Handelskammer (DNHK) in Aussicht gestellt: »Die Stadt Straelen liegt zentral im größten zusammenhängenden gartenbaulichen Produktionsgebiet Europas, welches der Niederrhein und der Greenpark Venlo auf der niederländischen Seite bilden.« Man müsse die beiden Teile dieser »Euregio«

Lockt am Niederrhein die Zukunft?
Deutsch-niederländische Missverständnisse im Grenzgebiet

nur noch besser »*matchen*«, so der Jargon der DNHK, also in engeren Kontakt bringen. Und deswegen macht das gewächshausbauende Holland sich auf den Weg zu einem *Matching*-Wochenende mit deutschen Investoren.

Auf der deutschen Seite sieht es an diesem Januartag 2013 vor allem leer aus. Nur wenige Gewächshäuser stehen in der Landschaft herum. Manche sind nach »Venloer Art« mit Spitzdächern gestaltet, so wie es im Westland lange Standard war. Viel häufiger sieht man hier aber rundgebogene Gewächshäuser mit Plastikfolie, die es in den Niederlanden kaum noch gibt, jedenfalls nicht im professionellen Gartenbau.

Der Regionalbus nach Grevenbroich zuckelt mit zwanzig Stundenkilometern hinter einem Traktor her, der keinen Meter einlenken will. Willkommen am Niederrhein, in der Region, die mit etwas niederländischer Hilfe »bis 2018 zum führenden Gewächshaus-Gebiet Europas« werden möchte, wie es in der Einladung heißt. Der Bezug auf den

Green*park* Venlo ist allerdings ein erstes Zeichen für bevorstehende deutsch-niederländische Missverständnisse. Dabei handelt es sich nämlich nur um einen kleinen Gewerbepark in der Provinz Limburg. Wenn vom Gartenbau die Rede ist, kann eigentlich nur der Green*port* Venlo gemeint sein. Die Handelskammer hat den falschen Namen offensichtlich von der Website der Stadt Straelen abgeschrieben, dem deutschen Zentrum dieser Region mit den rosigen Zukunftsaussichten.

Am Kaffeetisch des Restaurants in Grevenbroich sitzen fünfzehn Vertreter des glashausbauenden Holland und haben jetzt schon fast die Nase voll. Die Organisatoren des Treffens, die Damen von der Deutsch-Niederländischen Handelskammer, sind nämlich noch nicht eingetroffen. Sie haben sich im Grenzgebiet hoffnungslos verirrt. Und diese hochkarätigen Jungs – tatsächlich alle männlich und mindestens Sales Manager oder in vergleichbaren Spitzenfunktionen – sind nicht gerne untätig. Sie arbeiten für Firmen wie Certhon en Gakon, Hortilux oder Saarlucon und gehören in den Niederlanden, und somit in der Welt, zur Crème de la Crème im Gewächshausbau. Wobei »Gewächshäuser bauen« nur noch unzureichend die anspruchsvollen Millionendeals beschreibt, die sie vorbereiten.

Wieso sie hier sind? Weil die Konkurrenz auch anwesend ist, antworten sie. »Konkurrenz« auf Niederländisch: Das heißt, man kennt sich gut und schlägt die Wartezeit in Grevenbroich mit einem informellen Austausch über den Stand der Dinge tot. »Wir haben keine Geheimnisse voreinander«, erklären Oscar Nijman von Saarlucon und John Meijer von Certhon. Der eine ergänzt die Worte des anderen, fast brüderlich. »Wir sitzen regelmäßig zu viert im Flugzeug nach Kasachstan oder Aserbaidschan.« – »Einer hat dann um ein Uhr nachmittags einen Termin, der andere um drei, und so weiter, alle wegen des gleichen Auftrags.« – »Also, in dem Sinne ist die Konkurrenz groß.« – »Aber der Weltmarkt ist noch viel größer.« – »Und diese Welt gehört uns acht, neun niederländischen Firmen.«

Das Rückgrat dieses holländischen Hightech-Sektors befindet sich mittlerweile längst in Russland, wo man einander nicht auf die Füße tritt. »Das Land will innerhalb von fünf bis zehn Jahren selbstversorgend sein«, erzählt einer der Manager. »Also baut Holland jährlich für ein paar hundert Millionen Euro Glashäuser«, ergänzt der andere.

Restwärme für den Tomatenanbau: Das Kraftwerk Neurath

»Nein, Präsident Putin ist nicht so dumm, mit den niederländischen Tomaten auch gleichzeitig die Treibhaustechnologie zu boykottieren.«

Endlich sind auch die Damen von der Handelskammer eingetroffen und der erste Ausflug der »Handelsreise Glasgartenbau 2013« kann beginnen. Wir landen in der Peripherie von Grevenbroich, wo wir eine Gewächshausanlage besichtigen, die durch das RWE-Kraftwerk Neurath mit Abwärme beheizt wird. Dort sollen einmal die meisten Tomaten von Nordrhein-Westfalen wachsen. Die holländischen Gewächshausbauer sind wenig begeistert, nicht so sehr wegen der hochtrabenden Pläne, sondern weil in den Niederlanden die Tomatenzüchtung mit Hilfe der Restwärme eines Kraftwerks nichts Besonderes mehr ist. »Ich bin öfter mal in einem solchen Gewächshaus«, seufzt Oscar Nijman und untertreibt dabei maßlos. Man baut sie schließlich selbst. Deutlich zeigt ein großes Schild die niederländische Beteiligung am Projekt: Bom Group, Havecom und diverse andere Firmen.

Das Kraftwerk Neurath verbrennt Braunkohle. Die Tagebaukrater der Umgebung werden von mehreren, teilweise sehr alten Elektrizitätswerken umringt. »Das verdient hier keinen Schönheitspreis«, stellt John Meijer fest, und wiedermal hört man die holländische Untertreibung heraus. Tagebau und Braunkohleverbrennung sind ohnehin die reinste Umweltkatastrophe: wegen der Landschaftszerstörung, des Ausstoßes schädlicher Stoffe und der Wasserverschmutzung. Die gigantischen Mondlandschaften zwischen Köln und Aachen dienten in einem *Tatort* mit den Kölner Fernsehkommissaren Ballauf und Schenk als passendes Dekor für eine Intrige voller Mord und Verrat.

Das Grundwasser in dieser Region gehört ohnehin zu Deutschlands am stärksten mit Nitrat belasteten, freilich mit Hilfe der niederländischen Bauern, die hinter der Grenze gern ihre Gülle abladen. Ende 2016 hat die EU-Kommission eine Klage gegen die Bundesregierung eingereicht, weil die nicht genug gegen das Nitrat aus der Landwirtschaft unternimmt. Der intensive Tomatenanbau wird das Wasser am Niederrhein nicht unbedingt verbessern.

Selbst in den Niederlanden, wo endlich alle Gewächshäuser an die Kanalisation angeschlossen sind, wird 2017 noch immer ein Teil des mit Kunstdünger und Pestiziden verschmutzten Abwassers unmittelbar in Oberflächengewässer abgeführt. Oder es fließt ohne Vorklärung in die Kläranlage, was »demnächst« verboten werden soll. Auch dort dominieren wirtschaftliche Interessen; um strengere Regeln wird schon lange gerungen.

Am Nachmittag steht ein weiteres Gewächshaus auf dem Programm, diesmal in Straelen, und es ist zweifellos unglaublich experimentell – für Straelen zumindest. Die niederländischen Gewächshausbauer gähnen. Man spürt, wo es nicht *matcht* in der niederländisch-deutschen Kommunikation. Das Land Nordrhein-Westfalen, in dem die Niederrhein-Region liegt, ist größer als die ganzen Niederlande, wenn man deren Gewässer außer Betracht lässt. Auch die wirtschaftliche Aktivität in NRW ist der niederländischen ähnlich. Aber das gilt eben nicht für dieses Grenzgebiet. Deswegen sind heute Beamte und Wirtschaftsfunktionäre aus Düsseldorf angereist um, voll im Anzug, den Gewächshausbau-Spezialisten in Monologform beizubringen, was man hier mit Hilfe von RWE und Züchtern entwickeln möchte. Die lockeren Jungs zeigen sich gar nicht beeindruckt, nicht von Titeln und Funktionen und schon gar nicht von den vorgestellten Plänen.

Die schüchternen Mitarbeiterinnen des Veranstalters, Typ fleißige Studentinnen, machen das Klima nicht besser. Ihre Chefin ist im Mutterschutz und sie haben anscheinend vereinbart, dass nur eine von ihnen sprechen darf. Und die gerät ständig in die Verteidigung. Als sie beim Abendessen für die 15 Holländer die Liste verteilt, um die sich alles dreht, ist die Hölle los. Auf der Liste der Investoren für die *Matching Party* am nächsten Tag fehlen nämlich … eben diese Investoren. Oscar Nijman zählt ganze drei ernstzunehmende Firmen und noch ein paar kleinere Betriebe, die sich angehängt haben. »Ich hatte vorher gelesen, dass fünfzig oder sechzig Investoren kommen würden.« Am runden Tisch entsteht ein einhelliger Tumult: *»We hebben ons laten naaien!«* (»Wir haben uns verarschen lassen!«)

Oscar Nijman, ein studierter Sprachwissenschaftler, fasst den Unmut diplomatisch zusammen. »Wir sind hier offensichtlich herbeigerufen worden, um eine deutsche Illusion aufzuwärmen, die man schon zehn Jahre lang künstlich am Leben hält.« Tatsächlich sind in einem Prospekt aus dem Jahre 2000, damals noch unterschrieben von der »Euregio Rhein-Maas-Nord«, bereits ganz ähnliche Pläne beschrieben. Weil »Euregionen« tolle Subventionsköder sind, machen auch deutsche Banken und der Erzeugerverein Landgard gerne mit. Unter deutschen Investoren, so könnte man schließen, existiert dagegen herzlich wenig Vertrauen in diese Pläne.

Das ist kein Wunder. Man nehme nur die Stadt Straelen, die laut ihrer Website auch 2017 immer noch »zentral im größten zusammenhängenden gartenbaulichen Produktionsgebiet Europas« liegt. »Allein am Niederrhein«, so heißt es dort weiter, »befinden sich 2 000 Gärtnereien und 7 000 ha Produktionsfläche, wovon 560 ha unter Glas sind.« Ein Repräsentant der Landwirtschaftskammer Nordrhein-Westfalen kommt allerdings nur auf »neunzig Hektar Glasgemüse«. Auf den restlichen 470 Hektar werden wohl Zierpflanzen angebaut. Der Funktionär hat noch versucht, so einiges an Kohl und Porree, also Feldgemüse, das am Niederrhein wächst, klammheimlich beim Gartenbau unter zu schieben. Zum Vergleich: In der spanischen Provinz Almería stehen zwischen neun- und zehntausend Hektar Gewächshäuser, allein mit Tomaten. Hinzu kommt eine genauso große Fläche für Paprika, und dann noch die für alle anderen Gartenbauprodukte. Mit insgesamt

30 000 Hektar, also 300 Quadratkilometern, allein schon in überdeckter Zucht ist Almería das flächenmäßig größte Gartenbaugebiet in Europa. Und das will man im niederländisch-deutschen Niemandsland innerhalb weniger Jahre übertreffen?

Auch auf niederländischer Seite der Grenze weiß man, wie sich mit Zahlen spielen lässt. In Venlo heißt es, man *sei* schon das größte Gartenbaugebiet Europas, zusammen mit der Niederrhein-Region. Das wenigstens wurde auf der Website von Greenport Venlo verkündet und von der Deutsch-Niederländischen Handelskammer übernommen. Auf der niederländischen Seite zählt man »schon« 5 400 Hektar. Wer aufmerksam liest, bemerkt, dass hier die Größe des ganzen Gebiets um Venlo bis zur Grenze berechnet worden ist, inklusive Bebauung, Brachland, Businessparks, Wegen und Wald. In Wirklichkeit werden in der Gemeinde Venlo zum Beispiel auf kaum 30 Hektar Tomaten angebaut, ihr wichtigstes Glasgemüse.

Am nächsten Morgen schaut Lodewijk Wardenburg beim »*Matchen*« vorbei. Man weiß ja nie. Er wohnt, für einen Vertreter des Gewächshausbaus ziemlich außergewöhnlich, in der Provinz Limburg, unweit von hier. Er repräsentiert die Bom Group, einen der wichtigsten zehn Glashausbauer. Die Ausflüge vom Vortag hat Wardenburg sich geschenkt – sein Unternehmen hat in Neurath ja selbst mit gebaut. »Wir bauen in fünfzehn Ländern in Europa und Asien«, erzählt er. In der Russischen Föderation wurden zum Beispiel 2014 400 Hektar meist niederländische Gewächshäuser errichtet. Und bis 2020 soll ein Mehrfaches dessen folgen. »Zuhause bauen wir kaum noch. In den letzten Jahren ist dort nur wenig erweitert worden. Das meiste war Ersatzbau, höchstens 100 Hektar pro Jahr. Es gibt in den Niederlanden Platz satt, das ist nicht der Grund. Nur haben nicht alle Geld satt. Ich stoße manchmal auf ergreifendes Gärtnerleid.«

Ein Gärtner muss im Prinzip kontinuierlich modernisieren, und das fällt vielen nicht leicht. Wardenburg: »Ein Hektar Gewächshaus kostet mit allem Drumherum wie Verpackungshalle etc. etwa eine Million Euro. Nur hat man dann noch keine Kraft-Wärme-Kopplung. Das Blockheizkraftwerk, das man dazu im Gewächshaus installieren muss, kostet auch mindestens eine Million. Andererseits bringt ein Hektar modernes Glashaus eine halbe Million Tomaten im Jahr.«

Lodewijk Wardenburg ist ein typischer Niederländer. Für klare Feststellungen muss er nicht erst den Chef konsultieren. Dieses groß präsentierte grenzüberschreitende Projekt nennt er »eine Utopie«. »Ich bin sehr Deutsch-*minded*«, erläutert er. »Deutsche belohnen Qualität und meckern dann nicht über den Preis. Aber hier in Nordrhein-West-falen sind Boden und Energie einfach zu teuer. Anderswo in Deutsch-land kann man viel billiger Tomaten produzieren.« Zum Beispiel in Brandenburg. »Wir waren beteiligt, als in der Nähe Berlins eine gro-ße Gewächshausanlage gebaut werden sollte, so riesig, dass man die ganze Stadt davon mit Tomaten beliefern könnte. Aber es steht noch kein Quadratmeter. Das liegt an der Bürokratie: Viel zu viel Menschen schieben sich dazwischen, die keine Ahnung von Gartenbau haben. Ich sage immer, wenn Leute mit Krawatten sich einmischen, dann kann man es vergessen. Die gibt es übrigens auch in den Niederlanden zu-hauf.«

Oscar Nijman von Saarlucon hat morgens mit einem einzigen Inves-tor gesprochen. Ein angekündigter zweiter ließ sich nicht blicken. Zy-nisch sagt er: »Wie ich gestern Abend schon gesagt habe: ein Luftballon, das Ganze.« Im Jahr 2007 wollte die Provinz Limburg in einem Anflug von Optimismus den Namen »Greenport Venlo« noch in »Greenport Maas-Niederrhein« ändern. Aber die Gemeinde Venlo stellte sich quer.

Irgendwann nach dem Wochenendausflug am Niederrhein ist die Region Venlo von den Websites der Stadt Straelen und des Vereins Agrobusiness Niederrhein verschwunden. Nur Straßenbezeichnun-gen und die Entfernung nach Venlo werden noch angezeigt. Ist das grenzüberschreitende Megaprojekt wie eine Nachtkerze erloschen? Ein Geschäftsmann aus der Region Venlo hat auf seinem Web-Blog seinen Traum beschrieben, aus dem ein Alptraum geworden ist: »vergangene Glorie«. Statt Tomaten sieht er Unkraut und wertlose Stahlskelette vor sich. Und Greenport Venlo hat sich inzwischen in Brightlands Cam-pus Greenport Venlo umgetauft. Aus dem englischen Namen lässt sich schließen, dass die deutschen Nachbarn nicht mehr die wichtigsten Ge-sprächspartner sind.

Der niederländische Steuerzahler hat für das Matching-Wochen-ende am Niederrhein übrigens »etwa 34 000 Euro« zugeschossen, so ein Sprecher des Wirtschaftsministeriums. Nach einer wochenlangen

Suche in den Papieren hat man im Ministerium den Ausflug endlich entdeckt. Er war unter »Handelsmission nachhaltiger Glasgartenbau« verbucht worden, mailte mir der Sprecher. Nachhaltig? Tomaten aus dem Tagebau?! Das kann man mit keiner Technologie im Gewächshaus wiedergutmachen.

Fünf Jahre später, 2017, betrachtet das niederländische Wirtschaftsministerium die Nutzung von Abwärme aus Kohlekraftwerken tatsächlich nicht länger als nachhaltig (und somit förderfähig). In Deutschland werden unterdessen die Tomaten aus Neurath von der Supermarktkette Rewe unter ihrem Nachhaltigkeits-Label Pro Planet gehandelt.

»Ja, wie ging das …« Projektleiter Frank Schoof denkt nach und schaut dabei durch die Hemmingstedter Gewächshausanlage nach oben in den blauen Holsteiner Himmel. »Man will hier ein Gewächshaus bauen, oder zwei. Und wen fragt man dann, natürlich die Holländer. Die haben Planungsbüros, die weltweit aktiv sind. Nur über sie bekommt man die richtigen Fachleute und Firmen.« Drei Gewächshausbauer haben die Situation in Hemmingstedt in Augenschein genommen. Zum Glück sind sie Konkurrenten, fügt Schoof hinzu, so wurden die Preise nicht unnötig in die Höhe getrieben. »Während der Vorbereitungs- und Anbauphase hatten wir ständig ein paar holländische Ingenieure dabei. Die lösen dann die Probleme vor Ort.«

Wärme, Wasser, Licht
Von Hemmingstedt bis in die Wüste

Probleme gab es genug beim Gewächshausbau in der Küstenregion Dithmarschen. Frank Schoof erklärt: »Das ist hier fettiger brauner Moorboden, mit unterirdischen Quellen.« Freier Zugang zu Wasserquellen, das klingt doch eigentlich gut. »Nein, das Wasser ist in Bewegung, und beim Bau kam es nach oben.« 2 169 Betonpfähle mussten zur Festigung in den Boden gegossen werden. »Und dann ist da noch die Erdöl-Raffinerie Heide, ein paar hundert Meter von hier, aus deren Kühlwasser wir die Wärme für die Gewächshäuser entnehmen, um es dann gekühlt zurückzuleiten. So ist diese ganze Tomaten- und Paprika-

Auswahl und Verpackung der Tomaten bei Vitarom in Hemmingstedt

Idee überhaupt entstanden. Aber wir heizen hier impulsiv. Das gab in der Raffinerie riesige Temperaturschocks, worüber wir dann wochenlang mit den Holländern und der Raffinerie diskutieren mussten.«

Allein der Anschluss an die Raffinerie hat das Hemmingstedter Gemüseunternehmen Vitarom und die Erzeuger- und Vermarktungsorganisation Landgard Obst & Gemüse aus Straelen, die das Projekt angeschoben hatte, viele Millionen Euro gekostet. Außerdem ergab sich, unerwarteter Weise, dass für die Restwärme üppig bezahlt werden sollte. Zum Glück förderte die EU den Gewächshausbau und das Abwärme-Projekt mit noch viel mehr Millionen. Irgendwann hat dann alles funktioniert. 2010 wurde die erste Ernte in den deutschen Medien bejubelt: So viele regionale Holsteiner Tomaten und Paprikas aus »Holland in Dithmarschen« (*Hamburger Abendblatt*).

Allerdings war die Produktion nicht richtig auf den Markt ausgerichtet, erzählt Frank Schoof 2012. Man produzierte zu teuer, und es fehlten qualifizierte Arbeitskräfte. Zudem war nicht endgültig geklärt, ob das Gewächshaus wirklich stabil auf dem sumpfigen Boden stand.

Ein anderes norddeutsches Gewächshaus musste etwa zur gleichen Zeit sogar geräumt werden. Auch dort hatte man beim geplanten Erwerb von Abwärme aus einer benachbarten Biogasanlage bürokratische und technische Hindernisse aller Art zu bewältigen.

Kurz gefasst: Ein gutes Gewächshaus zu bauen, ist die eine Sache. Das andere ist der regelmäßige Austausch über die Technik, die Weiterbildung der Mitarbeiter und die Vermarktung der Produkte. Ohne das steht man, zumal außerhalb der Niederlande, schnell allein in einer Moorlandschaft. Die verschiedenen Spezialisten sind nämlich, wenn es Probleme gibt, schon längst »ein Ländchen weiter gezogen«, wie es Lodewijk Wardenburg formuliert. Der Verkaufsmanager der Bom Group erzählt, dass man im Ausland zunehmend mit sogenannten »*Turnkey*-Projekten« arbeitet, bei denen eine der beteiligten Firmen als Generalunternehmer auftritt und das Projekt »schlüsselfertig« abliefert. Und dann? Es bleibt »grüne Mathematik«, bei der fast alle Parameter wie Temperatur, Licht, Feuchtigkeit, Wärme, CO_2-Gehalt und Nährstoffzufuhr von Spezialisten per Computer gesteuert werden – von fern und sogar aus dem Ausland. Allerdings klappt das nur, sagt Wardenburg, wenn dazu teure Wartungsverträge abgeschlossen worden sind. Dies könnte einer der Gründe sein, weshalb nur wenige niederländische Tomatenzüchter es wagen, weit entfernt vom Westland, mit all seinem Know-how und seiner Technik, zu produzieren.

Sicher, es gibt einige wagemutige, wie zum Beispiel Pieter van Gog, der seit 2013 in Wittenberg auf 15 Hektar Luther-Tomaten anbaut. Seine Gewächshausanlage breitet sich immer mehr aus. In den Niederlanden hat sich van Gog sehr lobend über die Mitarbeit der deutschen Behörden geäußert, die sich begeistert und wenig bürokratisch gezeigt hätten. Nur die Mentalität der Belegschaft sei für ihn gewöhnungsbedürftig gewesen: Man kümmere sich hier nicht um Dinge, die außerhalb des eigenen Aufgabenbereichs liegen.

Die niederländischen Gewächshausbauer sind in der ganzen Welt aktiv. Sogar im abgeschotteten Nordkorea wachsen Tomaten aus niederländischer Saat in einer niederländischen Behausung. Einige Baufirmen haben sogar den Weg durch die deutsche Bürokratie geschafft. Polen sei dagegen eine »Erholung«, meint Lodewijk Wardenburg, und auch in Russland erledige man das Geschäft »mit dem kleinen Finger«.

Wirklich? »Ja, alles läuft prima dort. Zuerst wird bezahlt, und dann liefern wir. Man kann mal eine Tonne versenken. Aber niemals eine Million.« Und zunehmende Konkurrenz habe man dort höchstens von den Chinesen zu befürchten.

Aber tritt nicht dieser Export von Gewächshaus-Technologie in Konkurrenz zum niederländischen Tomatenexport? Tomaten gehören ja zu den wichtigsten Agrarexportprodukten der Niederlande. Ist Wardenburg nie von Seiten der Tomatenzüchter oder des Handels angefeindet worden? Immerhin ist die deutsche Tomatenproduktion zum Beispiel, dank der neuen Gewächshäuser, in den letzten Jahren um etwa fünfzig Prozent gewachsen. Zwar ist sie, verglichen mit der Einfuhr von Tomaten, immer noch winzig, aber da der Tomatenkonsum der Deutschen nicht wächst, geht das irgendwie doch auf Kosten der niederländischen Exporttomate. »Nein«, entgegnet Wardenburg. »Uns werden von Seiten des Tomatenhandels niemals Vorwürfe gemacht. Jeder macht seins, in guter Laune.«

In den Niederlanden berichten die Fachmedien vor allem über Erfolgsgeschichten und innovative Pläne der Branche, selten über Probleme. An einem einzigen Tag im März 2016 erscheinen zum Beispiel eine ganze Reihe von Meldungen:

In Kanada wird die Firma Kubo zusammen mit anderen niederländischen Unternehmen eine innovative Gewächshausanlage errichten, die vorher in den Niederlanden gebaut und anschließend verschifft wird. Sie soll mit Abwärme und CO_2 einer Holz- und Papierfabrik versorgt werden.

Zudem wird von einer Handelsmission in die Ukraine berichtet. Die niederländische Handelsministerin hat die im Jahr 2013 errichtete Pavlovski-Gewächshausanlage besucht, die größte des Landes. Die niederländischen Ingenieure mussten beim Bau auf Außentemperaturen von bis zu minus 40 Grad Rücksicht nehmen.

Am gleichen Tag wird die Fertigstellung eines Tomatenglashauses niederländischer Machart auf einer tropischen chinesischen Insel angekündigt, das größte und modernste weit und breit. Es ist ein *Turnkey*-Projekt: mit Rijk Zwaan-Saatgut, logistischen Systemen und Interface-Software bis hin zu Bewässerungs-Technik und der Ausbildung des Managements.

Traditionelles spanisches Gewächshaus mit Folie und Erde, Murcia

Wer die Berichterstattung über einige Wochen verfolgt, dem fallen die Aktivitäten in Gebieten mit einem nicht-niederländischen Klima auf: sibirische Steppe, arabische Wüste, asiatische Tropen. Kubo zum Beispiel hat in Australien, zusammen mit einer spezialisierten dänischen Firma, das Projekt Sundrop Farms gebaut. Dort richten 23 000 Spiegel Sonnenlicht auf einen Turm. Mit der Hitze wird einerseits Dampf für die Erzeugung von Elektrizität produziert, und anderseits Meerwasser entsalzt. Das Gewächshaus kommt ganz ohne fossile Energie und Süßwasser aus.

Zur gleichen Zeit wurde neben der Landebahn des Wiener Flughafens Schwechat eine neue Gewächshausanlage eröffnet, holländisch vom Gerüst bis zum Heizungssystem. Der Auftraggeber ist Christian Zeiler, einer der wichtigsten Tomatenanbauer Österreichs. »Nur Zeiler gönnt seinen Tomaten die Zeit, wirklich reif zu werden.« Das steht auf seiner Website. Wirklich? Das Wort »Wachstumsbeleuchtung« deutet eher auf Eile hin. Zeiler versorgt einen Teil seiner Tomaten mit künstlichem Licht, damit sie schneller – und im Winter besser – wachsen. Er

Gewächshaus

Tomatengewächshaus des Erzeugervereins Prominent im niederländischen Westland

ist sogar stolz darauf, »als einziger österreichischer Tomatenproduzent 365 Tage im Jahr Cherrytomaten aus Österreich zu liefern«. Allerdings kosten seine »Zeiler-Paradeiser« etwa das Doppelte von jenen aus dem Ausland. Der Geschäftsführer rechtfertigt dies mit der »aufwendigen Erzeugung«. Die ist aber nicht aufwendiger als jene in modernen Gewächshäusern überall auf der Welt. Zeiler beheizt, genauso wie alle Erzeuger nicht-biologischer Tomaten in weiten Teilen Europas, seine Gewächshäuser je nach Standort mit Erdgas oder Fernwärme aus einer Biogasanlage, er kühlt sie, wenn nötig, und er erntet sie so reif wie auch anderswo üblich.

In Deutschland beleuchten nur wenige Betriebe ihre Tomatengewächshäuser, so wie Josef Steiner im bayerischen Kirchweidach oder die Gärtnerkooperation beim RWE-Kraftwerk in Neurath. In den Niederlanden wird nach Schätzung des Züchters Jos Looije, der den Sektor gut überschaut, schon bei etwa einem Drittel der Tomatenproduktion mit künstlichem Licht gearbeitet. Verwendet werden dabei Assimilationslampen, die tagsüber das Sonnenlicht ergänzen und auch nachts noch weiter leuchten. In weiten Teilen Hollands wird es in der Nacht nicht mehr richtig dunkel, wenngleich das Schlimmste über eine Abschirmungspflicht verhindert werden soll.

»Das künstliche Licht, das ich in einem Teil meiner Tomatengewächshäuser anwende, ist, wenn ich ganz ehrlich bin, mein größtes Dilemma«, sagt Jos Looije. »Mit dem Licht entnehme ich der Natur noch mehr als nur mit Wärme. Zu viel eigentlich.« Looije erzeugt seine Energie aus Gas. Das ist in den Niederlanden relativ günstig zu haben, zumal es hier (wie auch in Belgien) Steuervergünstigungen für den Glasgartenbau gibt. »Eigentlich haben wir mit unserer Kraft-Wärme-Kopplung eine tolle, effiziente Methode der Energiegewinnung. Das Kraftwerk im Gewächshaus produziert Strom und Wärme. Im Sommer haben wir Elektrizität übrig, die wir dann verkaufen, wie viele Züchter es machen. Aber im Winter belichten wir mit diesem Strom die Tomaten. Und darüber habe ich meine Zweifel. Auf meinen 25 Hektar verbrauche ich immerhin die gleiche Energie wie 20 000 Privathaushalte.«

Ganze neun Prozent der Elektrizität, die in den Niederlanden verbraucht wird, gehen auf Rechnung des Gartenbaus in Gewächshäusern (inklusive Blumen und Zierpflanzen). Dafür wird, allen Bemühungen um Nachhaltigkeit zum Trotz, ein Zehntel des Erdgases benötigt, das insgesamt im Lande verbraucht wird. Jos Looije wird manchmal gefragt, wieso in den Niederlanden überhaupt Tomaten angebaut werden, das passe doch gar nicht ins Klima. Gleiches kann man sich in Deutschland oder Österreich fragen, oder in Polen, wo oft noch mit Steinkohle geheizt wird. Die deutsche oder österreichische Tomatenzucht ist nicht prinzipiell nachhaltiger als die niederländische – nur weniger umfangreich. Die erwähnte Gewächshausanlage in Hemmingstedt, für deutsche Begriffe groß, umfasst eine halb so große Fläche wie Looijes Betrieb, verbraucht aber nach eigenen Angaben so viel Energie wie 15 000 Haushalte – deutsche diesmal, aber das macht kaum einen Unterschied.

In Österreich pflegt Christian Zeiler ein nachhaltiges Image. In seinem Hauptstandort benutzt aber auch er Erdgas. Das findet nur derjenige heraus, der auf der Website von Zeilers KWK-Lieferanten schaut. Dort wirbt Geschäftsführer Zeiler: »Die Kraft-Wärme-Kopplung war für uns nicht nur wegen der Energiekostensenkung interessant, sondern auch deshalb, weil sie eine ökologische Energiequelle darstellt, die Kohlenstoffemissionen reduziert.« Ökologisch? Gas ist und bleibt ein fossiler Brennstoff, der zwar weniger CO_2-Ausstoß verursacht als Kohle, aber dennoch recht viel. Eine Kraft-Wärme-Kopplung im eigenen Haus ist tatsächlich effizienter als Strom aus dem Netz, weil weniger verloren geht und Energie, die nicht selbst genutzt wird, Dritten zur Verfügung gestellt werden kann. Aber ein Gewächshaus, das Strom übrigbehält, hat davon zunächst zu viel produziert, also Gas verschwendet. In dem Sinne gibt ein solches Gewächshaus sicherlich kein Geschenk an die Natur zurück, wie es irreführend oft mit »klimaneutral« suggeriert wird.

Selbst die Versorgung von 30 000 Haushalten mit Restwärme und Elektrizität aus einem Tomatengewächshaus, wie es in England hie und da praktiziert wird, oder die Energieversorgung von Schulen, Kieztreffpunkten, Schwimmbädern oder Wohnungen, wie es in den Niederlanden schon mal passiert, ist lediglich eine kleine Wiedergutmachung für den Tomatenanbau in einem dazu ungeeigneten Klima. Da kann der Energie-Lieferant Nuon in den Niederlanden werben, wie er will: »Mein Haushalt läuft auf Tomaten. Gewächshausenergie: lecker nah.«

Tomaten sind wie Menschen. Zum Überleben brauchen sie Licht, Wärme und Wasser. Und sie wollen auch sechs Stunden täglich ihre Ruhe im warmen Halbdunkel genießen. Wenn sie wieder aufgewacht sind, bekommen sie einen Extra-Schub Energie, indem man CO_2 hinzufügt. Kohlenstoffdioxid ist ein Gas, von dem zwar die Pflanzen leben, das aber die Erde als Ganzes in ein Treibhaus zu verwandeln droht. Wegen seines negativen Beigeschmacks wird das Wort »Treibhaus« deshalb für Gewächshäuser nur noch selten verwendet.

Um die Lebensweise von Tomaten und Menschen aufeinander abzustimmen, muss man in unserem Teil Europas ziemliche Kapriolen schlagen. Die Tomatenzucht verschlingt nicht nur jede Menge kostbares Wasser, sondern belastet aufgrund ihres Licht- und Wärmebedarfs auch das Weltklima. Dennoch gibt es Hoffnung. Denn die Innovationen folgen immer schneller aufeinander. »Mein Vater hat in seinen Glashäusern anfangs mit Steinkohle geheiz«, erzählt Jos Looije. »Dann hat er auf Öl umgestellt, und später auf Gas. Das alles fand innerhalb einer einzigen Generation statt, ich habe das miterlebt. Jetzt sind wir im KWK-Zeitalter. Aber der nächste Schritt ist die Nutzung von Erdwärme im Gewächshaus. Ich werde die Vorteile dieser Technik für die Natur noch erleben. Bei uns wird schon gegraben.«

Die Bom Group hat in den letzten Jahren an verschiedenen Geothermie-Projekten mitgewirkt, so am ungarischen Standort des österreichischen Tomatenzüchters Zeiler. In Deutschland war das Unternehmen vor kurzem an drei Erdwärmeprojekten zugleich beteiligt, das größte, mit zwölf Hektar Tomaten und Paprikas, entstand für den schon erwähnten Gemüseproduzenten Josef Steiner im bayerischen Kirchweidach. Für Lodewijk Wardenberg war dieses Projekt, unweit der österreichischen Grenze und vom Österreicher Steiner initiiert, die Krönung der Arbeit mit geothermischer Strom- und Heizkraft.

Innovativ an Steiners Gewächshaus-Konzept ist, dass hier gleich mehrere Energiequellen genutzt werden: Neben Erdwärme auch die Wärme einer benachbarten Biogasanlage und die Restwärme aus dem Nahwärmenetz der Gemeinde Kirchweidach. Das alles kann man auch bei Rewe nachlesen: Die Tomaten aus Kirchweidach werden nämlich unter dem konzerneigenen Nachhaltigkeits-Label Pro Planet vermarktet. Wie ökologisch diese Tomatenzucht tatsächlich ist, bleibt unklar, aber sicherlich überdurchschnittlich. Denn hinzu kommt noch eine Solaranlage, die nahezu das gesamte Gewächshaus mit Strom versorgen kann. Aber ist Steiners Anlage wirklich »das modernste Glashaus Europas«? So nennen sich mehrere dieser Projekte – in Deutschland, Österreich, den Niederlanden und anderswo auf der Welt.

»Ich bin mir sicher, dass wir geschmacklich besser sein werden als die Holländer«, betont Josef Steiner bei der Eröffnung seines Gewächshauses gegenüber den Medien. Er habe nämlich in Qualität investiert. Wie sein Landsmann Zeiler darf Steiner kritiklos in verschiedenen Medien verkünden, dass seine Tomaten besser sind als niederländische oder andere Importtomaten. Lodewijk Wardenburg und seinen Kollegen zaubern solche Äußerungen nur ein ironisches Lächeln ins Gesicht. Das Bild gleich neben dem Steiner-Zitat zeigt sie sogar, die »Spezialisten aus Holland«, kletternd in dem von ihnen errichteten Kirchweidacher Hightech-Gewächshausgerüst. Natur pur aus Bayern!

2016 gibt es noch eine gute Nachricht für die Umwelt: Forschern in Florida ist es gelungen, aus faulen Tomaten Elektrizität zu gewin

Das Tomatenfest *Tomatina* im spanischen Buñol: Schlachtfeld für Touristen

Gewächshaus

nen. Das ist nun erst recht erfreulich! Dann kann eine irrsinnige Tradition im spanischen Buñol bei Valencia endlich ein Ende finden: Dort werden alljährlich Ende August 200 Tonnen überreifer Tomaten auf 40 000 Touristen ausgeschüttet, die sich auf dem zentralen Dorfplatz zwischen Kirche und Kneipe drängen. Ich habe mich dieser Apokalypse mit knapper Not entziehen können, verschanzt in einer Erste-Hilfe-Station im ersten Stockwerk, mit Aussicht auf das sich tomatenrot färbende Schlachtfeld.

Marktforschung
Jahreszeiten

In Spanien fängt die Tomatensaison im Spätsommer an. Um den 1. September herum steht man in Valencia Schlange vor den ersten, faustgroßen Fleischtomaten mit rot-rosig-weißlich-grün gerippter Haut. Die fette *Valenciano*, deren Eingeweide sich so wollüstig ausbuchten, ist eine regionale Spezialität, für die man hier gern bezahlt: je größer, desto teurer, bis zu drei Euro pro Kilo. Außerhalb von Spanien findet man die wunderschöne *Valenciano* zu bizarr. Deswegen wird sie kaum exportiert. Die üblichen Tomaten aus Almería dagegen isst man in Valencia ungern. Die sind für den Export – oder für arme Spanier. Für 99 Cent gibt es davon zwei Kilo.

Anfang November liegen in West- und Mitteleuropa die ersten marokkanischen Tomaten, oft Cherries, in den Läden. Sie hören auf spanisch oder italienisch klingende Namen wie *Azura*. Im Vergleich zur marokkanischen Tomate hat die europäische nämlich ein gutes Image. Die *Azura*-Tomaten aus Marokko sind im französischen Perpignan gehandelt worden. Wieso denkt man sich dann nicht einen etwas mehr französisch klingenden Namen aus? Klänge das zu nördlich und somit unglaubwürdig für November?

Biotomaten stammen im November – wie auch in der restlichen Zeit des Jahres – meistens aus Spanien. Im Winter gesellt sich noch etwas Konkurrenz aus Italien dazu. Niederländische Biotomaten gibt es erst im Sommer, denn sie werden nicht beheizt. Biotomaten aus Deutschland sind sogar im Sommer äußerst selten.

Bei den konventionell angebauten Tomaten kommt dank der modernen Technik allmählich etwas Abwechslung in das spanisch-marokkanische Winter-Einerlei. An einem eiskalten Januartag habe ich, etwa vor fünf Jahren, die ersten niederländischen Tomaten aus belichteter Zucht im Laden entdeckt. Sie kosten zwar mehr, sind aber auf dem Vormarsch. Die nicht belichteten sind erst ab dem Frühjahr reif.

In Rumänien kommen Ende Juni die ersten Sommertomaten aus dem eigenen Land auf den Markt. Die Rumänen nennen sie »Solarium-Tomaten«, weil diese frühe Ernte noch aus dem Foliengewächshaus stammt und nicht vom Freiland. Sie sind empfindlich, müssen schnell verbraucht werden und kosten daher wenig. Der Billa-Supermarkt in Sibiu hat diese *rosii*, einhei-

Disney-Tomaten aus Holland in Sibiu, Rumänien

mische Tomaten, nur für eine Weile im Angebot. Daneben liegen ziemlich verschrumpelte »Snacktomaten« aus den Niederlanden, chic verpackt in Plastik-Shakern, also teuer. Sie heißen *Disney*. Die Einkaufspolitik beim rumänischen Billa, einer österreichischen Supermarktkette der Rewe-Gruppe, könnte besser sein. Ein paar Tage später findet man in derselben Filiale in Sibiu nicht nur keine rumänischen Tomaten mehr, sondern überhaupt keine Tomaten. Sie existieren nur noch auf dem Foto im ausliegenden Werbeprospekt – als »klassische« runde niederländische Tomaten. Mittlerweile ist aus Billa Carrefour geworden.

Die Rumänen kennen sich mit tomatenlosen Zeiten aus. Vor dem Fall des Kommunismus haben sie während der langen Winter sowieso mehr Gemüsekonserven als frische Produkte gegessen. Umso mehr freuen sie sich jedes Jahr auf die ersten Freilandtomaten. Die sind ungefähr ab Anfang Juli reif. In den drei Mega-Supermärkten von Real, Carrefour und Kaufland, die als uniforme Moloche nebeneinander gereiht in der Peripherie von Sibiu stehen, gibt es dann reichlich Tomaten zu kaufen. Aber sind es wirklich rumänische? Gewöhnlich bleibt ihnen den Zugang zum Supermarkt eher versperrt. Aber Real macht diesmal ein Ausnahme, als Werbeknüller: »Kauft rumänische Waren!« Die so beworbenen Tomaten sehen erbärmlich aus und sind billig. Gekauft werden sie schon, von den wenigen Kunden, die hier shoppen. Es ist nämlich totenstill bei Real, genau wie auch bei Carrefour und Kaufland. Für die meisten Einwohner Sibius sind diese Lebensmittelpaläste mit ihrem Luxusangebot eher ein Familienausflugsziel am Wochenende. Für die alltägliche Versorgung gibt es den Kleinsupermarkt oder für die, denen selbst das noch zu teuer ist, den Wochenmarkt oder den Familiengarten auf dem Dorf.

Im August stapeln sich in Amsterdam und Berlin die schönsten Tomaten für wenig Geld in den Läden. Schätzungsweise drei Viertel davon sind niederländischer Herkunft. Bei Lidl gibt es für kurze Zeit sehr billige, rosafarbene Fleischtomaten aus Belgien. Sie sind gut proportioniert, denn die Flamen sind Fleischtomaten-Spezialisten. Noch billiger sind in diesem Monat schlichte runde Tomaten aus den Niederlanden: zwei Kilo für einen Euro. Die findet man in einem türkischen Laden in Berlin-Kreuzberg.

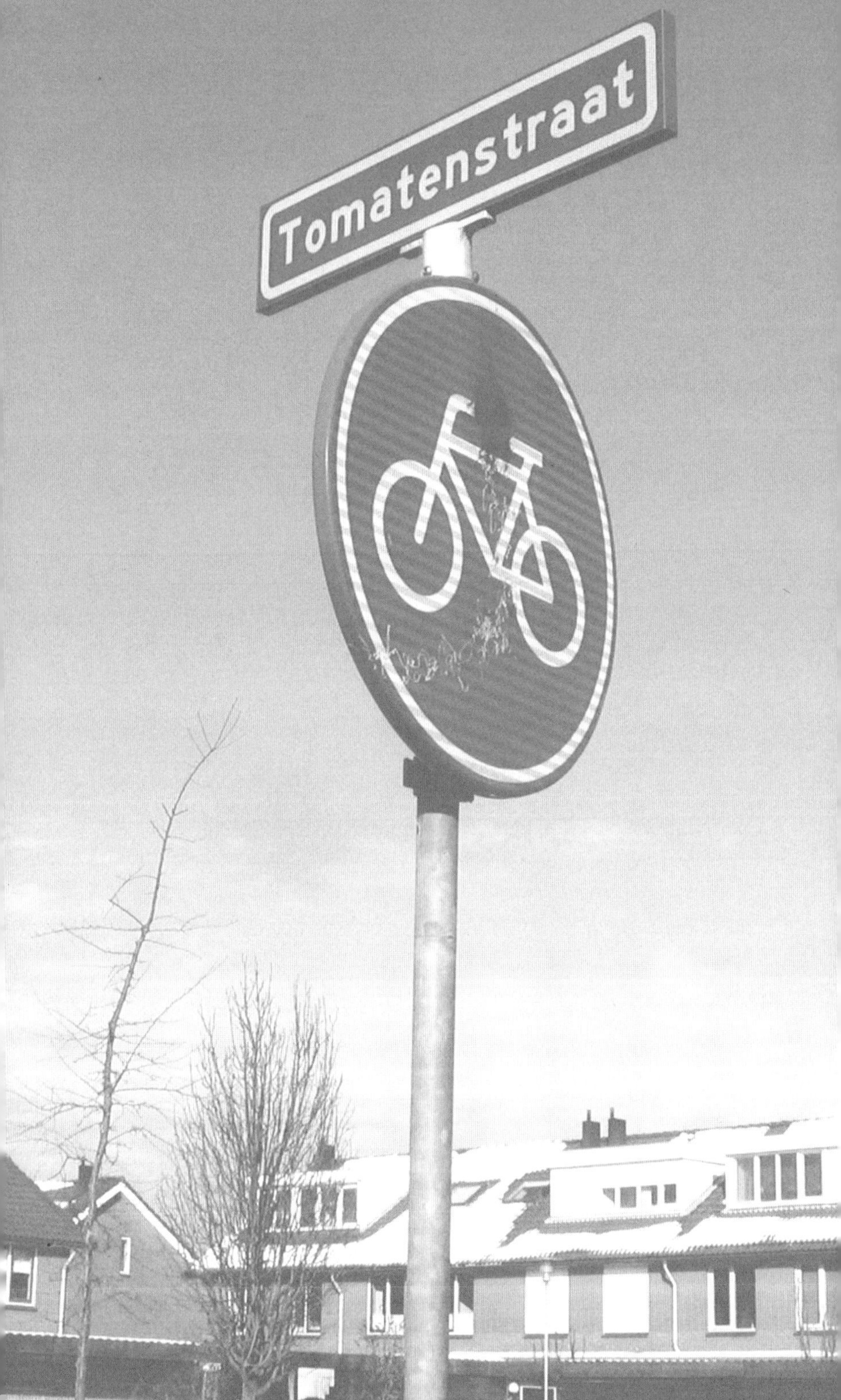
Tomatenstraat

Zucht

Endlose schnurgerade Asphaltstraßen verbinden die Gewächshausanlagen im Westland bei Den Haag. Mit Gemüse- und Obstmotiven bemalte LKW rasen vorbei. Ein paar radelnde Frauen, mit Kindern vorn und hinten auf dem Fahrrad, werden beinahe in die Böschung geweht. Sonst sieht man hier nur noch wenige Radfahrer, ganz anders als in meiner Den Haager Jugendzeit. Zu Fuß geht überhaupt keiner. Wo sind die kleinen Pfade zwischen den

Die »Gläserne Stadt«
Ein Tomatenbiotop an der Nordsee

Gewächshäusern geblieben, auf denen es so spannend war zu spielen? Auf dem Weg zum Züchter Jos Looije laufe ich nur über Asphalt – und verirre mich völlig. Kilometerlange monotone Betonklötze, alle mit Lücken zum Abstellen riesiger Laster, prägen die Landschaft heute fast noch stärker als die klassischen Glashäuser. Die Romantik des Westlands ist verflogen. Wenn es sie noch irgendwo geben sollte, muss das in der Leidenschaft des Züchters sein.

Bei Naaldwijk, Gemeinde Westland, befindet sich der Hauptsitz von Jos Looijes Tomaten-Gärtnerei. Er ist berühmt für die von ihm gezüchtete *Honigtomate*, die mir aber zu diesem Zeitpunkt noch gar kein Begriff ist. Ich suche 2012 den Kontakt mit ihm, weil mir seine Website *Looijetomaten.nl* (heute *Looye.com*) aufgefallen ist. Sie klärt mit großer Offenheit über das Unternehmen auf, erzählt dazu in respektvollem Ton von der internationalen Belegschaft und der Umwelt und lädt zum Vorbeikommen und Mitdenken ein. Das alles sticht hervor aus den sonst meist klischeehaften Promosprüchen der Tomatenbranche. Generaldirektor Jos Looije ist, wo immer er kann, selbst präsent, auf Messen im In- und Ausland und bei Führungen durch seine Gewächshäuser, egal ob für internationale Fachleute oder für regionale Frauenvereine.

Schon im Internet erfährt man, woher Looije sein Tomatensaatgut bezieht, und wie der Firmenbesitz innerhalb der Familie aufgeteilt ist: »Vincent Looije hält 16 % der Anteile, die restlichen Anteile sind unter Jos Looije und seiner Frau Annie Beekenkamp zu gleichen Teilen verteilt.« Beekenkamp führt ihr eigenes Familiengroßunternehmen, das Stecklinge aufzieht, auch die für ihren Gatten. Vincent Looije, der zehn Jahre jüngere Bruder von Jos, züchtet in Spanien Tomaten für die Firma.

Seit dem Beginn unserer Bekanntschaft wurden Jos Looije, seine Betriebsführung und seine Tomaten mehrmals ausgezeichnet. Dennoch steht er nicht gern im Rampenlicht. Seine Schüchternheit weicht aber, sobald er über seine Passion spricht. »Seit ich laufen kann, bewege ich mich zwischen Tomaten«, sagt Jos Looije. »Aber heute bin ich auch Unternehmer. Und jeder darf wissen, wie Looije seine Tomaten produziert.« Die meisten Züchter hätten keine Identität, »das ist ein Problem für die Verbraucher«. Bei Looije dagegen wird auf der Website sogar über den Ausbruch einer Pflanzenkrankheit im Gewächshaus berichtet. Und die polnische Mitarbeiterin Justina, die als erste die Symptome entdeckt hat, wird ordentlich ins rechte Licht gesetzt.

Um die Jahrtausendwende herum, erzählt Jos Looije, entschloss er sich, keine chemische Schädlingsbekämpfung mehr anzuwenden. »Aber völlig ist mir das bis jetzt leider nicht gelungen. Bisweilen muss ich hier und da noch ein wenig spritzen, um Schlimmerem vorzubeugen. Das geschieht allerdings sehr kontrolliert und unter der Aufsicht von Sachverständigen.« Als »bio« könnte er seine Tomaten ohnehin nicht verkaufen, da sie nicht auf Erde wachsen. Das macht Looije aber nichts aus. Von Öko-Romantik hält er wenig, obwohl er gleichzeitig »grün« denkt. »Ich wurde nach dem Prinzip erzogen: Wenn es ein Problem gibt, löst man es. Aber in der Natur geht es viel komplizierter zu. Wenn ich chemische Pflanzenschutzmittel einsetze, vertilge ich nicht nur das, was die Krankheit auslöst, sondern ich zerstöre auch andere Organismen, die Teil des Ökosystems sind. In einem Gewächshaus gibt

Tomatenzüchter
Jos Looije in einem
seiner Gewächs-
häuser

es unglaublich viele Lebensformen. Da wird man nachdenklich: Wie kann ich das System so gut wie möglich respektieren? Zum Beispiel, indem ich die benutzten Steinwolle-Matten, auf denen meine Tomaten wachsen, mit all dem Leben darin wiederverwende. Die meisten Anbauer machen das nicht.«

»Nein, das verheimliche ich nicht, das erzähle ich jedem, der es hören möchte«, fügt er hinzu. »Es ist eine ungeheuer schöne Arbeit, so mit dem Prozess von Leben und Tod beschäftigt zu sein. Na ja, ›Arbeit‹. Es ist für mich eigentlich Freizeit.« Looije nimmt sich die Zeit, um über die Welt nachzudenken, »zum Beispiel wie ich etwas zurückgeben kann, am besten durch Wissensvermittlung«. Es bleibt nicht bei den Gedanken. Es gab und gibt Looije-Projekte zur Verbesserung des regionalen Tomatenanbaus in Afrika, im Nahen Osten und anderswo.

»Verstehen wie es funktioniert«: die Tomatenzucht und das Leben. Das ist der Motor, der Jos Looije antreibt. Oft hält er inne, um über etwas nachzudenken, das er in seinem Glashaus oder auch in einer fremden Stadt wahrnimmt. Er fragt dann laut – und antwortet gern mit »einerseits« und »aber andererseits«. Den philosophischen Zweifel hat

Zucht

er wohl der väterlichen Neugier zu verdanken. Sein Bruder ist genauso gestrickt.

»Unser Vater ist vor ein paar Jahren gestorben«, erzählt Jos Looije. »Ich habe sein Leben, unser Leben, damals noch einmal an mir vorbeiziehen lassen.« Dieses Leben begann in Monster, einem Ort direkt unterhalb Den Haags. Das väterliche Gemüseunternehmen J. M. Looije, 1946 gegründet, war lediglich durch einen schmalen Streifen Land von der Nordsee getrennt. Das vom Golfstrom geprägte Klima, die vielen Sonnenstunden und der fruchtbare Boden ließen den Gartenbau hier im Westland aufblühen. Man musste nur die Gärtnerei gegen den Meereswind abschirmen. »Vater hat damals auf etwa zwei Hektar alles so angebaut, wie es üblich war: ein paar kleine Glashäuser mit Trauben und Gemüse, und unter freiem Himmel Blumenkohl, Rhabarber – insgesamt sicherlich zehn verschiedene Sorten. Der Boden war gepachtet. Es gab im Gartenbau damals wenig Geld. Ich bin nach der Agrarschule direkt ins Unternehmen gekommen; Weiterbildung war nicht drin.«

Gewächshäuser gab es im Westland schon seit Ende des 19. Jahrhunderts. Aber die Tomate spielte darin über ein halbes Jahrhundert lang kaum eine Rolle. »Erst in den Siebzigern haben wir uns völlig der Tomatenzucht zugewendet«, erklärt Looije. Warum haben die Niederländer überhaupt angefangen Tomaten anzubauen, obwohl sie selbst kaum welche gegessen haben? Für den Export nach England und Deutschland natürlich, wie auch heute noch. Nach dem Ersten Weltkrieg lieferten die niederländischen Gärtner ihre Kartoffeln auf dem kurzen Weg über das Meer nach Großbritannien. Dort stellten sie fest, dass Tomaten heiß begehrt waren. So kamen sie auf die Idee, in ihren unbeheizten Gewächshäusern Tomaten anzubauen, sobald die Frühlingssalate geerntet waren. Als die Engländer 1932 anfingen, Zölle zu erheben, orientierten sich die Niederländer mehr nach Osten und eroberten mit ihren Tomaten auf dem Schienenweg das Deutsche Reich.

Die strikt horizontale Organisation der Branche war dabei sehr hilfreich, sagt Looije. »Bis in die neunziger Jahre war die ganze Agrarwelt, auch der Gartenbau, kooperativ organisiert. In keinem Land sind die Kooperationen so groß gewesen wie in den Niederlanden. Über vier, fünf Generationen hinweg hat diese Organisationsstruktur viel gebracht. Die Niederlande sind nach den Vereinigten Staaten der größte Exporteur agrarischer Produkte. Aber wir müssen ehrlich sein. Die Welt ist jetzt eine andere, und unsere Position in der Produktionskette hat sich völlig verändert.«

Bis in die neunziger Jahre hatten die einzelnen Gärtner keinerlei Einfluss auf die Vermarktung ihrer Produkte. Alle brachten ihre – annähernd gleichen, großen, runden – Tomaten zur Versteigerung, quasi anonym. Dort war es nur die Menge, die das Geld brachte. Jedes Dorf hatte eine solche Versteigerung, die in gemeinsamen Händen der Gärtner lag. In langjährigen Fusionsprozessen verschwanden die Versteigerungen jedoch fast völlig und machten Platz für zehn oder fünfzehn Kooperationen von Erzeugern, die den Markt – zum Beispiel für Tomaten – bespielen. In Belgien dagegen dominieren die Versteigerungen heute noch. Der Grundgedanke in den Niederlanden war und ist, dass große Erzeugervereine sich gegen die immer stärker werdenden Supermarktketten besser behaupten können. In der Praxis geht es aber weiterhin um Menge und Kostenersparnis, nicht um Qualität. Der Gärtner steht immer noch unter dem Zwang, große Mengen billig zu produzieren.

Die Firma Looije ist als eine der ersten aus diesem Teufelskreis ausgebrochen und aus der Kooperationsstruktur ausgetreten. »Wer nur den Preiswettbewerb mitmacht, wird meist verlieren«, sagt Jos Looije. »Es gibt immer andere, die billiger Cherrytomaten produzieren können, im Winter zum Beispiel Marokko.« Sein Alleingang war ein einschneidender Schritt, denn damit verlor er den Anspruch auf die wichtigsten EU-Gartenbausubventionen. Die EU fordert und fördert nämlich gerade die Zusammenarbeit. Looije ergänzt: »In den achtziger Jahren haben wir gutes Geld verdient. Aber in den Neunzigern ging es bergab mit dem Image der Tomate – die ›Wasserbomben‹-Geschichte. Um 2000 habe ich gedacht, es muss prinzipiell anders gehen. Auch an unserem spanischen Standort hatten wir zuvor viel Geld verloren. Mir wurde klar, dass ich den Markt besser kennenlernen musste. Daraufhin bin ich regelmäßig nach England gefahren, um in den Supermärkten das Tomatenangebot zu erkunden.«

Das macht Looije übrigens noch immer ganz gern. »Dann spaziere ich ein paar Tage durch London, besuche mal ein Museum und ein paar Läden und beobachte die Menschen in dieser herrlichen Stadt mit ihrer vielfältigen Bevölkerung. Das inspiriert mich, gibt mir Kraft. Und damals, um die Jahrtausendwende, habe ich bei Marks & Spencer diese Cherry-Tomatenrasse entdeckt, die unglaublich begehrt war. Wow! Die Tomaten waren lecker! Die wollte ich auch produzieren. Es hat mich einige Mühe gekostet herauszufinden, woher die Saat stammte: vom kleinen französischen Saatveredlungsbetrieb Gautier.«

Aus diesem Saatgut hat Looije seine *Honigtomaten* entwickelt, die inzwischen zu den teuersten Tomaten in diesem Teil Europas zählen. Es gibt auch eine etwas billigere Variante, die unter anderem als *Dulcita* auf dem internationalen Markt ist. Looije schnürt seine Tomaten ein wenig ab, sagt er, was ziemlich ungewöhnlich ist in der Branche. So wachsen sie langsamer und bleiben kleiner, was sich zu Gunsten des Geschmacks auswirkt. Er sucht sich seine Kunden selbst, was ihn noch stärker von der Konkurrenz unterscheidet. »Ist es nicht großartig, dass die Menschen im Berliner KaDeWe und anderswo 2,99 Euro pro 100 Gramm, oder sogar mehr, für unsere Tomaten bezahlen?«

Jos Looije nennt sein Unternehmen seit kurzem Looye Kwekers. Das »y« stellt eine stilisierte Tomatenpflanze dar und »Kwekers« bedeutet »Züchter«, was seine Expertise betonen soll. Auch die Standorte hat er neu aufgebaut, in Naaldwijk und in der Nähe von Amsterdam, südlich des Flughafens Schiphol. Looije: »Aber mit 25 Hektar hier und acht Hektar in Spanien sind wir nur ein kleines Rädchen im Ganzen. In den Niederlanden gibt es insgesamt 1700 oder 1800 Hektar Tomaten-Gewächshäuser und in Spanien mindestens 25 000 Hektar, ganz abgesehen von den spanischen Freilandflächen, auf denen Tomaten zur industriellen Verarbeitung angebaut werden.«

Die »Gläserne Stadt«, das Westland, nennt sich heute Greenport Westland-Oostland, und erstreckt sich bis Rotterdam. Es ist mit Abstand die wichtigste niederländische Anbauregion für Tomaten. Und Tomaten sind das wichtigste Unterglasgemüse, zu dem außer Fruchtgemüse auch Salate und anderes Blattgemüse, Kräuter und Keimgewächse zählen. Looye Kwekers ist für holländische Verhältnisse ein relativ großer Betrieb, aber inzwischen ist auch eine doppelt so große Anbaufläche keine Ausnahme mehr. Vor allem nicht außerhalb des Westlands, wo es mehr Raum gibt. Zum Vergleich: In Deutschland gelten zehn oder zwölf Hektar für einen Gartenbauproduzenten, wie

Das Biotop von Jos Looijes *Honigtomate*

in Hemmingstedt oder Kirchweidach, als sehr groß; da heißt es dann manchmal sogar: »gehört zu den größten Europas«. Aber allein Christian Zeiler hat in Österreich und Ungarn zurzeit schon 28 Hektar Anbaufläche, fast so viel wie Jos Looije.

Für einen modernen Ackerbauern wäre ein Areal von 20 oder 30 Hektar ziemlich bedeutungslos. Im Gartenbau dagegen sind das etwa 15 Fußballplätze voll ertrag- und arbeitsintensiver Zucht, wobei die Tomaten zusätzlich vor Ort selektiert, verpackt und in Hightech-LKW abgeholt werden. Sie kommen in ihrem Leben höchstens über die Glashausventilation mit Außenluft in Kontakt – und mit Bauernland niemals. Die Tomatenproduktion ist dermaßen effizient geworden, dass die niederländischen Gärtner (je nach Berechnungsmethode) nur ein Fünftel bis ein Zehntel des Raums brauchen, den die spanische Konkurrenz benötigt, um die gleiche Menge an Tomaten zu produzieren. Eine von Hollands innovativsten Züchterfamilien, Duijvestijn, produziert an einem ihrer Standorte jährlich auf ganzen 15 Hektar etwa zehn Millionen Kilo Tomaten, also 10 000 Tonnen.

In Deutschland beträgt die Anbaufläche für »Tomaten unter Schutz-abdeckungen« etwa 350 Hektar. In Österreich wachsen, ebenfalls unter Glas oder Folie, Tomaten auf 180 Hektar. Der Freilandanbau ist überall zu vernachlässigen. Aber obwohl die Anbaufläche in den Niederlanden »nur« fünfmal so groß ist wie in Deutschland, liegt der Ertrag – dank des rationalisierten Anbaus in Hightech-Glasgewächshäusern – bei mehr als dem Zehnfachen: 900 000 Tonnen Tomaten in den Nieder-landen gegen 80 000 Tonnen in Deutschland (Angaben von 2015). Ös-terreich produziert mit 55 000 Tonnen im Verhältnis zur Anbaufläche immerhin etwas mehr als Deutschland.

Sind die Niederlande also der Superstar unter den Tomatenprodu-zenten? Das wird oft irrtümlich behauptet, nicht zuletzt im eigenen Land, des riesigen Exports wegen. Aber die Niederlande produzieren nicht einmal fünf Prozent der europäischen Tomaten! Innerhalb der EU belegen sie nur den fünften Platz. Von den jährlich etwa 16 Millio-nen Tonnen Tomaten, die in der EU angebaut werden, kommen zwei Drittel allein aus Italien und Spanien. Wie das sein kann, wird später noch erläutert.

Inzwischen philosophiert Jos Looije weiter und kommt immer wie-der zu neuen Einsichten. »Eigentlich«, denkt er laut in einem seiner Gewächshäuser, »sind die geografischen Unterschiede beim Toma-tenanbau, zum Beispiel jene zwischen Holland und Spanien, größer als jene zwischen damals und heute. Die Grundlagen sind die gleichen wie vor 50 Jahren, als ich ein Kind war. Es gibt eine Tomatenpflanze. Nach acht oder neun Wochen kannst du ernten. Von da an schneidest du jede Woche eine reife Rispe ab, und jede Woche wächst eine neue Rispe hinzu. Weil die Pflanze 15 Meter hoch werden kann, lässt du sie horizontal wachsen, und nicht nach oben. Und im Prinzip kannst du so weitermachen ohne Ende. Aber eine Pflanze ist auch nur ein Stück Natur. Nach einem Jahr lässt die Produktion nach, und dann ersetzt du sie durch eine neue Pflanze. Die alte hat dann gleichwohl etwa 45 Rispen geschafft.« Jos Looije schaut gerührt auf das Wunder der Natur, das sich unter seinen Augen vollzieht.

❧

Wer mit einem Regionalzug Ende August durch die spanische Provinz Murcia zuckelt, der fühlt sich schnell in den Film »Spiel mir das Lied vom Tod« versetzt. Tatsächlich wurde in dieser Gegend so mancher Western von Sergio Leone und anderen Regisseuren gedreht. Man kann sich mühelos vorstellen, dass sich in der braunen, verdorrten Spätsommerlandschaft eine Geschichte von Habgier und Rache abspielt wie in Amerika zu Zeiten der Landgewinnung. Murcia gehört zu den trockensten Gebieten Europas. Tomaten sind hier schwerer vorstellbar als Cowboys.

Wassermangel zwischen Berg und Meer
In Spanien ticken die Uhren anders

Nichtsdestotrotz ist die Region einer der größten Gemüse- und Obstproduzenten Europas. Denn der Boden von Murcia ist sehr fruchtbar – wenn es Wasser gibt. Jos Looijes Bruder Vincent baut hier seit 1998 Tomaten für das Familienunternehmen an. Seine Gewächshäuser schmiegen sich in der Nähe des kleinen Ortes Los Arejos zwischen zwei Hügelrücken. Beim Bau musste »eine Lücke in den Berg gesprengt werden«, erzählt er, »aber so etwas geht hier locker vonstatten, routinemäßig, unter Kontrolle der *Guardia Civil*«.

Das eigentliche Problem ist das Wasser. Looije hat davon zwar genug zur Verfügung, denn er ist Mitglied der Wasserkooperative entlang des Río Segura, Murcias wichtigstem Fluss. »Aber nicht überall in Murcia gibt es genug Wasser. Das Gebirge liegt im Weg. Deshalb ist hier, anders als in Almería, nicht jedes Fleckchen urbar gemacht.« Die Küstenregion Almería in Andalusien, der Provinz südlich von Murcia, ist zu einer zugebauten Monokultur von Tomaten und Paprikas verkommen. In der hügeligen Landschaft von Murcia findet man dagegen nur verstreut einzelne Gewächshäuser. Darin werden viele verschiedene Gemüsesorten angebaut; bei den Tomaten beträgt die Produktion nur ein Viertel der Menge, die in Almería erreicht wird.

Eine Tomate besteht vornehmlich aus Wasser. Es kostet manchen Liter, um sie zur Reife zu bringen. »In Spanien ist Wasser Politik«, erklärt Vincent Looije. »Murcia, Almería und Valencia an der Ostküste leiden unter Wassermangel. Es gibt auch Regionen mit einem Überfluss an Wasser. Aber die Regionen sind weitgehend autonom, und sie wollen das nicht wegschenken.« Immer wieder kommen Fälle ans Licht, bei denen für den Freilandgartenbau illegal Wasserquellen in Naturschutzgebieten angezapft wurden.

Ganz in der Nähe sind unterdessen Ingenieure, auch niederländische, mit Projekten zur Meerwasser-Entsalzung beschäftigt. Bis diese aber in ausreichender Menge und zu bezahlbaren Preisen Wasser liefern können, wird es nach Looijes Ansicht noch sehr lange dauern. Also muss er Flusswasser kaufen und nebenbei Regenwasser auffangen. Die Wiederverwendung von gebrauchtem Wasser ist in Südost-Spanien erstaunlich selten.

Looije Águilas, so lautet der Name des spanisch-niederländischen Unternehmens offiziell. Es ist nach der Kleinstadt benannt, die ein paar Kilometer unterhalb der Gärtnerei am Mittelmeer liegt. Vincent Looije lehnt es resolut ab, Wasser aus der Kläranlage von Águilas zu beziehen. »Das ist Stadtwasser und kann noch Spuren von Medikamenten und ähnlichem enthalten. Bei unseren nordeuropäischen Kunden kann ich damit nicht landen.« Aber würden die das überhaupt erfahren? »Darauf haben sie ein Recht«, entgegnet Vincent Looije. »Ich spreche da allerdings nur für unser Unternehmen.« Jetzt klingt er wie sein Bruder Jos: »Ich will, dass unsere Kunden alles wissen, was wir tun.«

Die Bewohner von Murcia verdanken ihre ersten Erfolge in der Landwirtschaft den Bewässerungswerken der Römer, erzählt Vincent Looije. »Dass Murcia heutzutage der Gemüsegarten Spaniens ist, geht allerdings auf die Mauren, die Araber, zurück.« Und in den 1960er Jahren machte sich General Franco um die Wasserversorgung von Murcia verdient, indem er die Flüsse Tajo und Segura durch einen Kanal verbinden ließ.

»Aber so einfach ist es nun auch wieder nicht«, relativiert Looije sofort. »Denn was ist passiert? Los Arejos liegt in einem kleinen Tal. Bis in die fünfziger Jahre hatte jeder Wasser, der sich ein Loch für einen Brunnen bohrte. Dann hat ein Großgrundbesitzer einen Brunnen gegraben, der nicht fünf oder fünfzehn, sondern zweihundert Meter tief war. Das gesamte Wasser aller Kleingärtner war innerhalb von ein paar Jahren verschwunden. Aber jetzt kommt's: Ein Mann aus Los Arejos, der im Kommunalrat saß, hat es geschafft, dass der Wasserklub von Águilas, eine Zwischenstation für das Flusswasser, eine Leitung nach

Vincent Looije bei seinen Gewächshäusern im spanischen Murcia

oben, zu unserem Dörfchen hier gelegt hat. Dank ihm können wir Tomaten anbauen. Dank ihm ist Los Arejos noch am Leben.«

Schon seit zwanzig Jahren baut Vincent Looije in Murcia spanische Tomaten an. Seine Gewächshäuser muten jedoch verräterisch holländisch an, auch wenn sie nicht aus Glas, sondern aus transparentem Hartplastik bestehen. Die Gärtnerei der Looije-Brüder passt nicht so recht ins gängige Bild des spanischen Tomatenanbaus. In der Gewächshauslandschaft Almerías dominieren flatternde Folien und nachlässig errichtete Metallgestänge. »Plastikgewächshäuser sind die beste Lösung für unsere Zucht hier«, erläutert Vincent Looije. »Ein Glashaus lohnt sich finanziell nicht. Das würde auch deshalb nichts bringen, weil gebrochene Scheiben sich hier nicht so leicht ersetzen lassen, wie in den Niederlanden.« Er erzählt, dass bis in die siebziger Jahre alle Tomaten hier in Spanien noch im Freien gewachsen sind. »Das Plastik hat die Existenzsicherheit vergrößert.«

Die ersten Exporttomaten kamen von den Kanaren. Die Spanier fanden sie zu klein, um sie selbst zu essen. Der große Erfolg des spanischen Tomatenexports war eine Folge der Entwicklung von starken

Hybridrassen und des Beitritts zur Europäischen Union im Jahr 1986. Almería ist als Anbauregion relativ jung. Vincent Looije: »Sogar dort wachsen Tomaten natürlicher als in den Niederlanden. Ich kann hier auf jede Menge Technik verzichten, die man im Westland braucht. Und weil die Produktion billiger ist, kann ich mich auf Tomaten überdurchschnittlicher Qualität konzentrieren, die mehr Geld bringen.« Aber so ganz natürlich baut er doch nicht an, fügt er hinzu: »Aus niederländischer Tradition betrachtet, produziere ich hier gegenläufig zur Saison.«

In Spanien ticken die Uhren anders. »In den nördlichen Gefilden Europas ist die Tomatensaison traditionell im Sommer. Im Süden dagegen ist gerade die ausgedehnte Wintersaison unsere Spitzenproduktionszeit, vom Spätsommer bis zum Frühling. Mehrere Ernten sind keine Ausnahme – bis zum Sommer, wenn es viel zu heiß wird.« Allerdings hat die belichtete Züchtung den Saisonunterschied inzwischen teilweise aufgehoben, auch bei den Looijes. Wie sein Bruder Jos produziert auch Vincent das ganze Jahr über. Dabei muss er sowohl gegen Hitze, als auch gegen Kälte kämpfen, ersteres mit Ventilation und Dampf, letzteres mit Propangas, »leider eine teure Energiequelle«.

Zusammen mit den Looijes bauen etwa acht spanische Firmen die Kirschtomate *Sarita* an. Jos Looije hat als Geschäftsführer für diese hier gut gedeihende Tomate in Spanien eine Kooperative gegründet. Das ist bemerkenswert, weil er in den Niederlanden gerade aus dem Erzeugerverein ausgestiegen ist. In Spanien läuft nun mal alles anders, und alleine war Looije Águilas zu klein für den Export geworden. Die *Saritas* findet man im teureren Supermarktsegment, aber vor allem in Fertigsalaten, zum Beispiel bei McDonald's.

»Vincent ist der wahre Tomatenexperte von uns beiden«, hatte Jos Looije gesagt. Vincent kann sich, zu seiner eigenen Freude, völlig dem Anbau widmen. Sein Herz schlägt für die physische Seite des Faches. »Ich bin hier zuhause und fühle mich sehr wohl«, sagt er. »Schon seit vielen Jahren bin ich mit einer katholischen Spanierin verheiratet. Dabei komme ich aus einer strengen Variante der niederländisch-reformierten Kirche und habe als Junge noch den Heidelberger Katechismus auswendig gelernt. Heute geht dieser Junge hinter einem Kruzifix her. Und das ist auch gut so.«

Zwischen Berg und Meer: Vincent Looijes Gewächshausanlage

Vincent Looije macht sich auf den Weg zum benachbarten Tomatenanbauer. Er besucht ihn gerne und regelmäßig. »In Spanien gibt es Züchter mit Flächen von einem bis 100 Hektar«, erzählt er unterwegs. »Abgesehen von Konzernen, die über 1000 Hektar besitzen, weil sie kleine Gärtnereien aufgekauft haben. Mein Nachbar steht mit etwa 1,5 Hektar am anderen Ende des Spektrums. Ich habe zwar das Siebenfache, aber auch bei mir gehen die Tomaten bei zwei Grad minus kaputt, wenn ich sie nicht beheize. Der Nachbar stellt den Anbau bei solcher Kälte einfach ein. Aber er kann trotzdem seine Familie ernähren. Nein, das stimmt eigentlich nicht. Seine Frau und Kinder arbeiten noch woanders und helfen im Gewächshaus mit.«

Es ist Anfang September. Im niedrigen Foliengewächshaus des Nachbarn ist es brütend heiß. Die ersten Tomaten sind reif: groß, rund und rot. Zusammen mit dem Schweiß der Männer trieft der wechselseitige Respekt von den Wänden. Sie plaudern über Kalkmangel und Phosphat, und Looije berät den Nachbarn bei dessen Problemen mit der Minierfliege, die in dessen ziemlich offenes Gewächshaus eingedrungen ist. Während er spricht, wenden sich Hände und Blick automatisch in Richtung der Pflanzen. Und da ist er auch schon beim Ausgeizen: Er zieht unerwünschte Seitentriebe aus den Gewächsen des Nachbarn.

»Ich schaue mit den Händen«, erklärt er später. »Und auch aus den Augenwinkeln ist der Blick immer auf die Pflanzen gerichtet. Ob eine Blüte schon bestäubt worden ist …« Aber zugleich denken der Nachbar und er im Gewächshaus über die großen Fragen des Lebens nach. »Wir entwickeln den Gartenbau für die Zukunft. So sehen wir beide das. Es ist eine schöne Arbeit, wirklich ein wundervolles Fachgebiet. Wir praktizieren es nicht, damit wir schnell reich werden. Man macht es für die nächsten Generationen. Das ist der Punkt.«

❧

Von einem Tag auf den anderen durften die Pferde das Stadtzentrum nicht mehr betreten. Die Bewohner von Rumäniens Nordwesten haben das bemerkt, als sie wie jede Woche zum Markt in Satu Mare (Sathmar) gezogen sind. Es hatte tagelang fast ununterbrochen geregnet.

Helle Sonne und lange Schatten
Rumänien zwischen Natur und neuen Zeiten

Nicht nur das Land, auch die Straßen der Stadt hatten sich in eine Schlammwüste verwandelt, in der die Kleintransporter mit ihren Handelswaren stecken blieben. Das Gebiet ist ein Ausläufer der ungarischen Tiefebene, der Puszta. Sogar die alte Synagoge war, des Wetters wegen, eingestürzt. Auch die junge Generation kam auf ihren neuen Sportschuhen nicht mehr voran. Die alten Pferdefuhrwerke dagegen hätten solche Umstände problemlos bewältigt. Aber sie durften nicht mehr. Plötzlich waren am Ortseingang die Wege zum Zentrum und zum Marktplatz für sie gesperrt worden. Die Polizei hielt sie an, es war kein Weiterkommen möglich.

Das war die Situation kurz nach 2007, dem Beitrittsjahr Rumäniens zur Europäischen Union. Die Behörden waren der Meinung, das Land sei jetzt im 21. Jahrhundert angekommen. Dazu gehörte der Abschied von überholten Traditionen. Pferdekarren passten nicht ins Zeitalter des Automobils und des Asphalts. Beides war in Satu Mare allerdings

Umgebung von Satu Mare, zur Zeit von Rumäniens EU-Beitritt

nur sparsam vorhanden. Und was sollte man mit all den ausgemusterten Pferden tun? Vielleicht an schlaue niederländische Händler verkaufen, die wissen, wie sie zu Rindfleisch verzaubert werden?

Im jungen EU-Mitgliedsland Rumänien sind so einige Traditionen ins Wanken geraten. Namentlich in der Landwirtschaft und beim Konsum wirft die westliche Marktwirtschaft ihre Schatten über das Land. Das Schicksal der rumänischen Tomate macht das deutlich. Rumänien war früher einer der größten Gemüseproduzenten Europas. Aber seit der Revolution von 1989 geht es mit der Ernte bergab. Die Landwirtschaft macht nur noch ein paar Prozent des rumänischen Brutto-Inlandsprodukts aus. Es gibt ländliche Regionen, in denen man fast kein frisches Gemüse mehr bekommt, wenn es keinen Supermarkt in der Nähe gibt. Es wird dort kaum noch angebaut. Trotzdem gibt es insgesamt immer noch eine ansehnliche Tomatenproduktion. Die Tomaten wachsen aber vor allem auf den zahllosen kleinen Hinterhöfen: nur in der Sommersaison und fast ausschließlich für den Eigenverbrauch. Auf dem Markt bringen diese einheimischen Tomaten kaum noch Geld.

Zucht   **147**

Die Niederlande produzieren mit 900 000 Tonnen jährlich etwa doppelt so viele Tomaten wie Rumänien. Der Anbau einer Tomate in den niederländischen Gewächshäusern ist sogar billiger als der im vermeintlich »billigen« Osteuropa. Und weil die letzten Reste der Überproduktion immer weiter weg verkauft werden müssen, landen die holländischen Tomaten eben auch in Rumänien. Obwohl Holland hundert Mal mehr Tomaten nach Deutschland exportiert als nach Rumänien, sind die Folgen hier viel gravierender. Der Export trägt zum Untergang der vielen kleinen rumänischen Bauern bei, die ihre wenigen, dazu anfälligen und schlecht transportierbaren Tomaten kaum noch loswerden. In Deutschland dagegen schadet die niederländische Exporttomate in dieser Hinsicht kaum, weil es dort selbst keinen nennenswerten Tomatenanbau gibt.

Aber es sind nicht nur die Tomaten und nicht nur die Niederlande: Für Rumänien wirkt sich der andauernde Strom von Frischgemüse aus ganz Westeuropa (einschließlich Spanien) und der Türkei katastrophal auf die eigene Agrarproduktion aus. Diese Produkte sind selbst in der Sommersaison oft billiger als vergleichbare rumänische Waren – auch auf dem Wochenmarkt. Dazu sind sie, trotz des ungleich längeren Transports, oft frischer als diese.

Wie der untergegangene Kommunismus folgt auch der Kapitalismus einer rationalisierten Produktionsstruktur. Die rumänische Tomate von heute fiel, als schlecht haltbares Saisonprodukt, in das Loch zwischen beiden Ideologien. Als Rumänien noch eine zentral geführte Planwirtschaft hatte, also bis zur Revolution von 1989, sah es auf dem Tomatenmarkt ganz anders aus. Ceausescus Diktatur konnte auf eine erstaunlich große Menge niederländischer Gartenbautechnologie zurückgreifen – eine verschwiegene Geschichte. Der Sohn eines rumänischen Agraringenieurs, aufgewachsen in einem der großen landwirtschaftlichen Kollektive, dessen Direktor sein Vater von 1980 bis 1990 war, hat erzählt, dass dort »Wasserbomben« in Glashäusern niederländischer Herkunft angebaut wurden. Diese Kolchos-Tomaten wurden jedoch nicht gegessen, sondern in die Sowjetunion exportiert, fügt er augenzwinkernd hinzu.

Der niederländische Glasgemüsezüchter Piet Duijndam erinnert sich noch gut daran, dass seine Bekannten im Westland Gewächshäuser »für die Kommunisten« bauten. »In den sechziger Jahren«, erzählt Duijndam, »hatten wir sogar Angst, dass die Tomaten aus dem Ostblock, hergestellt mit unserer Technologie und aus unserem Saatgut, irgendwann wie ein Bumerang zurück in die Niederlande kommen würden, um uns dann als billige rumänische Tomaten Konkurrenz zu machen.« Es kam genau anders herum: Neben Gewächshäusern und Saat reisen heute auch noch die frischen Tomaten aus Holland in Richtung Rumänien.

Piet Duijndam war in den Neunzigern im Rahmen eines halb idealistischen, halb kommerziellen Projekts in Rumänien unterwegs. Zuhause im Westland erzählt er von einer verschwindenden Infrastruktur. Es ist eine Geschichte, wie sie über den ganzen ehemaligen Ostblock erzählt werden kann. »Ich war in Arad um zu schauen, was die Eigentümer – vor allem ehemalige Staatsbetriebsdirektoren – noch mit ihren veralteten Glashäusern anfangen konnten. Diese Anlage war nach 1989 privatisiert worden. Der Ertrag war um 1995 nur noch minimal. Die Einteilung war so, dass man dort mit neuen Maschinen gar nicht durch kam. Überall lagen Heizungsrohre im Weg. Etwas dermaßen aus der Zeit Gefallenes hatte ich noch nie gesehen. Aber irgendwie funktionierten diese Gewächshäuser immer noch.«

Duijndam war gebeten worden, den Betrieb zu optimieren. »Ich habe zwei Haushaltspläne aufgestellt: einen um die Produktionskapazität für Tomaten und Gurken in der existierenden Anlage zu verbessern, und nebenbei ein Budget für Neubauten, falls der alte Kram abgebrochen werden würde.« Letzteres hätte einen ungleich größeren Ertrag eingebracht. »Aber dazu fehlten dem Eigentümer die finanziellen Möglichkeiten.«

Einige Jahre später hat der Betrieb noch versucht, europäische Subventionen für neue Gewächshäuser zu bekommen, fügt Duijndam hinzu. Das geschah, nachdem einige der jungen Mitarbeiter sich in Holland in modernem Anbau hatten weiterbilden lassen. »Doch der EU-Topf für Regionale Entwicklung in Rumänien war damals schon ausgeschöpft. Den großen Schritt Richtung Modernisierung hat das Unternehmen nie machen können. Schade, denn die Nachfrage nach Tomaten hatte in Großstädten wie Arad damals schon sehr zugenommen.«

Die Erzeuger waren in einer Abwärtsspirale gefangen. Die existierende Anlage ächzte unter den exorbitant gestiegenen Energiekosten und verschlang so immer mehr Geld, das für effizientere Neubauten nötig gewesen wäre. Aus allem, was Duijndam erfahren hat, ist sein Fazit: »Man muss, als Rumäne, wirklich genial sein und alles Glück der Welt haben, um auf dem europäischen Markt für Frischgemüse einen Fuß in die Tür zu bekommen.«

Rumänische, niederländische und EU-Experten sind sich einig: Der einzige Ausweg für die rumänische Tomatenproduktion ist der Weg in die Supermärkte und Discounter. Dazu muss sie eine Hightech-Massenware werden, die resistenter gegen Krankheiten ist und eine uniforme Qualität hat. Und dazu braucht man moderne Glasgewächshäuser. Einige kapitalkräftige italienische Firmen haben dieses Konzept gut verstanden: Genauso wie sie heute Äpfel in Brandenburg anbauen, produzieren sie Tomaten in Rumänien. Es gibt aber inzwischen auch ein paar erfolgreiche Erzeugervereine in rumänischen Händen. Die angeschlossenen Bauern haben sich zu spezialisierten Gärtnern entwickelt.

Aber viel ist es insgesamt noch nicht. Das Land braucht wenigstens das Fünffache an perfekt funktionierenden, innovativen Gewächshäusern, um allein die inländische Nachfrage nach Tomaten zu befriedigen. Die Rumänen essen nämlich immer mehr davon. Oder besser gesagt, sie möchten heute das ganze Jahr über Tomaten essen, und nicht nur in der Freilandsaison. Das ist ein Effekt der Importtomaten.

Die Medien geben sich unterdessen Mühe, die Verbraucher patriotischer zu stimmen. So wurde das Märchen verbreitet, niederländische Tomaten seien vergiftet und voller Wachstumshormone. 2012 sickerte allerdings auch ein Bericht des Präsidenten einer rumänischen Agrarorganisation durch, der sich besorgt zeigte über den unprofessionell hohen Verbrauch an Pestiziden im Land. Er zielte damit auf die schlecht informierten Kleinbauern, die alles Mögliche auf dem Hof anbauen, von Sonnenblumen bis Tomaten.

Für europäische Tomatenzüchter und Exporthändler ist es immerhin eine gute Nachricht, dass es – wenn auch in einem entfernten Winkel der EU – wenigstens noch ein Land gibt, in dem man immer mehr Tomaten essen möchte. Das ist ein Land, wo die Menschen in drei Jahrhunderten zugleich leben, mit den Pferdefuhrwerken aus dem 19. Jahrhundert und den Handys von heute. Deswegen schaffen es diese Menschen, zu überleben. Nachbarn in der Stadt tauschen die Walnüsse

Rumänische Tomaten auf einem Markt in Sibiu (Hermannstadt)

der einen Mutter vom Dorf gegen die Tomaten einer anderen Familie vom anderen Dorf. Die Saisontomaten, die in finanzieller Hinsicht nichts mehr wert sind, werden von der Großmutter oder von anderen Verwandten eingelegt wie früher und beweisen so ihren wirklichen Wert – auch in der Stadt, den ganzen Winter lang.

»Angst im Treibhaus«: Das wäre ein schöner Titel für einen Thriller. Es ist aber nur die Schlagzeile einer Geschichte über das Westland in der Wochenzeitung *Die Zeit.*

Des Gärtners Leid
Deutschland–Niederlande 1:1?

Darin ist Folgendes zu lesen: »Gerade im Westland, dem Gartenbaudreieck südlich von Den Haag, sind die Aussichten düster. Glashaus reiht sich hier an Glashaus, die properen Wohnhäuser mit ihren bunten Gärten deuten auf einen gewissen Wohlstand. Die kleinen

Familienbetriebe überwiegen, die Anbaufläche pro Betrieb liegt kaum über einem Hektar. Hier wird fast ausschließlich für den Export produziert – und die Angst geht um. Jeder fünfte Gartenbauer ist in seiner Existenz bedroht.«

Was löst diese Angst aus? »Der europäische Gemüsemarkt ist total gesättigt, und das Angebot wächst immer weiter«, so *Die Zeit*. Diese Analyse ist höchst aktuell. Lediglich die genannte Anbaufläche weist darauf hin, dass der Artikel vor längerer Zeit geschrieben worden ist. Er stammt aus dem Jahr 1995. Zwanzig Jahre später ist ein Tomatenbetrieb in den Niederlanden durchschnittlich fast sechs Hektar groß, wobei selbst fünfzig Hektar keine Ausnahme mehr sind. Es gibt 2016 weniger als dreihundert solcher Unternehmen; jedes Jahr werden es weniger, dafür sind die verbliebenen umso größer. Und sie brechen trotz Wirtschaftskrisen, schlechten Wetters und zunehmender ausländischer Konkurrenz immer wieder alle Produktionsrekorde.

Auch am 7. August 2014 ging die Angst um in der niederländischen »Treibhauswelt«. An diesem Tag erließ der russische Präsident Wladimir Putin einen Ukas, mit dem er sein Land zum verbotenen Gebiet für Agrarprodukte aus dem Westen erklärte. Dieser Importstopp, der speziell auch Obst und Gemüse aus der EU betrifft, war als Vergeltung für die Sanktionen des Westen gegen die Russische Föderation gedacht, wegen ihres Tatendrangs in der Ukraine. In der niederländischen Öffentlichkeit gab es sofort eine noch nie dagewesene Welle der Solidarität, namentlich mit den Tomaten-Erzeugern. Die Gartenbaulobby schwang sich medienwirksam zur Hüterin der unschuldigen Tomaten und zugleich zur Wahrerin des niederländischen Exports auf. Das Forschungsinstitut LEI an der Wageninger Universität leistete Schützenhilfe, indem es Milliardenverluste für den Gartenbausektor prophezeite. Großer Alarm! Fonds von Staat und Banken stellten 200 Millionen Euro an Darlehen und Steuervorteilen bereit und die Regierung bat Brüssel, ähnliches zu tun.

Eigentlich ist Russland als Absatzmarkt für niederländische Tomaten fast so unbedeutend wie Rumänien. Allerdings hoffen viele, dass sich in der Zukunft ein Teil der Überproduktion an die riesige Nation verkaufen lassen wird. Wie auch immer, die vorhergesagten Dumpingpreise und der damit einhergehende Ruin der Züchter blieben aus.

Ganz im Gegenteil, die Tomatenpreise stiegen noch im August 2014 auf ein Niveau, das monatelang nicht erreicht worden war.

Ein paar kühlere Wochen mit einer geringeren Tomatenernte als üblich wirkten sich stärker auf den Preis aus als der russische Handelsboykott. Medien und Regierung, Lobby und Wissenschaft schwiegen dazu einstimmig. Ihr Katastrophendrehbuch hallte noch lang nach. Vier Monate später kam das LEI zu der Schlussfolgerung, dass es keine Belege für einen negativen Effekt des Boykotts auf den Tomatenmarkt gab. Die eigenen falschen, fast hysterischen Vorhersagen wurden mit keinem Wort erwähnt. Wissenschaftliche Objektivität steht im »Goldenen Dreieck der Agrarpolitik« von Regierung, Wissenschaft und Wirtschaft nicht hoch im Kurs. In manchen Forschungsberichten des LEI taucht sogar das Wort »wir« auf, wenn die Niederlande gemeint sind.

Die niederländischen Tomatenanbauer hatten, so bezifferte es das LEI im Nachhinein, 2014 kein schlechteres Jahr als 2013, einem Jahr noch ohne Boykott. Selbst die erwartete Konkurrenz zum Beispiel polnischer Tomaten, die ebenfalls nicht mehr nach Russland geliefert werden konnten, hatte den niederländischen Export nicht negativ beeinflusst. Ein Jahr später, im Dezember 2015, berichtete das LEI von Rekordverdiensten der Tomatenzüchter. Obwohl der russische Boykott nun zum ersten Mal ein volles Kalenderjahr betraf, hatten sie das Doppelte verdient wie 2014. Auch 2016 ist für die niederländischen Tomatenzüchter ein sehr gutes Jahr geworden, so das LEI, das nun Wageningen Economic Research (WER) heißt. Die Renditen steigen schneller als die Kosten. Die Konkurrenten, die im Winter vor allem aus dem Nahen Osten kommen, sind teilweise weg vom Markt, weil Putin ihre Tomaten braucht. Zudem erweisen sich die immer größer werdenden niederländischen Unternehmen als relativ stabil.

Wladimir Putin als Schreckgespenst: Das kommt gut an. Aber eigentlich geht es hier um den Schrecken der Überproduktion. An sich müssten die niederländischen Tomatenzüchter nicht jedes Jahr mehr produzieren. Aber Wachsen ist Überleben. Der größte niederländische Gartenbaufinanzier, die Rabobank, gewährt nicht jedermann Kredit, sondern entscheidet auf Grund darwinistischer, manchmal geheimnisvoller Spielregeln. So wanderte Sandor Kosdi auch deswegen nach

Ungarn aus, weil sein Bruder in den Niederlanden mit seinem riesigen Gurkengewächshaus »vor allem für die Bank arbeitet«.

Die Niederländer bringen nicht nur immer größere Mengen von Tomaten, sondern auch immer mehr Sorten auf den Markt. Das ist anders bei Paprika und vor allem bei Gurken, die eher als Einheitsprodukte gehandelt werden. Nur nutzt der Handel das vermehrte Angebot an – auch exklusiven – Tomatensorten nicht ausreichend, wie manch kritischer Beobachter der Branche betont. Die Devise lautet wie früher: So viel Tomaten wie möglich ins Ausland, namentlich nach Deutschland und England, verkaufen. Bei allen anderen Waren bestimmt die Nachfrage das Angebot – aber nicht bei Tomaten.

In Deutschland sieht das anders aus, betont Jörg Werner von Rijk Zwaan, der sich so gut wie wenige Deutsche auf dem europäischen Gemüsemarkt auskennt. »Der deutsche Unternehmer ist konservativ. Er geht erst dann für einen Kredit zur Bank, wenn er nachgeforscht hat, ob es Verbraucher gibt, die seine Tomaten haben wollen. Sonst wäre das Risiko zu groß.« Werner betrachtet die Strategie, oder eben den Strategiemangel, der Niederländer als eine Sackgasse. »Die Deutschen und die Engländer essen trotz des Überangebots keine einzige Tomate extra.« Welches Elend auf den Sektor zukommen könnte, falls Großbritannien als Folge des Brexits erneut Zölle erheben oder falls Deutschland wesentlich autarker im Tomatenanbau würde, kann man sich leicht ausmalen.

Letzteres wird allerdings nicht passieren, so Werner. »Wir haben in Deutschland eine Selbstversorgung in Tomaten von durchschnittlich zehn Prozent, im Sommer mehr, und im Winter weniger. Im Sommer könnte sich die Quote noch verdoppeln, aber viel mehr als das wird nicht funktionieren.« Wieso denn nicht? »Der Discounter will immer das Billigste haben, egal woher. Und die Niederländer, wie auch die Spanier, können nun mal viel billiger produzieren als die Deutschen.«

Zwanzig Jahre lang hat der niederländische Glasgartenbau-Sektor politische Analysen, wissenschaftliche Forschungen, McKinsey-Beratungen und Erzeugerversammlungen über sich ergehen lassen, um aus der Spirale von mehr, also billiger, also noch mehr und noch billiger herauszukommen. Alle Bemühungen haben letztlich nur zu einer enge-

Neue Gewächshäuser ohne Spitzdach im niederländischen Westland

ren Zusammenarbeit innerhalb der immer kleiner werdenden Gruppe von groß verdienenden Tomatenanbauern geführt – und zu noch mehr Tomaten. Nur wer es wagt, sich dem Einfluss der Erzeugerkooperationen zu entziehen, und stattdessen die Nachfrage nach seinen Tomaten in den Mittelpunkt stellt – wie zum Beispiel Jos Looije –, dem kann die erforderliche Kehrtwende gelingen. Er wird dann allerdings mit dem Entzug von EU-Subventionen bestraft. Weniger zu produzieren ist dem Metier aber wesensfremd. Sogar der Betrieb des Einzelgängers Looije wächst immerzu.

»Das Problem ist, dass in den Niederlanden zu viele Leute an der Tomate zu viel Geld verdienen«, kommentiert Jörg Werner. »Eine Tomate wird vom einen zum nächsten dieser Mega-Handelshäuser verkauft. Je mehr Tomaten produziert werden, umso mehr Geld bleibt dort hängen. Deswegen machen sie Druck auf die Produktion und auf die Preise. Das Geld wird dem Gärtner und dem Konsumenten weggenommen.« Eine solche Händlerkaste gibt es nur in den Niederlanden, fährt Werner fort. Er hat zwar Respekt für ihre Findigkeit. »Die Exporteure zum Beispiel sind unglaublich international, sie kaufen und verkaufen überall. Aber sie bilden keine Einheit mit den Gärtnern.«

Jörg Werner spricht noch einen wesentlichen Unterschied zwischen dem Gartenbau in den Niederlanden und anderswo an. Das hat mit dem schon erwähnten Risiko zu tun. »Wenn ich in Deutschland ein Gewächshaus baue, muss ich zu einer normalen Geschäftsbank. Die prüft mein Konzept kritisch. Aber in Holland kann ich über spezialisierte Banken wie Rabo bis zu 100 Prozent Finanzierung bekommen.« Das gilt allerdings nur für die großen und innovativen Unternehmen. Wenn man zu diesem Kreis gehört, kommt man in den Niederlanden billiger an Kapital als im ganzen Rest der Welt. »Dort hat ein Tomatenbetrieb zwischen fünf und zehn Prozent Eigenkapital. In Deutschland zwischen 70 und 80 Prozent. Ja, so groß ist der Unterschied. Mit weniger Eigenkapital kann der Deutsche sofort wieder nach Hause gehen.«

Dieses Gespräch fand schon vor einigen Jahren statt. Damals waren die Banken, wie gesagt, sehr selektiv. Heute sind sie wieder zuversichtlicher, ihr Geld reichlich zurückverdienen zu können. Die Zukunft ist sonnig, bestätigt die Rabobank im April 2017. Auch die Tomatenzüchter sind nach sieben relativ mageren Jahren voller Krisen und Ehec-Katastrophen optimistisch. Nach langem Stillstand lassen sie wieder viele neue, noch größere Gewächshäuser bauen. Sie werden freilich von den Banken weiterhin in das Konzept einer profitablen Produktion gezwungen, um zügig ihre Kredite abzuzahlen.

Die Ausweitung der Produktionsfläche bringt zugleich neue Spannungen auf den Markt. Werden die Tomatenpreise stabil bleiben? In Deutschland spielt diese Angst eine geringere Rolle, so Werner. »Wenn es Preisschwankungen gibt, können die deutschen Erzeuger mit ihrem Eigenkapital viel länger durchhalten.« Das gilt umso mehr, weil sie bessere Preise für ihre Tomaten bekommen, etwa 30 Prozent mehr als Importtomaten einbringen. Zwar haben die Niederlande die günstigere Energie und das bessere Licht, aber, so Werner, »auf lange Sicht werden die deutschen Gärtner gewinnen«. Nicht beim Export, wohlgemerkt, sondern beim Überleben in der Branche.

Das niederländische Gartenbausystem gleicht einer riesigen Seifenblase. In gewisser Hinsicht wird hier »mit Wind gehandelt«, so wie im 17. Jahrhundert, als die Tulpenzwiebel zum Objekt der ersten weltweiten Welle von Geldspekulation wurde. Am Ende kam es zum Crash und Tulpen waren nichts mehr wert. Heutzutage verdoppelt sich die niederländische Tomatenproduktion alle 15 Jahre. »Und deswegen schickt ihr die Überproduktion an die Ränder Europas«, konstatiert Werner. »Es ist so absurd: Deutschland produziert die besten und teuersten Autos, Frankreich die besten und teuersten Weine, und die Niederlanden die besten, aber billigsten Tomaten der Welt.«

Fazit: Die Niederlande machen ihr Hightech-Produkt Tomate zur Wegwerfware, damit es über die gehandelte Menge noch etwas einbringt. Jörg Werner kennt ebenso wenig wie McKinsey oder die Erzeugervereine eine kurzfristige Lösung: »Dazu müssen erst noch viele niederländische Gärtner pleitegehen. Und auch spanische Gärtner, denn alles was ich über Holland sage, gilt auch für Spanien. Und teilweise auch für Marokko und Italien.«

Der Manager des Samenveredlers Rijk Zwaan holt tief Luft. »Von mir aus könnten 80 Prozent aller holländischen Gärtner morgen früh aufhören. Ich spreche oft genug mit ihnen. Zu allen sage ich: ›Bitte, bitte, produziert nicht noch mehr Tomaten in den Niederlanden. Nehmt euer Geld und euer Know-how, zieht in die Ukraine, nach Rumänien, Russland, Indien, und baut dort eure Gewächshäuser auf.‹ Das wäre für jeden und alles das Beste.« Für das Geschäft von Rijk Zwaan würde das überhaupt nichts ändern, betont er. Darum geht es ihm nicht. »Aber man würde in Rumänien und anderswo das Land mit aufbauen, Arbeitsplätze schaffen, auf Hightech-Niveau und kostengünstig zugleich produzieren und kurze Transportwege haben. All das würde aus Holland den Druck rausnehmen. Warum ist die deutsche Autoindustrie so erfolgreich? Weil sie in der ganzen Welt vertreten ist.«

Jörg Werner bekommt Feuer in die Augen. »Es ist irgendwie ein Wahnsinn. Ich fahre als Niederländer meine Tomaten 1 500, 2 000 Kilometer durch die Welt, obwohl ich sie auch dort am Zielort anbauen könnte.« Wieso machen die Erzeuger das denn so selten? »Ich habe mich das auch gefragt. Und mittlerweile sehe ich eigentlich nur einen Grund, der auch in holländischen Handelskreisen genannt wird: Der Westland-Gärtner will am Freitagabend in seine Westland-Kneipe gehen.« Aber reisen die Niederländer traditionell nicht gerne um die Welt? »Nicht die Gärtner. Das sind sesshafte Protestanten.«

Marktforschung
Sorten und Maße

Offiziell gibt es in der EU vier Typen von Tomaten: runde Tomaten, Fleischtomaten, Cherry- oder Kirschtomaten und Datteltomaten. Schon ein Kind
kann erkennen, dass diese Kategorien einander nicht ausschließen. Deshalb
gibt es für jede dieser Sorten eine minimale und eine maximale Größe. Aber
selbst dann braucht es Gewalt, um alle Tomaten genau in einer der Kategorien unterzubringen. Ist zum Beispiel die längliche *San Marzano* eine Dat-
teltomate? Oder eine Fleischtomate? Können Fleischtomaten auch gerippt
sein, wie zum Beispiel das *Ochsenherz*? Laut Klassifikation der Vereinten Nationen, die 2008 nach siebenjähriger Debatte festgelegt wurde, gibt es für
Tomaten die Standardformen rund, gerippt, länglich sowie kirsch/cocktail.

In Deutschland und in den Niederlanden bekommt man die *San Marzanos* nicht oft. Das Berliner Frische Paradies hatte sie mal einen Sommer
lang im Angebot, sogar zu bezahlbaren Preisen. Das war einem speziellen
Deal mit einem italienischen Produzenten zu verdanken. Die *San Marzano* hat
eine angenehm fleischige, etwas trockene Struktur, ist aber nichtsdestotrotz
schlecht transportierbar. In niederländischen Gewächshäusern gedeiht sie
offenbar nicht so gut, sonst würde sie dort bestimmt angebaut werden. Aber
wäre das überhaupt erlaubt? *San Marzano* ist nämlich eine geschützte Ur-
sprungsbezeichnung, dokumentiert durch das D.O.P.-Siegel (*Denominazione
Origine Protetta*). Ein solches Produkt darf nur in einem festumschriebenen
Produktionsgebiet nach ganz bestimmten Regeln hergestellt werden. Merkwürdig ist, dass es daneben D.O.P.-freie *San Marzanos* gibt, die von überall
her kommen können.

Die Mini-Variante der *Marzanos* gedeiht im Gewächshaus besser, was
aber nicht heißt, dass sie immer so gut schmeckt, wie sie aussieht. Niederländische *Mini-San Marzanos* gibt es in ganz Europa, und sie kosten oft
volle zehn Euro das Kilo. Es gibt auch belgische und französische. Bisweilen
sind diese Minis gerippt, was eigentlich weniger zu der glatten *Marzano*-
Haut passt. Manchmal werden sie an Rispen verkauft und fallen prompt ab,
wenn man die Packung öffnet. Wenn darauf groß »Sizilien« steht, bedeutet
das nur »ursprünglich, früher einmal«. Auf der Rückseite steht dann das
wahre Produktionsland, das gewöhnlich viel näher liegt.

So wie die *San Marzano* nach Italien »riecht«, weist die *Coeur de Boeuf* nach Frankreich. Das hübsche große, gerippte »Ochsenherz« wird indessen aber genauso gut in Italien und Belgien produziert, und ab und zu in den Niederlanden. Die flämischen und niederländischen *Ochsenherzen* sind regelmäßig blass, mehlig und geschmacklos, und auch die italienischen sind nicht immer spitze. In Wien konnte man in der einen Frühlingswoche *Coeur de Boeufs* aus Italien kaufen, und in der nächsten Woche beim gleichen Supermarkt solche aus den Niederlanden – für den gleichen Preis (3,99 Euro pro Kilo). Die Herkunftsangaben können gestimmt haben, aber wahrscheinlicher ist, dass eine von ihnen falsch war. Welche, war am zweifelhaften Geschmack der Tomaten nicht zu erkennen.

Wie komisch mit dem Phänomen »Tomatensorten« umgegangen wird, lässt sich an den Rezepten in den Supermarkt-Prospekten beobachten. Oft ist die Rede von Rispen- oder Strauchtomaten, als sei das eine eigene Sorte. »Halbiere zwei Packungen Cherrytomaten am Strauch«, heißt es in einem Rezept für Cherrytomaten mit Bohnen. Was immer man versucht – die Packungen zu halbieren, oder die Rispen, oder die Tomaten –, das Rezept wird nicht besser. (Auf keinen Fall sollte man jedoch den Strauch essen). Beim nächsten Gericht, Rispentomate mit Zucchini, wird nicht erklärt, wieso eigentlich Rispentomaten benutzt werden sollen. Im folgenden Rezept, mit Mozzarella, sollen unbedingt *Tasty Tom*-Tomaten verwendet werden. Das ist gar keine Sorte, sondern eine Marke.

Braucht man für jedes Gericht wirklich besondere Tomaten? Natürlich nicht. Es ist nur ein durchsichtiger Trick, um auf das ganze Ladensortiment aufmerksam zu machen.

Schaden

Im Internet kursieren mehr Einträge zum Begriff »nachhaltig«, als es Einwohner von Bayern gibt. Kein Unternehmen scheint heutzutage noch ohne Nachhaltigkeit auszukommen – wenigstens auf dem Papier.

Die verbrauchte Phrase »Nachhaltigkeit«
Peinliche Wahrheiten aus Wien

Ob Rentenversicherungen, Stromanbieter, Autohersteller oder Fluggesellschaften: alle beteuern, wie nachhaltig sie handeln. Auch der Chemieriese Bayer beschwört: »Nachhaltigkeit: Teil unserer Unternehmensstrategie«. Da der Begriff gesetzlich nicht geschützt ist, muss man allerdings immer mit »Grünfärberei« rechnen. Der Unilever-Konzern, der weltweit einen Umsatz von 53 Milliarden Euro macht (2015), wird überall für seine nachhaltigen Ansichten gelobt. Da macht es auch nichts, wenn irgendwo mal etwas bei den sozial gerechten Arbeitsbedingungen schief geht. Oder wenn die Kosmetikmarke Dove als »nachhaltig« beworben wird, weil sie nach Ansicht von Unilever Frauen selbstsicherer macht.

Aber wann ist eine Tomate nachhaltig? Sie sollte möglichst umweltfreundlich, Ressourcen schonend und unter menschenwürdigen Arbeitsbedingungen produziert, transportiert, vermarktet und verbraucht werden. Sogar der Tierschutz kann bei der Tomatenproduktion eine Rolle spielen, wie im Fall des Wales, der an der Küste der spanischen Folienlandschaft Almería angespült wurde: Das Tier war an 17 Kilogramm Plastikfolie erstickt. Ein regionales Forschungszentrum hat ausgerechnet, dass in Almería jährlich 450 Millionen Kilogramm, also 450 000 Tonnen, Gewächshausfolie ins Meer gespült werden.

Über den Energieverbrauch von Tomaten-»Treibhäusern« wurde weiter oben schon einiges gesagt. Hier wird nun in einem größeren Zusammenhang auf den Schaden geschaut, den die Tomate der Welt zufügt. Bevor das Wort »Nachhaltigkeit« sich inflatorisch verbreitet hat, sprach man eher vom »ökologischen Fußabdruck«. Ein Deutscher oder Österreicher, der Gewächshaustomaten isst, lebt in dieser Hinsicht auf ziemlich großem Fuß. Er hinterlässt seinen Abdruck, also den Schaden, nämlich auch dort, wo diese Tomaten produziert werden. Oft betrifft das sogar mehrere Länder, denn die benötigten Grundstoffe für das Gewächshaus, der Dünger, die Nährlösung, die Steinwolle oder die Software, können von überall her kommen.

Es hat bislang nur unbefriedigende Versuche gegeben, diesen Schaden mit Hilfe einer einzigen Zahl, am liebsten in einem Größenmaß, darzustellen. Denn jeder Mensch sollte wissen, so der Gedanke, wie groß sein individueller Fußabdruck ist, also wie viele Ressourcen er verbraucht, und wo. Die Deutschen tun das zum Beispiel teilweise in den Niederlanden: Ohne deutsche Konsumenten gäbe es nämlich nur halb so viel holländischen Tomatenanbau.

Was die Verschmutzung von Luft, Wasser und Boden angeht, sind die Niederlande, laut Stiftung Natuur & Milieu, Europameister. Dieser unschöne Fußabdruck wird vor allem von der Agrarexport-Industrie im weitesten Sinne verursacht: Die Stichwörter sind Fleisch, Blumen und Tomaten. 9 000 Hektar Gewächshaus-Fläche werden nahezu komplett mit fossiler Energie bewirtschaftet. Die hohen Emissionen des Treibhausgases CO_2 und die geringe Bedeutung der erneuerbaren Energien, die diesen Ausstoß verringern sollen, verdeutlichen die Situation. Mit einem Anteil der erneuerbaren Energien von fünf Prozent am gesamten Energieverbrauch gehörten die Niederlande laut Climate Change Performance Index 2016 zu den Schlusslichtern in der EU. Aktuell sind es fast sechs Prozent, aber das spricht nicht gerade für eine Kehrtwende.

Auch Deutschland liegt unter dem EU-Durchschnitt von 15 Prozent; Stichwort (Braun-)Kohle. Österreich liegt dagegen weit vorn, dank seiner Wasserkraft. Für so etwas fehlen in Holland die Berge. Immerhin gibt es dort genug Wind – aber eben auch den fossilen Brennstoff Erdgas, jedenfalls noch. Wenigstens 200 Milliarden Euro

Provisorische Entwässerung von niederländischen Gewächshäusern

an Energiekosten wurden in den Niederlanden durch die eigenen Gas-vorkommen schon gespart.

Das Erdgas ist schuld daran, dass der CO_2-Ausstoss die Achilles-ferse der niederländischen Tomate bleibt. Die Umweltorganisation Germanwatch spricht von einer »sehr schlechten Performance«. Die Bundesrepublik Deutschland schneidet bei den CO_2-Emissionen pro Kopf aber noch schlechter ab, und dabei zählt der Fußabdruck, den die Deutschen im Ausland hinterlassen, noch nicht einmal mit. Auch Ös-terreich stößt pro Einwohner mehr CO_2 aus als der EU-Durchschnitt. Betont sei nochmals, dass auch Rest- und Fernwärme nicht klimaneut-ral sind. Die Nutzung CO_2 (das die Tomaten besser wachsen lässt) und Restwärme aus Kraftwerken und von anderen gas- und kohlebasierten Energieerzeugern drängt die fossile Energieversorgung nicht zurück. Es verschafft den Nutzern allenfalls einen grünen Persilschein.

Viele Österreicher und Deutsche fühlen sich von den Schäden an Klima und Natur bedroht. Das heißt aber nicht, dass sie ihr eigenes Verhalten daran ausrichten würden. »Deutschland – Land der Umweltheuchler«, titelte die *Süddeutsche Zeitung* im April 2017. Wer wenigstens im Prinzip sein Leben und seine Konsumgewohnheiten nachhaltiger gestalten möchte, glaubt in der Regel, dass Produkte aus der heimischen Region dafür die beste Lösung sind. Warum? Weil man das überall lesen kann. Das klingt dann etwa so wie 2014 in der *Berliner Zeitung*: »Lebensmittel von regionalen Erzeugern sind fast immer umweltschonender als zum Beispiel Produkte aus Übersee.« In den Medien tauchen dabei oft Worte auf, die irgendwie auf Nachhaltigkeit hinzuweisen scheinen: »Reife«, »Vertrauen«, »Gesundheit« oder »Freiland«.

Nun sind Obstgärten und Freilandgemüse das eine, aber Tomaten (und Paprika und Gurken) aus Gewächshäusern etwas anderes. Werden also bayerische oder österreichische Tomaten wesentlich nachhaltiger produziert als ihre niederländischen oder spanischen Schwestern – vorausgesetzt, dass sie nicht nur regional produziert werden, sondern auch vor Ort gegessen?

Erste Antworten findet man im bayerischen Knoblauchsland. Das große Gemüseanbaugebiet nördlich von Nürnberg wirbt gern mit den Vorteilen seines Regionalgemüses. Die fränkischen Tomaten gelten als nachhaltig, weil sie nicht aus der Ferne hertransportiert werden müssen und daher »exakt zu dem Zeitpunkt, an dem sie vollständig ausgereift sind«, geerntet werden können. Man hört das nicht nur hier: Die heimischen Tomaten können reif geerntet werden. »Können«, tatsächlich. Auf der Website des Bayerischen Rundfunks findet man unter »Knoblauchsland« ein Farbfoto, aufgenommen in einem der dortigen Gewächshäuser: Pappkisten voller Tomaten, die eher grün als rot sind. Sie wurden offensichtlich unreifer geerntet, als es heutzutage im Westen des Kontinents üblich ist. In Spanien, den Niederlanden oder auch in Belgien werden durchweg gut haltbare Sorten angebaut, die man deswegen reifer ernten kann als noch vor 20 Jahren. Und eine raffinierte logistische Infrastruktur macht den Transport zu den deutschen, österreichischen oder auch englischen Verbrauchern sehr schnell.

Das heißt, wenigstens bis zur deutschen Grenze. Ein niederländischer Händler hat sich mal beschwert, wie unmöglich es ist, eine Lieferung Tomaten schnell von Stuttgart nach München zu bekommen. Der Transport auf dieser Strecke dauert sogar länger als der von Den

Haag nach Stuttgart – und das nicht wegen des Verkehrsstaus, sondern wegen allerlei bürokratischer Hürden.

Und wie steht es um die Effizienz im fränkischen Gewächshaus? Der Text zum Foto aus dem Knoblauchsland lautet: »Arbeiterinnen in einem modernen Gewächshaus: Gemüseproduktion im Gewächshaus ist heute eine hoch technisierte Angelegenheit und ein Ganzjahresjob.« Wenn letzteres stimmt, werden die Pflanzen dort beleuchtet – weniger nachhaltig geht kaum. Aber vielleicht sind auch nur acht Monate Anbauzeit gemeint; dazu reicht das Beheizen der Gewächshäuser aus. Auch dafür wird (meist aus Gas erzeugte) Energie benötigt, was in der Knoblauchsland-Werbung allerdings eher verheimlicht wird, der Nachhaltigkeit wegen.

Auf dem Bild sieht man auch, dass die Pflanzen auf Substrat statt Erde wachsen. Also, alles ganz modern … bis auf die Arbeiterinnen! Die Frauen sind gekleidet, als ob sie 1950 auf dem Land arbeiten würden: völlig ungeschützt, in Schürzen, mit frei hängenden Haaren. So unhygienische Verhältnisse findet man in den Niederlanden bei einer derartigen Hightech-Produktionsweise nur noch selten vor. Dort arbeitet man gewöhnlich wenigstens mit Plastikhauben, oft sogar in voller Schutzkleidung, denn in einer großflächigen Tomaten-Monokultur drohen sonst rasch Pflanzeninfektionen. Und die müssen dann wieder chemisch bekämpft werden …

Seit Jahren tobt im Knoblauchsland ein Streit, über den unter anderem der Bayerische Rundfunk berichtete. Einige Einwohner haben Angst, dass noch mehr landschaftszerstörende Gewächshausanlagen errichtet werden, und warnen vor einer »Verhollandisierung« ihrer Region. Mit Recht, denn die Nachfrage nach regionalen Tomaten steigt, und mit ihnen lässt sich viel mehr Geld verdienen als mit Möhren und Kohl aus dem Freilandanbau. Man kann den Kritikern nur raten, gründlich zu prüfen, wie nachhaltig die ganzjährig gefragten Tomaten eigentlich sind. Das Ergebnis könnte man von den Dächern rufen …

Als Nachhaltigkeitsvorteil des regionalen Standorts bleibt eigentlich nur der verringerte CO_2-Ausstoss wegen der kurzen Transportwege zum nahen Verbraucher. Um das zu unterstreichen, haben die Erzeuger im Knoblauchsland die jährlichen Einsparungen an LKW-Kilometern gegenüber Importen aus Spanien und den Niederlanden ausgerechnet. Dieser vermeintliche Standortvorteil der Regionaltomate wird auch in anderen Regionen immer wieder gern ins Feld geführt, etwa von umweltbewussten Österreichern. Sie sollten sich mal in Wien bei der Sozioökologin Dr. Michaela C. Theurl informieren.

Denn was stellt sich heraus? Die spanische Sonne macht die Tomaten von der Iberischen Halbinsel viel umweltfreundlicher und somit nachhaltiger – selbst wenn sie nach Nürnberg, Wien oder auch Den Haag transportiert werden – als die im Umland dieser Städte in fossil beheizten Gewächshäusern produzierten Tomaten. Das ist das Ergebnis von Michaela Theurls Forschungen. Die Grundlage dafür bildet ihre Studie, die 2008 an der Alpen-Adria-Universität Klagenfurt/Wien entstanden ist: *CO_2-Bilanz der Tomatenproduktion: Analyse acht verschiedener Produktionssysteme in Österreich, Spanien und Italien.* Diese acht Produktionsweisen existieren noch immer, und Theurls weiterführende Forschungen haben seitdem keine wesentlich abweichenden Ergebnisse gebracht. Sie erläutert es 2013 in einem winzigen Wiener Straßencafé: »Zwar kommt ein zeitgenössisches, gut isoliertes Glasgewächshaus im Prinzip mit weniger Chemie und Wasser aus als ein älteres Gewächshaus oder ein Folientunnel«, erzählt sie. »Aber dieser Nachhaltigkeitsvorteil wird durch den hohen Energieverbrauch völlig aufgehoben.«

Michaela Theurl hat nachgewiesen, dass der CO_2-Ausstoß von LKW-Transporten zwischen den Staaten viel kleiner ist als der aus der Tomatenproduktion in beheizten Glasgewächshäusern Venloer Art, wie man sie auch im Knoblauchsland und in der Umgebung von Wien antrifft. »Das gilt heute noch mehr als 2008. Denn damals wurde in den Gewächshäusern noch nicht so häufig belichtet und gekühlt.«

Dr. Theurl ist eine rechtschaffene grüne Wienerin. Sie arbeitet im Fachbereich Soziale Ökologie der Alpen-Adria-Universität und am Forschungsinstitut für biologischen Landbau im deutschsprachigen Raum (FiBL). Sie ist eine Befürworterin der Nachhaltigkeit. Aber als Wissenschaftlerin will sie keine Mythen verbreiten, sondern der Wahrheit auf den Grund gehen. Deswegen hat sie den CO_2-Fußabdruck von acht verschiedenen Produktionsmethoden analysiert und berechnet. Die Idee ist gut: Tomaten aus allen acht Anbau-Arten sind tatsächlich in Wiener Supermärkten erhältlich. Bei den ausländischen Tomaten

Foliengewächshäuser im spanischen Murcia

rechnet Theurl noch den Transport hinzu. Dann ergibt sich, dass trotz der Distanz von 2 700 Kilometern ein Kilo spanischer Tomaten aus unbeheizten Plastik- oder Foliengewächshäusern, wenn es in Wien gekauft wird, dreimal weniger CO_2-Emissionen verursacht als ein Kilo Tomaten aus einem modernen, beheizten Gewächshaus in der Nähe von Wien. Allerdings verschwindet dieser Effekt, wenn in Spanien im Winter mit Propangas zugeheizt wird – wie Vincent Looije es bei starker Kälte macht.

Ein Kilo Dosentomaten aus dem italienischen Apulien schneidet schon besser ab als die Durchschnittstomate aus der Untersuchung. Solche Tomaten wachsen »von alleine« draußen auf Plantagen. Aber auch für die Liebhaber von frischen Tomaten aus der österreichischen Heimat gibt es eine gute Nachricht. Den geringsten CO_2-Ausstoss, ganze 85 Prozent unter dem Durchschnitt, haben Tomaten aus dem kalten Folientunnel. Und, so Theurl: »Die findet man überwiegend im Burgenland und in der Steiermark. Und ja, das gilt sowohl für konventionelle als auch für Biotomaten.«

Der Verzehr von Saisontomaten zahlt sich also ökologisch betrachtet am meisten aus. Nur bekommt man diese im Wiener Supermarkt recht selten. Und das ist vielleicht auch besser so, denn die Sache hat leider einen Haken: »Die CO_2-Belastung durch den regionalen Transport ist verhältnismäßig groß. Bei den unbeheizten Folientunnel-Tomaten ist sie für 80 Prozent der Emissionen verantwortlich.« Bei der Saisontomate aus dem Burgenland spielt also der Transport dann doch – relativ betrachtet – eine negative Rolle. Wie genau das funktioniert, wird gleich noch erklärt.

Michaela Theurl hat einen gut anwendbaren Indikator für den ökologischen Fußabdruck der Tomate erfunden. Die ausgestoßenen Treibhausgase sind schließlich, als Ursache für die Erderwärmung, ein wichtiger Gradmesser für Nachhaltigkeit. Theurls Ergebnisse korrespondieren mit denen aus zahlreichen anderen internationalen Untersuchungen. So sollten umweltbewusste Schweizer statt beheizter Tomaten aus schweizerischen Gewächshäusern besser unbeheizte aus Spanien oder Italien essen, riet die Zürcher Hochschule für Angewandte Wissenschaften 2014. Transporte sind im Allgemeinen nur für fünf bis sechs Prozent der CO_2-Emissionen verantwortlich; die Agrarproduktion dagegen fast für die Hälfte, wie das *US-Genetic Literacy Project* 2015 festgestellt hat. Und spanische Tomaten sind dementsprechend besser als flämische – zumindest für das Klima; das geht aus Daten des Zentrums für nachhaltige Entwicklung der Universität Gent von 2012 hervor.

Auch in den Niederlanden hat man 2010 ausgerechnet, dass der CO_2-Fußabdruck von Tomaten aus heimischen Gewächshäusern durchschnittlich zweimal so groß ist wie der von spanischen Tomaten. Eine mit der Regierung verbundene Umweltstiftung hat sogar dazu aufgerufen, unbeheizte spanische Tomaten an Stelle von niederländischen zu kaufen. Der Gartenbausektor zeigte sich *not amused* und forderte, dass man sowohl weitere Nachhaltigkeitskriterien als auch die Qualität der Tomaten mit einbeziehen müsse. Seit 2016 berücksichtigt die Umweltstiftung immerhin auch die Wasserknappheit, sodass man im Vergleich zu den Spaniern ein Stückchen Nachhaltigkeit dazugewinnen konnte. Die niederländischen Produzenten pochen zudem darauf, dass man im Vergleich zur ausländischen Konkurrenz mehr Stoffe recycelt: Wasser, Energie, Düngemittel, CO_2 – und immer öfter sogar die Tomatenstängel. Sollte man das alles nicht mitzählen?

Die Forscher aus Gent haben allerdings eine bemerkenswerte Randnotiz gemacht: Man sollte den CO_2-Ausstoß durch Transporte nicht völlig vernachlässigen. Der Handelsverkehr über die Autobahnen habe sich in den letzten 30 Jahren mindestens verdreifacht. Und die Tomaten seien daran mitschuldig. Transportiert wird über Land, zu Wasser und durch die Luft. Um mit letzterem anzufangen: Fliegen ist auch für Tomaten selbstverständlich eine Nachhaltigkeitskatastrophe. Der übergroße Teil der europäischen Exporttomaten bleibt allerdings in Europa, und diese Tomaten fliegen nicht. Nur ein winziger Teil der niederländischen und der via Holland gehandelten Tomaten wird an Ziele wie Hong Kong oder New York geflogen. Aber die Eröffnung neuer Frischemärkte in Fernost ist ein schlechtes Zeichen für das Klima. Seit Kurzem werden sogar niederländische Paprikas nach Japan geflogen, und mit China wird intensiv verhandelt. Im Mai 2017 war im täglichen Newsletter von *Fruchtportal.de* zu lesen, dass die Fluglinie Turkish Airlines regelmäßig Frachtflüge für Obst und Gemüse aus der Türkei nach Europa und in den Nahen Osten plant. Speziell die türkischen Tomatenexporteure reagieren begeistert auf diesen »riesigen Schritt« nach vorn – der einen noch größeren Schritt rückwärts für die Erde bedeuten würde.

Eine bessere Nachricht für den Planeten ist, dass moderne Containerschiffe viele der früher üblichen interkontinentalen Tomatenflüge abgelöst haben. Auch Teile des Landverkehrs, zum Beispiel aus Marokko und Spanien in die Niederlande, sind von Frachtschiffen übernommen worden. Moderne Technologie, mit deren Hilfe in den getrennten Kompartiments der Container Temperatur, Feuchtigkeit, Ventilation und sogar CO_2-Zufuhr getrennt geregelt werden können, macht es möglich, auch frische Tomaten auf längere Reisen zu schicken. Aber die Händler aus Almería bevorzugen noch immer den LKW gegenüber dem Schifftransport, der viel Papierkram beim Zoll im Rotterdamer oder Hamburger Hafen mit sich bringt.

Ein anderes neues Phänomen ist der Gigaliner, der Lang-LKW, der seit 2017 auf deutschen Autobahn fahren darf (wenn auch nicht überall). Nach Erkenntnissen, die Berliner Forscher 2015 veröffentlichten, wird die Einführung dieses effizienten Transportmittels von etwa 25 Metern Länge allerdings nicht dazu führen, dass weniger LKW unterwegs sind. Das sei ein Nachhaltigkeitsmärchen der Autobahnlobby. Der Straßenverkehr werde mit Gigalinern billiger, weshalb eher eine Zunahme zu erwarten sei. In der *Berliner Zeitung* war sogar von einem »Kannibalisierungseffekt« gegenüber dem Frachtverkehr mit der Bahn die Rede.

Im Mai 2017 konnte *Fruchtportal.de* aber auch vermelden, dass der erste neue *Easyfresh Express*-Kühlzug aus Valencia nach Rotterdam unterwegs sei. Michaela Theurl hat den Fußabdruck von gekühlten, beheizten und anderweitig gesteuerten Containerkompartiments in Schiff, LKW oder Bahn nicht in ihre CO_2-Forschung aufgenommen. Das war vor zehn Jahren noch kein großes Thema. Aber die zusätzlich aufgewendete Energie wird die Bilanz sicherlich nicht zum Vorteil des geheizten Gewächshauses vor Ort kippen.

Aus Theurls späteren Untersuchungen wie auch aus verschiedenen Forschungen anderer Wissenschaftler ergibt sich noch ein anderes spannendes Ergebnis. Egal welches Verkehrsmittel genutzt wird: Es sollten besser Hunderttausende von Tomaten gleichzeitig transportiert werden als nur ein einzelnes Kilo. Massenhafte Transporte, sogar per LKW, bedeuten pro Tomate weniger Energieverbrauch und somit weniger CO_2-Ausstoß. Es kommt allerdings noch überraschender. Wer für ein Kilo Saisontomaten mit dem eigenen Wagen zum heimischen Markt fährt, verbraucht insgesamt mehr Ressourcen als jemand, der mit dem Fahrrad zum Supermarkt fährt, um dort Tomaten beliebiger Herkunft zu kaufen, egal ob aus Bioanbau oder nicht. Seine Tomaten online zu bestellen ist nicht besser. Denn für die Lieferung fährt ja auch ein Kleinlaster seine Runden.

Zurück zu den niederländischen Gartenbauern, die andere Nachhaltigkeitskriterien als nur Energieverbrauch und CO_2-Ausstoß berücksichtigt sehen möchten. Sie bekommen indirekt Unterstützung von Michaela Theurl. »Die Erzeuger von Tomaten für den Export sind oft besser über Umwelt- und Gesundheitsrisiken von Pflanzenschutzmitteln informiert als kleine lokale Produzenten«, erläutert sie in Wien. »Letztere benutzen meist auch verhältnismäßig viel Kunstdünger. Und zur Herstellung von Kunstdünger braucht man fossile Brennstoffe, die auch wieder CO_2-Emissionen erzeugen.«

Hummelhotel in
einem holländischen
Gewächshaus

Hinzu kommt, dass bei der geschützten Zucht in einem Glasgewächshaus ohnehin weniger Schädlinge zu bekämpfen sind als in einer
weniger geschützten Kunststoff- oder Folienbehausung. Wo es möglich
ist, wird heute biologische Schädlingsbekämpfung angewendet; chemische nur dort, wo unbedingt notwendig. Das funktioniert auch deswegen, weil widerstandsfähigere Hybridrassen benutzt werden und weil
die Züchter und ihre Spezialisten gewöhnlich über ein ansehnliches
technisches Knowhow verfügen.

Dieser »integrierte Pflanzenschutz« ist vor allem einem Unternehmen
zu verdanken: Koppert Biological Systems. Mit ihren nützlichen Tierchen hat die Familie Koppert die Welt ein wenig nachhaltiger gemacht.
Die Brüder Looije zum Beispiel wissen sehr wohl um die Nachteile ihrer höchst effizienten Tomatenzucht: Es ist eine anfällige Monokultur.
Zu viele Pflanzen der gleichen Sorte wachsen auf einem kleinen Areal.
Schädlinge, speziell die gefürchtete Weiße Fliege, können den ganzen
uniformen Anbau auf einmal vernichten. Koppert hat daher die Feinde
der Weißen Fliege kultiviert. Allein für diese einzelne Plage bietet die Firma schon über zehn »Mittel« an, von Raubmilben bis zu Mordwanzen.

Schaden   **171**

In Spanien mit seinen oft halboffenen Foliengewächshäusern hat die Weiße Fliege es dagegen leicht. Koppert hat in langen Phasen des Ausprobierens gelernt, dass man dort andere Verfahren anwenden muss als in den Niederlanden. Der Familienbetrieb geht dabei hoch motiviert vor, das wissen die Looijes aus eigener Erfahrung. Jos Looije ist mit einem der Koppert-Söhne auf die Agrarschule gegangen. Der hat ihm erzählt, wie seine Gurken züchtende Familie vom Krebs heimgesucht wurde. Er war davon überzeugt, dass die damals üppig angewendeten Pestizide die Ursache waren – so wie auch Sandor Kosdi den Tod seines Vaters erklärte. Die Überzeugung des jungen Koppert war der Anfang seiner langen Suche nach alternativen Methoden biologischen Ursprungs.

Zugleich sucht man die Mittel gegen Schädlingsplagen mehr und mehr in der Samenveredlung. Zum Beispiel hat eine holländische Wissenschaftlerin in einer wilden Tomatensorte ein Gen entdeckt, das für die Weiße Fliege ziemlich unangenehm riecht. Der Einsatz von Rassen mit solchen günstigen Eigenschaften ermöglicht es, Insekten ohne den Großeinsatz chemischer Mittel zu bekämpfen – Mittel, gegen die sich die böse Fliege ohnehin in Einzelfällen schon resistent gezeigt hat.

Auch die Zucht auf Substrat, also auf einem Untergrund aus Steinwolle, Perlit oder Kokos, ist im Prinzip nachhaltiger als die auf Erde. Das klingt paradox, weil Erde in der Regel mit biologischem Anbau assoziiert wird. Ist biologisch denn nicht nachhaltiger? Nicht in jeder Hinsicht. Totes Substrat macht Tomatenkrankheiten oder Schädlingsbefall besser beherrschbar, als es die lebendige Erde tut. Fazit: mehr Ertrag und weniger Pflanzenschutzmittel.

Die Biotomate ist ohnehin ein widersprüchliches Ding, wenn es um Ressourcen und Umweltschäden geht. Beheizung ist nach den geltenden Richtlinien nur zur Jungpflanzenzucht und zum Schutz gegen Frost erlaubt, und man darf lediglich natürlich-chemischen Pflanzenschutz verwenden. Das sind grundlegende Nachhaltigkeitsvorteile – wobei der Einsatz organischer Schädlingsbekämpfungsmittel auch nicht immer schadenfrei ist. Aber man braucht viel mehr Raum für den Anbau, und das ist nicht effizient. Forschungen des LEI Wageningen weisen aus, dass Biotomaten wegen des hohen Flächenverbrauchs doch noch relativ viel CO_2-Ausstoß verursachen. Außerdem ist der

Verbraucher, der das ganze Jahr Biotomaten essen will, auf Importe aus wärmeren Ländern angewiesen. Die weiten Transportwege sind zwar, wie gesagt, nicht das größte Nachhaltigkeitsproblem. Doch Bio-Importe aus einem Land mit Wassermangel (zum Beispiel aus Israel oder nordafrikanischen Staaten) oder mit menschenunwürdigen Arbeitsbedingungen sind zumindest problematisch.

Wer wirklich etwas für das Wohl der Erde tun möchte, der isst also am besten nur Saisontomaten aus unbeheiztem Anbau, bio oder nicht (beide haben ja Umweltvorteile), und besorgt sich diese mit dem Fahrrad. Michaela Theurl weist darauf hin, dass diese Saisontomaten wegen der »Ertragsstabilität« größtenteils unter Folie wachsen und nur die wenigsten im Freien. Theurl: »Ich rede von Österreich, aber das ist anderswo nicht prinzipiell anders. Die Tomatenpflanze mag keine kalten, nassen Füße.« Das Freiland ist tatsächlich kein geeigneter Ort für Tomaten. Auch Hobbygärtner wie mein Bekannter Jürgen mit seinem Garten an der Oder haben das natürlich längst bemerkt. Er hat deshalb ein Gewächshaus um seine Tomatenpflanzen gebaut. Auf meinem Balkon, vor Wind und Wetter weitgehend geschützt, wachsen sie dagegen problemlos. Dafür ist der Ertrag im Topf nur gering.

Trotzdem ist die Idee hartnäckig, dass die Saisontomate im Freiland wächst – nicht nur die bei Oma im Garten, sondern auch die erwerbsmäßig angebaute. Kein Wunder, wenn sogar seriöse Medien diesen Mythos füttern. Kürzlich hieß es noch in einer deutschen Tageszeitung: »In Nord- und Mittel-Europa wächst die Tomate nur im Sommer im Freiland.« Oder in Österreich, im Frühling: »Jetzt kommt das frische Zeug (…). Aber Obacht. Noch kommt das meiste aus dem Glashaus. Ab Mai ist dann wirklich Freilandware da. Nicht nur Frühlingszwiebeln.« Und sogar im Gewächshausland Niederlanden: »Es ist Winter. Noch stehen die Tomaten im Gewächshaus.« Aber wer hat je gesehen, dass im Sommer die Tomaten mit Traktor und Anhänger vom Land geholt werden? Freilich, es gibt solche Bilder – von mediterranen Industrietomaten, die ohnehin kaputt gehen sollen, oder von Tomaten in Nord-Amerika, die grob und grün geerntet werden.

Ach, diese Freiland-Idylle, seufzt auch Michaela Theurl. Bei Bio-Käufern sei die Vorstellung davon wohl am hartnäckigsten. »Bio ist im Prinzip gerade kein Freiland. Da gäbe es Schädlingsprobleme, die man nicht bekämpfen kann.« Nach Angaben von Statistik Austria wurden in Österreich 2015 nur auf acht Hektar Freilandtomaten angebaut, gegenüber 181 Hektar mit Tomaten unter Glas oder Folie. Diese Information stammt aus der Antwort auf eine parlamentarische Anfrage, die die österreichischen Grünen und ihre »Freunde« von der Bürgerinitiative Schützt Bad Blumau im Jahr 2016 gestellt haben. Die Fragen betreffen die Erweiterung einer Gewächshausanlage in der Steiermark. Die Initiatoren der Anfrage wollen diese verhindern, wie zuvor schon – vergeblich – den ersten Teil dieses Glasgewächshauskomplexes. Dabei berufen sie sich explizit auf Theurls Untersuchung von 2008 über die *CO₂-Bilanz der Tomatenproduktion* und erwecken damit den falschen Eindruck, dass Theurl aus Nachhaltigkeitsgründen für mehr Freilandtomaten plädiert habe.

Was am meisten überrascht, ist dass die geplante Ausbreitung der Firma Frutura in Bad Blumau nach Theurls Untersuchungen geradezu ideal erscheint: ein groß angelegtes, effizientes Hightech-Gewächshaus, das keine fossile Energie verbraucht. Frutura, eine Erzeugerfirma von Landwirten aus der Region, nutzt Wärme aus der Tiefe der Erde. Das ist zwar ein Energietypus, von dem Theurl in ihrer Studie nicht spricht – der Geothermik spielte damals kaum eine Rolle. Aber das Thermalwasser, das über eigene Bohrungen aus der Tiefe geholt wird, generiert etwa so wenig CO_2 wie die kalten Folientunnel im Burgenland. Nachhaltiger im Sinne von klimaschonender, erneuerbarer Energie geht es im Gewächshaus kaum. Frutura nutzt die Erdwärme für die ganzjährige Produktion von Tomaten, Paprika und Gurken. Nur für den Notfall hält man noch Gas parat.

In der parlamentarischen Anfrage ist die Rede von »industrieller Gemüseproduktion«. Das ist zwar eine neutrale Andeutung, aber in Zusammenhang mit Formulierungen wie »auf Vlies«, »mit Flüssigdünger in künstlich beleuchteten und beheizten Glashallen produziert« und »bodenungebundene (Nährlösungskultur) Produktionskonzentration« soll man offenbar einen üblen Beigeschmack bekommen. Vielsagend ist zudem die formulierte Frage nach den Konsequenzen für die kleinbäuerliche Gemüseproduktion. Auf der Website der Bürgerinitiative Schützt Bad Blumau wird klar, dass die Ängste eigentlich weniger mit der Produktionsweise als mit ihren Folgen zu tun haben: Frutura könnte so viele Tomaten erzeugen, dass kleine Züchter um ihre Existenz bangen müssen und die Region vor einem Strukturwandel steht. Auch das könnte man unter »Nachhaltigkeit« einordnen, wie auch die Sorge um die Wasserquellen für das nahe gelegen Thermalbad des Kurorts oder die Zerstörung des Landschaftsbilds.

In Bad Blumau stehen sich zwei Parteien gegenüber, die sich beide auf das attraktive Argument Nachhaltigkeit berufen. Das ist einerseits die Firma Frutura (»Regionalität wird bei uns GROSS geschrieben«), und das sind anderseits Bürger, die meinen, dass »Regionalität« eher kleingeschrieben wird. Ihr Widerstand wird von Kleinbauern, der Landwirtschaftskammer, Tourismusverbänden und andere unterstützt, die Interesse am Erhalt des Status quo haben.

Fruturas Erweiterungsbau ist mittlerweile offiziell genehmigt worden. Das Unternehmen wird einen ansehnlichen Beitrag zur österreichischen Tomatenproduktion liefern, und das Ressourcen schonend auf einer Fläche von nur etwa 25 Hektar. So müssen die Österreicher ganzjährig viel weniger von den unbeliebten Importtomaten essen. Sie haben sogar die Wahl zwischen bio oder konventionell. Beide Arten von Anbau werden von den guten Tierchen von Koppert Biological Systems überwacht. So ist es jedenfalls auf dem Foto zu sehen, mit dem die Frutura-Gegner ihre Proteste untermalen. Haben sie Koppert übersehen? Es ist eine Nahaufnahme von Tomatenstängeln auf Substrat. Das sieht wirklich bedrohlich industriell aus. Aber zwischen den Pflanzen hängt, gut sichtbar, die papierene Behausung der holländischen Bio-Schädlingsbekämpfungsbrigade. So widersprüchlich kann Nachhaltigkeit sein.

Da steht Erich Stekovics an einem trüben Junimorgen in seinem weitläufigen Tomatenfeld. »Die schaffen das schon«, sagt er ohne einen Hauch von Verdruss. Die Pflanzen, die hier im österreichischen Frauenkirchen als breite Sträucher wachsen, liegen welk herum. Es regnet und stürmt in diesen ersten Sommerta-

Gute Sorten, alte Sorten?
Österreich im Bann der Nostalgie

gen 2013 wie an einem holländischen Märztag, und die Temperatur ist dementsprechend niedrig. Zehn Kilometer weiter spielt ein Surfer auf dem aufgewühlten Neusiedler See mit seinem Leben. Durch diesen See läuft die Grenze zu Ungarn. Das Burgenland ist Österreichs flaches Ende.

Auf der Ebene gedeihen die Tomaten von Erich Stekovics im Prinzip gut, sagt er. »Diese Feldtomaten werden eh verarbeitet, sie müssen also nicht schön ausschauen.« Gleiches gilt für die über 500 meist alten Sorten, die er jährlich in seinen Folienhäusern, wie er sie nennt, anbaut. Dreiviertel seiner besonderen, alten Tomatensorten landen auf einen großen Haufen. Sie werden auf seinem Schäferhof großenteils zu Chutney verarbeitet, in Essig eingelegt oder getrocknet. Die einzelnen Tomaten mit ihren geschmacklichen Besonderheiten sind dann verloren. Es gehe halt nicht anders, denn frisch seien sie nicht lange haltbar, erklärt Stekovics. »Leben von frischen Tomaten, wie Oma sie im Garten angebaut hat: Das ist ein romantisches Märchen, das wir Österreicher lieben.«

Na ja, ein paar der besten Tomaten schaffen es immerhin in die Speisen eines Burgenländer Spitzenkochs. »Diese Tomaten kann man nicht nach Wien transportieren. Wer sie haben will, der kommt hierher und kauft was gerade reif ist.« Dazu muss der Wiener eine nicht gerade nachhaltige Strecke mit dem Wagen zurücklegen. Die alten Landrassen, die Stekovics unter Folie anbaut, sind schlicht das Nebenprodukt seiner Samenbank, die Tausende von Sorten enthält. Er züchtet sie just wegen ihrer Samen: für die Zukunft, für die nächsten Menschengenerationen. Immer wieder, denn jedes Jahr hat seine Eigenarten, die genauestens protokolliert werden. »Die Tomaten hier im Folienhaus wachsen alphabetisch«, erklärt er grinsend. »Wir tauschen uns mit anderen Sammlungen aus, wie Arche Noah hier in Österreich, oder auch privaten überall. In Bayern zum Beispiel gibt es die Russin Irina Zacharias … Zum Glück gibt es sehr viele Retter der alten Sorten.«

Erich Stekovics ist in Österreich ein Phänomen. Man kennt ihn als den »Paradeiser-Kaiser«, nach dem schönen Namen, den hierzulande die Tomaten tragen. Er engagiert sich für die Sortenvielfalt und bedient die Medien beim Thema »von der Natur geschenkte Nahrung«. Es gibt sogar ein mehrteiliges Fernsehdrama, frei nach seinen Erlebnissen in

Nach dem Sturm:
Erich Stekovics mit
seinen Tomatenpflan-
zen im österreichi-
schen Burgenland

Frauenkirchen. »Ich bin hier am Schäferhof großgezogen worden. Die
Eltern hatten einen Gemüsebaubetrieb, vor allem Chilis, also Gewürz-
paprikas. Aber ich selber hatte vom Fach keine Ahnung, bis ich 1999
den Beruf gewechselt habe.« Und woher kommt sein Name? »Der Vater
ist Ungar. Und heute haben wir 80 Prozent Ungarn bei uns arbeiten,
mehr als zehn Menschen. Das ist das Glück unseres Standorts. Österreicher sind gar nicht mehr zu kriegen.«

Aus Wien sollte ich ihm liebe Grüße bestellen von einer Stadtgärt-
nerin, deren Religionslehrer er früher war. Vielleicht ist er ein humor-
loser Ökopurist, hatte ich dabei spontan gedacht. Vorher hatte ich eher
befürchtet, einen Mann mit Staralüren anzutreffen. Aber der Mensch,
der mir am österreichischen Ende der ungarischen Puszta entgegen-
tritt, steht irgendwie unbeirrbar in seiner flatternden roten Jacke im
Steppenwind zwischen den Tomaten, und hat nichts Salbungsvolles
oder Showmännisches. Stekovics durchschaut das große Ganze mit
Humor und Selbstironie. Predigen, das macht der Theologe nur noch
alle drei Wochen, erklärt er. »Gottesdienste in einem Pflegeheim. Mehr
erlaubt die Zeit mir nicht mehr.«

Schaden   **177**

So ganz stimmt das aber nicht. Stekovics zeigt sich bei den vielen Führungen über Hof und Gelände als ein wahrer Prediger. Nur hat dabei die Tomate die Rolle des guten Gottes übernommen. »Hier kommen Gruppen mit Hobbygärtnern, die sehr militant sind«, erläutert er. »Schau, die Tomatenpflanze ist sehr anpassungsfähig, und man kann sie trainieren. Ich erkläre den Leuten immer wieder, dass man die Pflanzen im Freien nicht gießen soll. Mit ihren starken, langen Wurzeln holen sie sich selbst alles aus dem Boden heraus, auch die wertvollsten Mineralien. Aber Hobbygärtner sind unbeirrbar. Sie sind sehr beratungsresistente Menschen.«

Lieber empfängt er Gruppen, von denen er selber etwas dazulernt, ergänzt er. Menschen, die sich kulinarisch interessieren – nicht nur Spitzenköche. Oder Ausländer, die ihre Erfahrungen von überall her einbringen. »Ich hatte hier eine Gruppe niederländischer *Big Player* aus dem Gartenbau. Die haben sich sehr bedankt.« Und hat er sich, umgekehrt, auch die Tomatenzucht in Holland angeschaut? »Wie soll ich das sagen … Wenn jemand gerne Ski fährt, tut er nicht gut daran, ans Meer zu fahren.«

Er assoziiert die niederländische Tomatenzucht nicht mit guten Dingen. »Ich will nicht das Wort ›Vergewaltigung‹ in den Mund nehmen, aber …« Er versucht es neutral: »Sie haben einen ganz anderen Zugang zur Tomate gefunden …«. Aber wertfrei ist nicht so seine Art: »… den ich furchtbar finde. Das hat diese Kulturpflanze nicht verdient.« Es folgt eine kleine Predigt über hunderttausend potentielle Geschmacksvarianten, über »so viel Möglichkeiten um dem Menschen Gutes zu tun«, die man im Polder auf »zehn Hybridsorten herunter reduziert« hat. »Und sie haben alle nur drei Eigenschaften: Ertragreich, transportfähig, lagerfähig. Geschmack ist nicht dabei.«

Übertreibt er nicht ein wenig? Mittlerweile gibt es doch auch genug geschmackvollere niederländische Tomaten? Allein der Samenveredler Rijk Zwaan hat schon etwa hundert Tomatenrassen registriert, und … – »Nein, gar nicht«, unterbricht Stekovics und verfolgt seine Anklage gegen die Glasgartenbau- und Samenindustrie mit Hingabe, wenn auch zugleich mit einem Augenzwinkern. »Nur dort wo die Holländer keinen Zutritt gehabt haben, wie hinter dem Eisernen Vorhang, haben Sorten überlebt. Zum Beispiel haben sie nach der Wende in Ungarn,

dem Paprikaland schlechthin, innerhalb von ein paar Jahren alles Wertvolle an alten Paprikarassen wegradiert.« Die niederländische Toma-
teninvasion in Rumänien hat allerdings schon vor der Wende angefangen, könnte man hinzufügen.

»In den letzten 100 Jahren sind 80 Prozent der Kulturpflanzen verloren gegangen, nicht nur Tomaten«, sagt Stekovics. Der zwanzig Jahre
alte Befund der FAO, der Ernährungs- und Landwirtschaftsorganisati-
on der Vereinten Nationen, ist mittlerweile schon überholt. Damals,
1993, war noch von 75 Prozent die Rede gewesen. »Für immer weg,
weil sie nicht mehr angebaut wurden und die Saat verschwunden ist.
Dabei kann man den Samen vieler Tomatensorten noch nach 40 Jahren
benutzen.«

Erich Stekovics hegt seine samenfesten Tomaten. Diese Landrassen
sind nachhaltig in sich selber. Aus dem Samen heraus können sie immer
wieder zum Leben erweckt werden, unter Beibehaltung ihrer Eigenschaften. Stekovics umschreibt seine Puszta-Tomaten als »robust«. Aber
der Ertrag ist wechselhaft – und gering im Vergleich zu den Hybridrassen, mit denen die professionelle Tomatenzucht in Europa arbeitet.
Stekovics: »Der Gärtner ist leicht gelockt, sagt man. Es gibt heute sogar
Bio-Hybridtomatenrassen, und wenig transparente Bio-Massenproduk-
tion.« Eben deswegen wirbt er nicht mit dem Etikett »bio« für seine Tomaten, obwohl die das »selbstverständlich« sind. »Sie haben doch auch
nicht auf Ihrem T-Shirt stehen: Ich bin ein guter Mensch!«

Der Verbraucher ist allerdings, so Stekovics, mitschuldig an der
Situation. »Das Konsumverhalten der letzten 30 Jahre ist absurd geworden. Konsumenten kaufen, trainiert durch die Werbung, Obst
und Gemüse mit einem Anspruch auf Haltbarkeit.« Tatsächlich locken
deutsche und österreichische Supermärkte sogar mit Milch, die »länger
haltbar« ist statt frisch. Das befremdet nun wieder Niederländer, die in
Deutschland fast vergeblich auf der Suche nach ihrer gewohnten (nur)
pasteurisierten Frischmilch sind. Viele Verbraucher bewahren ihre Tomaten sogar im Kühlschrank auf, damit sie »länger haltbar« sind – eine
Todsünde. Das alles kommt aus der eingeredeten Angst vor Verderb,
vor Krankheiten.

Der Hybridsamen ist nicht robust im Sinne saatfester Rassen. Die
Honigtomate von Jos Looije würde die Puszta-Stürme nicht überleben.

Deshalb wird sie im Gewächshaus gezüchtet. Dort zeigt sie sich stark genug. Stekovics bestreitet das: »Zugleich ertragreich und stark sein, diesen Spagat schafft die Tomatenpflanze nicht.« In Gedanken hat er wohl seine launischen Landrassen vor sich, die in jeder kurzen Saison wieder eine Predigt brauchen, um sie zu einer guten Ernte zu bewegen. Diese Pflanzen sollte man, umgekehrt, nicht in einem modernen Glashaus unterbringen. Das wäre, als würde man eine Brieftaube in ein Computer-Mailprogramm schieben wollen.

Land- und Hybridrassen haben also beide ihre eigene Zielgruppe. Die Artenvielfalt wird von Hybridrassen an sich nicht beeinträchtigt. Trotzdem haben Hybriden bei umwelt- und nahrungsbewussten Menschen ein sehr negatives Image. Die fanatischsten findet man wohl in Österreich, dem Land mit dem bestgepflegten Öko-Image in Europa, wo der Anteil an Flächen für den Bio-Anbau bei 22 Prozent liegt. Der Kampf gegen die Hybridtomate erinnert allerdings an den gegen die Dampfmaschine. Eigentlich geht es um etwas anderes, um berechtigte Fragen nach der Macht über die Landwirtschaft. Stattdessen werden implizit alle Verbraucher verketzert, die gewöhnliche Tomaten kaufen. Sie sind nämlich die ahnungslosen Anhänger von Hybridsorten.

Erich Stekovics erwähnte es schon: Anders als viele denken, ist auch ein Teil des gewerbsmäßig angebauten Bio-Gemüses hybrid. Manche Schätzungen gehen sogar von einer Mehrheit aus. Biowaren für Supermärkte und Discounter zu produzieren ist ein industrielles Geschäft wie jedes andere. Da spielt man mit Hybridtomaten auf Sicherheit. Ein österreichischer Biologe hat mal die Bio-Tomatenmarke von Rewe bis zum Samen zurückverfolgt – und landete bei Monsanto. Die kritische Zeitschrift *Falter* berichtete darüber.

Die Hybrid-Gegner sprechen vom »Saatgutmonopol«. Das ist eine Bedrohung, die auch von den traditionellen großen Saatgutveredlern so empfunden wird. Alles dreht sich um Machtkonzentration, um Patente. Wieso aber diese Verteufelung des Hybridsamens als Zeichen der »Einheitstomate«? Nie hat es mehr verschiedene Tomatensorten auf dem Markt gegeben als heute. Fast jede Woche kommen neue farbenfrohe, merkwürdige Kirschtomaten auf den Markt. Der Verbraucher mag sie sehr.

Aber wieder mal ist es die Tomate, die als dankbares Symbol für die verhasste »Agrarindustrie« eingesetzt wird. Beim tatsächlich existierenden Saatgut-Oligopol geht es an erster Stelle um großflächige Monokulturen, wie beim Anbau von Soja und Mais. Es gibt genug Beispiele von Knebelverträgen und unlösbaren Abhängigkeiten von den Agrarchemiekonzernen. Aber das gilt eben nicht für den rumänischen oder österreichischen Gärtner, der sich für eine Hybrid-Tomatenrasse entscheidet. Er trifft die Entscheidung freiwillig, damit er hoffentlich den doppelten Ertrag bekommt, und dazu weniger Pestizide braucht. Dafür lässt er dann andere, ein paar hundert Jahre alte Sorten links liegen. Man kann dieses Verhalten natürlich als »falsches Bewusstsein« charakterisieren. Aber wieso sollte er sich nicht eine besser belegte Stulle verdienen dürfen?

Die Vorstellung, der Hybridsamen sei etwas Unheimliches aus der »Monsanto-Genfabrik«, stammt nicht von Erich Stekovics und seinen Wahlverwandten im Kampf um die Sortenvielfalt. Sie ist das Erbe vieler Kampagnen gegen die vermeintlichen Monster. Die Hybridtomate wird dabei undifferenziert auf einen Haufen mit der »industriellen Landwirtschaft« geworfen. Sehr einflussreich in der Stimmungsmache war (und ist) der bereits erwähnte österreichische Dokumentarfilm *We Feed The World: Essen global*. Die Tomate funktioniert darin als Unheilsbote und prangt als »Kampftomate« (*Feed*-Jargon) auf dem Umschlag des zum Film gehörenden Unterrichtsmaterials. Die Schüler lernen zum Beispiel, dass alle Produkte schlecht sind, die von weit her kommen. Ihnen wird aufgetragen, den Einkaufskorb ihrer Eltern darauf zu überprüfen und regionale Alternativen zu suchen.

We Feed The World hat die Landwirtschaft in ideologische Schubladen für »falsch« und »richtig« gesteckt. Diese vereinfachte Darstellung beherrscht noch immer die Gemüter, wie sich etwa im Namen der Petition »Monsanto vs. Mutter Erde« zeigt. Zwischen diesen beiden äußersten Positionen gibt es im Film und in den vielen von ihm beeinflussten Bürgerinitiativen wenig oder nichts. Tatsächlich bewegt sich der übergroße Teil der ganzen Frischgemüsebranche, vom Saatgut-Veredler bis zum Erzeuger, Händler und Einzelhandel sich irgendwie zwischen den beiden Extremen. Aber sie alle spielen keine Rolle in der Debatte, sie werden nicht wahrgenommen. Und wenn doch, dann werden sie mit ihren Hybridsamen und Hightech-Methoden schnell zu den Monsantos dieser Welt gerechnet.

Idealisiert wird dagegen der Bauer oder Gärtner, der noch selbst Samen vermehrt. Nur so könne die Welt besser werden. Nachweislich ist das nicht der Fall. Wenn eine Sorte nicht züchterisch bearbeitet wird, wird sie bei jeder Ernte schlechter. In dem Sinne ist der Unterschied zwischen Hybridsamen und samenfesten Samen gar nicht so absolut, wie unterstellt wird. Beide muss man ständig durch herkömmliches Kreuzen optimieren. Aber wenn ein Hightech-Veredler Samen selektiert und neue Rassen im Labor entwickelt, sieht so mancher im deutschsprachigen Raum schon die Hakenkreuze schimmern. Tatsächlich ist »Rassen« das übliche Wort; in Deutschland und Österreich wird »Sorten« bevorzugt, obwohl es biologisch nicht ganz das Gleiche ist. Umso befremdlicher wirkt es, dass es just in der Öko-Ecke eine »Initiative zur Reinhaltung des Saatguts« gibt.

Worum geht es bei der Artenvielfalt wirklich? Reichen 15 oder 20 Sorten Tomaten im Supermarkt A und nochmals 15 im Supermarkt B nicht aus, neben den vielen alten Landrassen, die man so leicht zum Selbstanbau erwerben kann? Vor 50 Jahren wurden bei Spar oder Edeka bestenfalls zwei Sorten angeboten. Sie schmeckten ziemlich gleich. Meine Jugendfreundin aus Den Haag hat beide mit Zucker gegessen, ich mit Salz und Pfeffer. Ja, an die Spar-Märkte kann ich mich noch erinnern. Die kooperativen Läden sind ursprünglich niederländisch, und nah an den Erzeugern. Die Abkürzung »DE SPAR« steht für *Door Eendrachtig Samenwerken Profiteren Allen Regelmatig* (»Durch einträchtiges Zusammenarbeiten profitieren alle regelmäßig«). Dieses Konzept hatte man 1932 freilich der noch viel älteren Einkaufsgenossenschaft Edeka aus Berlin entliehen.

Spar Österreich setzt sich heute für die Sortenvielfalt und den Erhalt der Landrassen ein. Erich Stekovics darf auf Spar-Werbeseiten erzählen, was das Problem mit der Hybridtomate ist. Verdrängt die Supermarktkette etwa, dass sie selbst Hybridtomaten verkauft? Na ja, Spar ist Stekovics' größter Handelspartner für seine Produkte aus verarbeiteten Tomaten, Chilis und Knoblauch, wobei der getrocknete Knoblauch den größten Anteil an seinem die Million übersteigenden Umsatz hat. Aber eigentlich ist Stekovics doch ein Purist. Am liebsten würde er den Spar-

Kunden sagen, sie sollten im Winter keine frischen Tomaten kaufen, auch nicht aus Bio-Anbau. Das sagt er hinter vorgehaltener Hand auf seinem Schäferhof: »Das wäre die logische Folge meiner Philosophie.«

Erich Stekovics beliefert Spar Österreich im Frühling zusätzlich mit Tomaten- und Chili-Jungpflanzen. Seine *Gelbe Johannisbeere, Frühe Sibirische* und noch zwei andere Tomatensorten sind »eingeschlagen wie eine Bombe«, erzählt er. Zugleich hat es etwas Paradoxes in sich: Wer einmal bei Spar samenfeste Stekovics-Stecklinge kauft, kann für den Rest seines Lebens daraus selber Tomaten anbauen und auf Tomaten von Spar verzichten.

»Hybrid« – man könnte es als das Unwort dieses Jahrzehnts nominieren. Eine Hybride ist zwar die neutrale Umschreibung eines wissenschaftlichen Ergebnisses, aber der Name ist nicht gerade glücklich gewählt. »Hybris« bedeutet nicht nur »Hochmut«, sondern weckt auch Assoziationen mit mythischen Mischwesen, mit unnatürlichen Chimären, die die paradiesische Ordnung zerstören. Hybriden macht man mit »Inzuchtlinien«, das klingt auch nicht toll. Nun ist die Schöpfung von Hybriden wirklich nicht typisch für die heutige Agrarindustrie. Der Maulesel, der die Eigenschaften von Pferd und Esel positiv kombiniert, ist steriler als die Hybridtomaten von heute. Das Wort »Hybrid'« könnte sogar von »Iber«, stammen, lateinisch für Maulesel.

Es ist der Argwohn gegen die Agrartechnologie, der die Hybridsamen verdächtig erscheinen lässt. Regelmäßig kann man auf Websites von NGOs und Umweltorganisationen lesen, dass Hybridsamen mit Absicht so zusammengebastelt würden, dass sie die positiven Eigenschaften der Pflanze nicht weitergeben und man deswegen jedes Jahr neues Saatgut kaufen müsse. Da nicht jeder sich von den Prinzipien der Genetik überzeugen lässt, soll hier als unverdächtiger Zeuge Arche Noah zu Wort kommen. Dieser österreichische Verein hat es sich zum Ziel gesetzt, die Vielfalt unserer Kulturpflanzen zu erhalten und zu vergrößern. Zu diesem Zweck unterhält er eine riesige Samenbank. Darüber hinaus ist Arche Noah eine Quelle von Wissen und Wissenschaft.

Ja, die Gesetze der Genetik stimmten schon, antwortet Mag. Iga Niznik, Arche Noahs saatgutpolitische Sprecherin, am Telefon. »Sowohl Eigenschaften als auch Ertrag des gekauften Saatguts gehen in der Folgegeneration stark zurück.« Verschwörungstheorien seien also fehl am Platz. »Aber die Wahrheit ist komplex. Wir denken, dass die Industrie dieses Prinzip gezielt als Mittel verwendet, um sich die Bauern als Kunden, also Saatgutkäufer, zu sichern. Und es ist zweifellos so, dass die Saatgutindustrie hier viel Lobbyarbeit gemacht hat. In unserer Analyse kommen wir zum Schluss, dass die EU-Saatgutverordnungspläne vor allem der Industrie nutzen«.

Über der Steppe des Burgenlands zieht in diesen Junitagen 2013 ein ungewöhnlich starker Sturm auf. Es sieht so aus, als ob Saatgut, das nicht offiziell registriert ist, gemäß des vorliegenden Entwurfs für eine neue EU-Saatgutverordnung nicht mehr gehandelt werden dürfe. Bereits einen Monat zuvor hat Erich Stekovics in einer weitverbreiteten Wiener Gratiszeitung mit Rebellion gedroht. Direkt unter der Schlagzeile »Revolte gegen Samenraub« wird er zitiert mit den Worten: »Ich lass' mich einsperren«. Er würde seine Paradeisersaat notfalls illegal verkaufen.

Aber die herkömmliche Saat, die er, Arche Noah und andere Samenhüter den Klein- und Hobbygärtnern zu Verfügung stellen, macht den großen Konzernen doch gar keine Konkurrenz? Ganz im Gegenteil, wie er selbst in Frauenkirchen erläutert: »Eigentlich sollten wir uns über die kommerziellen Saatveredlungsfirmen freuen. Denn sie brauchen für ihre Züchtungsarbeiten auch alte Sorten mit bestimmten Eigenschaften. Wenn sie uns aus dem Weg räumen wollen, eliminieren sie letztlich sich selber.« Der Hüter der richtigen Samen, der Theologe der Tomate, spricht hier im Kriegsduktus. Aber die meisten Samenveredler würden ihm vollständig zustimmen. Stekovics meint dagegen, dass sie den Gesetzentwurf mit auf dem Weg gebracht haben. »Sie haben Angst, dass sie durch den Alte-Sorten-Trend von 75 auf 74 oder 73 Prozent des Markts zurückfallen.«

Auf allen Seiten herrscht in diesen Tagen Verwirrung über die EU-Pläne. Was ist das europäische Interesse an der geplanten Vereinheitlichung des Saatgutrechts bis zum allerletzten Ursamen, das aus dem Entwurf durchscheint? Das fragt sich ganz Österreich und halb Europa. In den niederländischen Medien werden Arche Noah und andere österreichische NGOs ausführlich zitiert. Die österreichischen Medien, egal welcher politischen Ausrichtung, gehen noch einen Schritt weiter. Sie führen eine wahrhafte Offensive gegen den Gesetzentwurf.

Die Tageszeitung *Kurier* meldet groß »den heftigen Widerstand gegen EU-Saatgutpläne«. Sie »würden das Ende für alte, nichtkommerzielle Sorten bedeuten«. Auch Spar Österreich macht mit beim Protest. Der Supermarkt schreibt auf seiner Website, dass Erich Stekovics »kurz vor dem Aus« stehe. Wenn die EU-Saatgutverordnung in Kraft treten würde, müsste Spars Öko-Pionier jährlich 63 000 Seiten Formulare für die Zulassung der Samen in seiner Samenbank ausfüllen. Ferner müsste er, so Spar, mehrere Millionen Euro hinlegen.

Gegen diese öffentliche Macht kann Brüssel nicht standhalten. Im Frühling 2014 lehnt das Europaparlament den umstrittenen Gesetzentwurf ab. 2015 zieht die EU-Kommission die EU-Saatgutverordnung zurück. Ende gut, alles gut? Sammler von samenfesten Sorten nennen diese weiterhin »verbotenes Gemüse«. Es gibt sogar eine *NDR*-Dokumentation mit diesem Titel, die erst 2016 produziert wurde. Der Film hinterfragt seinen Titel nicht kritisch, macht allerdings deutlich, dass es nicht einfach ist, Handel mit Landrassen zu treiben. Man muss sich registrieren lassen, auch ohne EU-Einheitsgesetz. Die nationalen Saatgutverkehrsgesetze sehen das so vor, nicht nur in Deutschland, wo der Film entstand. Das führt zu bürokratischem Aufwand und kostet durchschnittlich 200 bis 250 Euro pro Sorte.

Für eine Samenbank kann das kostspielig werden. Zudem erkennen die Behörden nicht jede Sorte, die aus alten Rassen gezüchtet wurde, als etwas Neues an: Es gilt das – in diesem Fall tatsächlich fragwürdige – Eigentumsrecht. Andererseits ist es natürlich sinnvoll, dass niemand ohne Erlaubnis und Registration irgendein Produkt offiziell verkaufen darf. Schließlich will man ja wissen, was man kauft. Zum Beispiel wenn man online aus Bayern eine Packung samenfeste *Gelbe Johannisbeere*-Tomatensamen, »ausreichend für mind. 20 Pflanzen«, für 2,90 Euro bestellt. Dafür bekommt man dann die Daten »Artikel-Nr.: 21 362« und »Bio-Kontrollstelle DE-ÖKO-006« mitgeliefert.

Die Vorstellung, dass man die alten Sorten nicht einmal verschenken oder anbauen dürfe, ist hartnäckig. Und kaum jemand widerspricht ihr. Die Hüter der Sortenvielfalt sind einfach zu sympathisch. Sehr weit treibt es die schon genannte Samen-Archivarin Irina Zacharias. Aus ihrem Katalog von Tomatensamen kann man online bestellen, allerdings mit dem Hinweis, diese Tomaten dürften nicht gegessen werden. Sie seien nur als Zierpflanzen anzubauen. Auf die telefonische Nachfrage, ob das eine veraltete Mitteilung sei, kommt keine eindeutige Antwort. Irinas selbst vermehrte alte Sorten »haben keine Sortenzulassung mehr«, wie sie es auf der Website vermeldet. Sie kann sie nicht alle registrieren lassen, das ist verständlich. Das Wort »mehr« suggeriert allerdings, dass es vorher anders, besser war. Das muss aber sehr lange her sein. Die ganze Sache ist politisch brisant, so viel wird klar. Zacharias vermeldet ihre Mitgliedschaft im Verein Arche Noah. Gemeinsam kämpft man weiter für gesetzliche Reformen, die alte Sorten von jeder Art Registration befreien sollen. Dazu passen nur negative Geschichten.

Eindeutig war immerhin Erich Stekovics auf seinem Blog, nachdem die geplante Saatgutverordnung 2014 im Europaparlament zurückgewiesen worden war: »Die Vielfalt bleibt somit (vorerst) in unseren Händen!«

Die besten Gärtner des alten Habsburgerreichs waren die Bulgaren. Historiker in Österreich und Ungarn haben es des Öfteren beschrieben. Die Bulgaren bauten Tomaten, Paprika und vieles mehr in einem Ring unmittelbar um Wien herum an. *Local for local* war damals in der habsburgischen Metropole effektive Normalität.

Local for local
Die Stadttomate als Missverständnis

Am Anfang des 20. Jahrhunderts wurde die Agrarwirtschaft aus hygienischen Gründen und aus Platzmangel aus der Stadt verbannt. Aber heute liegt *local for local* wieder voll im Trend – wenigstens in der Theorie. Es ist die modische Umschreibung für Nahrungsmittel, vor allem frische, die unweit von ihrem Produktionsort konsumiert werden. Seit Anfang dieses Jahrhunderts schwärmen bewusste Verbraucher und Hobbygärtner von Stadtgemüse und -obst, am liebsten aus eigenem *Urban Farming*. Bloß die Stadtschweine will keiner zurück. Allein für die deutsche Hauptstadt listet die Soziologin Elisabeth Meyer-Renschhausen 2016 in ihrem Buch *Urban Gardening in Berlin* über 60 Gemeinschaftsgärten auf, und das sind nur die öffentlich zugänglichen.

Urban Gardening in Berlin: Der Kreuzberger Prinzessinnengarten

Fast alle sind Oasen der Natur – und teilweise ernsthafte Versuche einen Beitrag zur Artenvielfalt zu liefern.

Zwischen Traum und Tat liegen jedoch Welten, wenn es darum geht die Stadt zu ernähren. 50, 60 Leute können von den Gewächsen aus einem solchen Gartenprojekt vielleicht leben. Und im grünen Gürtel um Berlin herum mag noch etwas mehr an Gemüse und Obst gedeihen. Aber viel ist es insgesamt nicht. Der breite Ring um die Stadt wird nicht von ungefähr Speckgürtel genannt: Das Gebiet dient an erster Stelle als (Luxus-)Wohnraum. In der Familienchronik, mit der dieses Buch beginnt, kann man nachlesen, wie viele Apfelbäume nach 1990 im Havelland gerodet wurden. Die Bilanz ist ernüchternd: Allen Trends zum Trotz wird Berlin heute mit viel weniger frischen Waren aus der Umgebung versorgt als in früheren Epochen.

Der niederländische Regierungssitz Den Haag hat wenigstens seine Gläserne Stadt. Allerdings würde nur der allergrößte Romantiker den Inhalt der dortigen Gewächshäuser als »lokale Tomaten« oder »Haager Gurken« bezeichnen. Die Gewächshäuser in und um Wien produzieren hingegen überwiegend für den heimischen Markt. »Das sind doch pseudo-österreichische Glashaustomaten von holländischen Hybridsamen«, hatte Erich Stekovics gescherzt. Aus seiner eigenen Ernte könnte freilich nicht einmal eine einzelne Wiener Gasse mit Tomaten versorgt werden, denn sie schaffen es gar nicht dorthin.

Stekovics könnte vom Tomatenverkauf ohnehin nicht leben. Er hält sich über Wasser, weil er aus dem Schäferhof ein »Gesamtkonzept« mit Führungen, Fernsehen und schicken, als »lokal« gut zu vermarktenden Produkten gemacht hat. Als die Wissenschaftlerin Michaela Theurl in Wien die Tomate aus dem unbeheizten Folientunnel im Burgenland zu den nachhaltigsten erklärt, denkt sie an Stekovics. Darüber hinaus ist er einer der wenigen Berufszüchter in Österreich, der auch Tomaten im Freien anbaut. Aber die sind, wie gesagt, frisch nicht kommerziell zu handeln. Die lokale und regionale Tomate auf »ehrlicher Erde« ist in Nord-, West- und Mitteleuropa eine Illusion.

Gilt das auch für avancierte lokale Tomatenprojekte, wie zum Beispiel den Anbau mit kontrollierter Aquaponik-Technik? An der Berliner Holzmarktstraße wird alternativer Stadtgartenbau mit Strandterrassen an der Spree und innovativen Neubauten kombiniert. Im Jahr 2015 beherbergte der »Mörchenpark« ein solches Aquaponik-Projekt. Es ist einer der heißesten Trends im urbanen Gärtnern: Fische und Tomaten leben zusammen, zum wechselseitigen Vorteil und zum Nutzen von Mensch und Umwelt. Um genügend Dünger für die Tomaten zu produzieren, sollten allerdings viel mehr der karpfenartigen Kleinfische in dem gläsernen Becken schwimmen als vertretbar war. Hinzu kam, dass sich das ganze Projekt auf Ehrenamtliche gestützt hat. 2016 sind nur noch die Tomaten übrig, die im improvisierten kleinen Treibhaus und die draußen unter freiem Himmel. Wenigstens 50, vielleicht sogar 200 Tomaten wachsen mit Hilfe des noch vorrätigen Mistwassers der Fische aus der Vergangenheit. Aber es gibt schon wieder ehrgeizige Pläne für die Zukunft.

Auch anderswo in Berlin, Deutschland und Europa macht man Aquaponik-Experimente. Bis jetzt werden sie mehr mit Medienaufmerksamkeit als mit Tomaten beglückt. Im Frühling 2017 liegen in Berliner Rewe-Märkten die ersten verpackten Barsche und Basilikumpflanzen im Regal. Sie sind das Ergebnis der Zusammenarbeit mit einem Start-up in Berlin-Schöneberg, laut *Fruchtportal.de* der »modernsten Aquaponik-Farm Westeuropas«. Nun liest man solche Beschreibungen heutzutage öfter. Wie auch immer, das Projekt soll Wasser, Dünger und CO_2 sparen. Mit den angekündigten Tomatenfischen und Fischtomaten hat es dann aber nicht geklappt, stattdessen baut man Kräuter an. Das »Hauptstadtbasilikum« verwelkt schnell, wenn es einmal zuhause im Topf steht. Und die Barsche sind unappetitlich in Plastik eingeschweißt worden.

Der *Local for local*-Gedanke bringt, einmal in zeitgenössisches urbanes Gärtnern umgesetzt, viele kreative und sinnvolle Bildungs- und Integrationsprojekte hervor, aber nahezu keine Tomaten. Meine hoffnungsvoll gestartete Fahrradtour entlang einiger Wiener Pionierprojekte wurde sogar zu einer höchst deprimierenden Erfahrung. Dort kämpfen zahllose idealistische Eltern, Studenten und grüne Grüppchen seit Jahren mit der kommunalen Bürokratie um ihren größten Wunsch: Raum. Denn in Wien kann man nicht einfach, wie zum Beispiel in Berlin, auf eigene Faust ein Grundstück instandbesetzen. Höchst selten gelingt es, dass einem Projekt ein paar Quadratmeter für gemüsegartenartige Aktivitäten zugewiesen werden.

Das erste Mini-Areal ist abgesperrt. Ein Schlüssel für das Tor und ein winziges Stück Boden kosten 30 Euro Mitgliedsbeitrag. Das erzählt die Studentin, die gerade angeradelt kommt. Sie musste wahrhaftig eine offizielle Bewerbung abgeben, um ihr Miniterrain zu ergattern. Gemeinsames Gärtnern, Essen oder gar Lebensgefühl? Nichts von alledem. Der zweite »Guerillagarten«, wie ein nüchtern gestalteter Hinterhof ziemlich kühn getauft worden ist, erweist sich als Kinderspielstätte. In einer Ecke steht zwar ein Kasten, in dem die Eltern offenbar einen Versuch zum Tomatenanbau gemacht haben. Aber die Anwesenden achten nur auf den Nachwuchs.

Das dritte Fleckchen liegt im Herzen Wiens, in der schmalen, dunklen Kirchengasse. Hier wachsen tatsächlich Tomaten in Kästen, von Müllcontainern und vorbeirasenden Autos flankiert. Die netten »Salatpiraten«, die hier gärtnern, besehen ihre laufende, unfertige Arbeit mit Stolz. Bis vor kurzem lag an der Stelle, wo man es sich jetzt auf Hockern und sogar in einer Badewanne halbwegs bequem machen kann, noch wilder Müll herum. Zwar lassen sich die Tomaten, unter anderem aus Saatgut von Erich Stekovics, noch nicht blicken. Wenn sie erscheinen, dürften sie aber angesichts der Umstände am ehesten als Ziergewächs geeignet sein – genau wie es hier vor ein paar Jahrhunderten üblich war. Lieber wüsste man nicht, was sie alles aufgesogen haben.

Tja, dieses Stadtgärtnern … Mitunter trifft hier das Paradox zu: Je lokaler das Obst und Gemüse, desto ungesünder das Ergebnis. Sogar beim Bioladen in Berlin schien man ja diese These, zumindest unterbewusst, zu vertreten, indem man den schlechten und verschmutzten Boden um Berlin herum als ungeeignet für Bioäpfel bezeichnete. Die Ernte kann nur so gut sein wie das schwächste Glied in der Produktionskette: Boden, Wasser, Luft. An diesem Grundsatz kann auch der nachhaltigste Ur-Tomatensamen nichts ändern. In der Stadt sind die Böden oft mit Schwermetallen belastet, dazu kommt noch die Luftverschmutzung durch den Verkehr. Mehrere Studien, unter anderem der Technischen Universität Berlin, haben gesundheitsgefährdende Bleiwerte in Berliner Hobbygartenprodukten gefunden. Manche lokale Tomate enthält viel mehr Blei als die Supermarkt-Tomate.

Hochbeete in Säcken und Kisten schützen wenigstens vor belasteten Böden. Viele urbane Gärtner von heute verhalten sich ohnehin sehr umweltbewusst. Gleichzeitig gibt es unter Laubenpiepern und Hobbygärtnern aber auch solche, die mit Kunstdünger arbeiten. In den Niederlanden wurde noch vor kurzem darauf hingewiesen, dass der üppige Gebrauch von Roundup und anderen Unkrautvertilgern das eigene zukünftige Trinkwasser, tief unten im Boden, zu verseuchen droht. Ein Wissenschaftler der Universität Groningen empfiehlt im März 2017 mit Nachdruck, Gemüse aus »Stadtlandbau« extra gut abzuspülen.

Local for local wird manchmal herablassend als »Kirchturmmarketing« bezeichnet. Nach dieser Lesart ist es ein Nostalgie-Konzept, dass nachhaltig im Archiv der Erinnerung bestattet werden sollte. Tatsächlich geht es immer häufiger um Marketing. Auch der Kommerz hat das Konzept für sich entdeckt, vom Erzeuger bis zum Supermarkt. Nicht umsonst präsentieren viele ihre Produkte als »von hier«, weil das Gewächshaus nun mal hier steht – es wurde schon erwähnt.

Auch die Wissenschaft mischt sich ein. Im Gutachten *Local-for-local productie kastomaten* (»Local for local-Produktion von Gewächs-

Urban Gardening in
Wien: Tomatenanbau
in der Kirchengasse

haustomaten«) des Wageninger Agrarinstituts LEI wurden 2016 die
Chancen für ausländische Standorte des niederländischen Toma-
tenanbaus untersucht. Das Ergebnis: »Der Mehrpreis für das local
for local Marktsegment macht dies lohnend.« Denn im Ausland (lies:
Deutschland) gebe es eine positive Vorstellung von Nachhaltigkeit,
die mit diesem lokalen Konzept verbunden sei. Das heißt im Klartext:
Man sollte die naiven Deutschen mit quasi-lokalen Tomaten übers
Ohr hauen.

Der niederländische Agrarminister hat 2016 die neue Parole für den
Agrarsektor bekannt gegeben: *High Tech to Feed the World*. Ja, auf Englisch, der bekannte Filmtitel klingt mit. Ausdrücklich hat der Minister den Unterglasgartenbau mit einbezogen. Will er wirklich mit den
niederländischen Tomaten und Gurken die Welt ernähren? Oder ist es
wieder mal eine opportunistische Formel, um die Überproduktion loszuwerden? Die Niederländer jonglieren gern mit Marketingstrategien.
Wenn die Profilierung mit Lokal- und Regional-Konzepten nicht funktioniert, versuchen wir es eben »global« – so haben seine Berater es dem
Minister bestimmt eingeflüstert.

REWE Regional

REWE Beste Wahl
Tafeläpfel rot
Braeburn
Österreich - Klasse I
süß-säuerlich

1985530 1 / 19.05.14

2.99

1 kg

Äpfel aus Österreich: im Berliner Supermarkt als »regional« gehandelt

Man liest es heutzutage öfter: Unter Verweis auf die Ressourcen-knappheit beschwören Firmen, Wissenschaftler und Politiker, dass noch effizienter produziert werden muss, um die ganze Welt zu ernähren. Damit verkehrt man aber die Aussage von *We Feed the World* geradezu ins Gegenteil. Der Film wendet sich gegen die Agrarindustrie und die sogenannte »Globalisierung«, und setzt stattdessen auf lokale Ressourcen. Beide Positionen sind extrem. Soll man nun in großem Maßstab oder eher klein produzieren? Viele Sachverständige und Schein-sachverständige debattieren über diese Frage geradezu unversöhnlich.

Für bestimmte Grundnahrungsmittel, wie zum Beispiel Reis, dürfte eine industrielle Effizienz mit hohen Erträgen sich auszahlen, um die immer wieder angeführten »zehn Milliarden Menschen« zu ernähren, die 2100 vermutlich auf der Erde leben werden. Aber die weltweite Ernährung ist zunächst eine Frage von Macht und Umverteilung, mitsamt einer besseren Katastrophenpolitik. Die Wissenschaft ist sich weitgehend einig, dass die natürlichen Ressourcen an sich nicht unzureichend sind. Wie auch immer, gerade bei Tomaten und Gurken überzeugt das Argument der wachsenden Weltbevölkerung nicht wirklich. Man kann zwar den Überschuss, bevorzugt dosenweise, in die Welt pumpen. Aber so wird eher der Anbau am Zielort bedroht. Und Hunger lässt sich ohnehin schlecht mit Tomaten bekämpfen.

Jedes Mal, wenn ein niederländischer Tomatenanbauer seine intensive, höchsteffiziente Ernte mit philanthropischen Argumenten wie »unsere Aufgabe in der Welt« verteidigt, muss ich grinsen. Es ist, als höre man einem Gauner zu, der gelernt hat, seine Untaten auf seine schlechte Jugend zurückzuführen. Ähnlich amüsant wirkt allerdings die Gegenargumentation in manchen Kreisen von »Lokalos«. Hilft es der Welt wirklich weiter, wenn alle die Tomaten für sich selbst im eigenen Stadtgebiet anbauen? Wenigstens in Europa würde das zu kuriosen Zuständen führen. Die »Gläserne Stadt Altona« oder die »Mariahilfer Treibhauslandschaft«? Auf teuerstem Boden und angesichts der aktuellen Wohnungsnot?

Ohne den Einsatz von viel Glas kann man keine Stadt mit Tomaten versorgen. Der innovative, raumsparende vertikale Anbau auf Wasser in innerstädtischen Gebäuden, der als neue Hoffnung gepriesen wird, funktioniert zukünftig vielleicht halbwegs mit dem für die Ernährung ziemlich unbedeutenden Salat. Aber egal wie nährstoffreich die Tomaten überhaupt sind, für ein Konzept, bei dem nur Kunstlicht eingesetzt wird, sind sie nicht gerade geeignet. Und von Nachhaltigkeit wären sie weiter entfernt als jemals zuvor. Zum Glück wissen wir heute, dass sich die Tomaten für die Hamburger, Wiener und Berliner verhältnismäßig klimaschonend aus dem spanischen Almería, oder notfalls auch aus dem holländischen Westland, in diese Großstädte hinein transportieren lassen.

Marktforschung
Regionale Tomaten

Ich habe etwas Freches gemacht. In einer Berliner Filiale der Supermarktkette Rewe standen die gelben Pappschilder »Aus unserer Region« nämlich
wieder mal überall und nirgends. Zum Beispiel beim *Salatglück*, einer Soße,
die von der Insel Sylt stammt, 500 Kilometer entfernt. Das nenne ich nicht
mehr regional. Daher habe ich das »Regional«-Pappschildchen entfernt. Die
Äpfel vom Bodensee, 750 Kilometer von Berlin? Und jene aus Österreich?
Weg mit dem »Regional«-Schild! Mit den »regionalen Tomaten« stimmte
es schon letztes Mal nicht. Aber die waren jetzt von selbst verschwunden.

Der Begriff »regional« ist nicht eindeutig definiert und nicht geschützt.
Die EU kennt keine formale Festlegung eines Maximalradius, der »unsere
Region« bestimmt. Alle Europäer können deswegen selbst benennen, was
regional ist. Aus deutscher Sicht ist das kleine Nachbarland Holland nur so
groß wie eine Region. Dort könnte man also jeden Apfel und jede Tomate
aus niederländischem Anbau regional nennen. Die Niederländer sind, vielleicht gerade deswegen, weniger vom Begriff »regional« besessen als die
Deutschen.

Niemals findet man im Berliner Rewe-Supermarkt die Bezeichnung »regional« bei einer Tomate oder einem Apfel aus den Niederlanden. Dabei
geht es offenbar eher um ein Bauchgefühl als um eine tatsächliche Distanz.
Das trügt jedoch: Genauso wie beim Tomatenmark können bei Industrieprodukten wie dem Sylter *Salatglück* die Zutaten sogar aus China kommen.

Das regionale Frischgemüse wird in der Bundesrepublik, wie auch in Österreich, gehegt und gepflegt. Es ist oft entsprechend teuer. Da zahlt es sich
aus, den Verbraucher irrezuführen. Bei Rewe hatte ich zwei Kilo regionale
Tomaten gekauft. Sie kommen von Werder Frucht. »So nah, so gut«. Werder
liegt bei Potsdam, und die Firma hat ihren Sitz im nahen Groß Kreutz. Aber
wer die Angabe richtig liest, sieht, dass diese Tomaten in Werder nur verpackt worden sind. Sie können in ganz Deutschland produziert worden sein:
Es steht »Deutschland« auf der Packung. Rewe will nicht verraten, woher in
Deutschland diese Tomaten stammen. Das muss der Konzern auch nicht.

Werder Frucht handelt zum Beispiel auch mit Bananen. Die werden
bekanntlich in Deutschland gar nicht produziert. Das macht einen schon

nachdenklich. Noch verwirrender ist allerdings, dass ein kleiner Teil der Tomaten dieser Vermarktungsgesellschaft tatsächlich in der Region, also in Brandenburg, produziert wird. Wenn das der Fall ist, steht das aber super-groß auf der Verpackung, denn damit wird extra Geld verdient. Wenn also nur »Werder Frucht« und »Deutschland« als Herkunftsland angegeben sind, ist davon auszugehen, dass die Tomaten (oder auch zum Beispiel Äpfel) aus Sachsen oder Niedersachsen oder von noch weiter weg aus Deutschland stammen. In dem Sinne sind die Produktverpackungen zuverlässiger als die »Regional«-Schilder von Rewe. Wenn man sie zu lesen versteht.

Ähnliches gilt selbstverständlich für jedes Gemüse und Obst und für jeden Supermarkt in jeder Region. Sogar auf dem Wochenmarkt, dem In-begriff für regionales Gemüse, sollte man wachsam sein. »Tomaten aus Werder«, lese ich auf dem trendigen Wochenmarkt auf dem Boxhagener Platz in Berlin. Ich frage nach, ob sie dort auch produziert worden sind. »Na ja, ich komme schon aus der Umgebung«, antwortet der Marktkaufmann, der auch selber anbaut. »Aber meine Tomaten sind derzeit noch nicht reif. Diese kommen von woanders, aus Sachsen.« Er räumt ein, dass er auch in der Saison die Brandenburger Tomaten auffüllen muss mit jenen, die von weiter her stammen: »Hier gibt es einfach zu wenige.« Gleichwohl präsen-tiert er sich, wie viele andere am »Boxi«, als Verkäufer von Regionalwaren.

Bei der Biotomate spielt das Label »regional« eine noch größere Rolle. Die Kunden sind in dieser Hinsicht besonders fordernd und zugleich blau-äugig. Eine Filiale von Denn's Biomarkt in Berlin lockt in einem Frühling mit »Erleben sie die Vielfalt unserer Region!« Allerdings sind auch hier die großen Schilder »Hier aus der Region« trügerisch. Darunter findet man Äpfel aus Sachsen, Salat aus Italien und sogar Tomaten vom bekannten Biokonzern Demeter, die ebenfalls in Italien produziert worden sind. Ein Mitarbeiter erzählt mir gleichwohl, dass die Kette 150 Kilometer als maxi-male Entfernung für Regionalprodukte betrachtet. Er macht einen aufrich-tigen Eindruck. Ist der schlechte Geografie-Unterricht schuld? Oder der in Mathematik?

Ich habe natürlich leicht reden. Ich stamme schließlich aus der Region Niederlande.

Arbeit

Der Hauptbahnhof der polnischen Stadt Opole atmet Nostalgie. Schnitzereien in fließenden Jugendstilbögen schmücken die Halle mit den Fahrkartenschaltern. Der Bahnhof wurde um 1900 gebaut, als Opole noch Oppeln hieß und im deutschen Schlesien lag. Exakt in diesem Wort »deutsch« liegt der Erfolg der Zeitarbeitsfirma Otto Work Force begründet.

Noch ist Holland nicht verloren
Die polnischen Rettungsbrigaden

Bereits auf den Bahnhofstreppen vertreiben grelle Werbeplakate die Nostalgie: »Praca w Holandii!« (»Arbeit in Holland!«) Auch vor fünfzehn Jahren leuchtete dieser Aufruf schon massenhaft von den Treppenstufen. Nur die Namen der Zeitarbeitsfirmen sind teilweise andere geworden. Draußen auf dem Vorplatz strahlt einem aber die vertraute Otto-Vignette weiterhin entgegen. »Ja toll, oder? Noch immer an der Stelle, wo wir 2000 angefangen haben«, sagt Geschäftsführer Frank van Gool. Es ist 2012, und Otto Work Force hat sein polnisches Hauptquartier derweil in Schlesiens Großstadt Wrocław (Breslau) verlegt.

Mit zwei Freunden hat van Gool als junger Unternehmer aus der niederländischen Provinz Limburg am Ende des vorigen Jahrhunderts seine Marktnische entdeckt. Das war die deutsche Minderheit, die nach der Öffnung des Eisernen Vorhangs einen deutschen Pass beantragen konnte. Mit diesem Dokument in der Tasche durften die deutschstämmigen Polen, deren Familien nach dem Krieg in Schlesien geblieben waren, im Gegensatz zu den übrigen Polen sofort im niederländischen Gartenbau an die Arbeit gehen. In Opole hat Otto seine ersten 100 Millionen Euro Umsatz gemacht. Als Marktführer gab das Unternehmen damals den Ton für die grenzüberschreitende Arbeitsvermittlung an.

Ihre frischen Tomaten haben die Deutschen auch den Polen zu verdanken, die sie in den Niederlanden pflücken. Und mehr noch: Die ganze holländische Produktions- und Verpackungsindustrie, nicht nur im Bereich Tomaten, würde ohne Saisonarbeiter und Vollbeschäftigte aus Polen zusammenbrechen. 2012 gibt es noch genug Polen für die einfache Erntehilfe. »Die Kosten für den Lebensunterhalt sind hier in Polen viel schneller gestiegen als die Gehälter«, erklärt Celina Zawadzka in Opole. Die Polin arbeitet für NL Jobs, eine Zeitarbeitsfirma, die ein paar Jahre zuvor von niederländischen Gärtnern gegründet worden ist. Sie hatten die verbreitete Schummelei und die Ausbeutermethoden in der Branche satt, zumal diese Zustände ihnen nicht den erhofften stabilen Strom zuverlässiger Arbeitskräfte gebracht hatten.

Zawadzka rekrutiert geeignete Menschen hauptsächlich für die Tomaten- und Blumenzucht. »Sie kommen gerade zu uns mit ihren Klagen über Otto«, erzählt sie. »Dabei ist unsere Auswahlprozedur streng.« Bei NL Jobs bekommt man Verträge für maximal drei Monate. »Als Zeitarbeitsunternehmen muss man nun mal flexibel sein. Aber viele kehren immer wieder zu uns zurück. Oft können wir sie im Westland von einem Betrieb direkt in den nächsten schicken. Wir versuchen zu vermeiden, dass sie ohne Einkommen in den Niederlanden auf Arbeit warten müssen. Das passiert in diesem Sektor leider allzu oft.«

2012 arbeitet jeder zwanzigste Pole im Ausland. Im niederländischen Gartenbau machen Zeitarbeiter die Hälfte der Belegschaft aus. Seit 2007 dürfen alle Polen in den Niederlanden arbeiten. In England, Irland und ein paar anderen EU-Staaten war das schon bald nach Polens EU-Beitritt im Jahr 2004 erlaubt. Zawadzka: »Nach 2007 haben viele die Niederlande bevorzugt. Dort waren sie nicht so weit von Zuhause weg. Und mit der britischen Wirtschaft ging es damals ohnehin abwärts.«

Deutschland hat erst im Mai 2011 die volle Freizügigkeit für Arbeitnehmer aus acht EU-Beitrittsstaaten aus dem Osten, darunter Polen, eingeräumt. Das geschah widerwillig, aber die EU duldete keinen weiteren Aufschub. Jahrelang hatte man in der Bundesrepublik die Angst vor billigen Arbeitskräften aus dem Ausland geschürt. Deswegen hinkt Deutschland heute noch bei der Anwerbung ausländischer Arbeitskräf-

Bahnhofstreppe in Opole, Polen: Werbung für Arbeit in den Niederlanden

te, speziell von Fachleuten, hinterher – eine Situation, vor der Sachverständige aus Handel und Industrie jahrelang gewarnt hatten.

Die Gefahr, dass ausländische Arbeitskräfte für Dumpinglöhne arbeiten und so Einheimische aus ihren Jobs drängen würden, erschien vor allem deshalb so groß, weil es in Deutschland keinen gesetzlichen Mindestlohn gab. Der Deutsche Bauernverband hat immer und immer wieder verkündet, ein Mindestlohn für Saisonarbeiter würde sich katastrophal auf den Obst- und Gemüsesektor auswirken. Und mancher Gärtner durfte in den Medien drohen, sein Spargel oder seine Spreewaldgurken würden für den Verbraucher sehr viel teurer werden. Selten oder nie wurden diese Argumente mit dem zum Greifen nah liegenden Gegenargument entkräftet: mit den billigen Tomaten aus den Niederlanden. Dort gibt es nämlich seit Jahrzehnten schon einen gesetzlichen Mindestlohn, wie in den meisten reichen Staaten Europas. Und der Obst- und Gemüsesektor ist dort keineswegs zusammengebrochen. Im Gegenteil: Mehr Menschen können mehr Geld ausgeben als zuvor. Die Preise sind in den Niederlanden durchaus gestiegen, aber nicht aus diesem Grund, und wohl am wenigsten bei Obst und Gemüse. Die meisten Holländer konnten gar nicht glauben, dass es in der zivilisierten Bundesrepublik keine derartige Regelung gab. Aber das ist nun Vergangenheit. Seit Januar 2015 gibt es auch hier einen gesetzlichen Mindestlohn, wenn auch mit Ausnahmen und auf niedrigerem Niveau als in den Niederlanden.

Das Beispiel der Niederlande zeigt freilich auch, dass die Existenz eines Mindestlohns keineswegs alle Missstände aus dem Weg räumt. Dieses Arbeitnehmerrecht ist gerade in der Zeitarbeitsbranche leicht zu umgehen. Manche Unternehmen bezahlen zum Beispiel nur einen Teil der Stunden nach dem Mindestlohn. Oder sie ziehen Wucherpreise für Unterkunft und andere Leistungen vom Gehalt ab. Oder sie greifen auf die beliebte Konstruktion der Scheinselbstständigkeit zurück. Oder sie fühlen sich nicht an den für den Gartenbau geltenden Tariflohn gebunden, der auch Zeitarbeitern zusteht und meist über dem gesetzlichen Mindestlohn liegt. Die Gewerkschaft FNV forschte vor ein paar Jahren nach: Drei Viertel aller Arbeitsvermittlungsfirmen hielten sich nicht an die Tarifverträge.

Immer wieder kommen gravierende Beispiele für die genannten Vermeidungsstrategien ans Licht. Und dann? Manche Sachverständige sagen, es habe sich schon viel verbessert. Ein Teil des Problems sei aber, dass die meisten Polen sich ungern beklagen, und schon gar nicht offiziell. Grundsätzlich verschwunden sind die Missstände in der Zeitarbeitsbranche bis heute nicht. Die niederländische Meldestelle für betrügerische Zeitarbeitsfirmen hat in den vergangenen Jahren über hundert solcher Arbeitgeber überführt. Die Folge ist dann eine Geldstrafe oder eine Verurteilung zu gemeinnütziger Arbeit – oder man geht vielleicht auch mal pleite und gründet eine neue Firma. In zwei Fällen aus dem Westland wurden die verurteilten Unternehmen von der Justiz aufgefordert, dem niederländischen Staat das Geld zurückzuzahlen, das faktisch von den polnischen Saisonkräften geraubt worden war.

Illegale, halb legale oder auch unzumutbare legale Konstruktionen gibt es selbstverständlich auch in Deutschland. Mindestlohn hin oder her, »Erntehelfer« sollen nicht zu viel kosten, auch wenn die Ernte acht Monate dauert, wie im Fall der Tomaten aus dem Gewächshaus. Es gibt in Deutschland nicht so viele Tomatenanbauer wie in Holland, aber darunter sind einige Betriebe, die sich nicht ausreichend rentieren, weil sie verhältnismäßig teuer produzieren. Zum Beispiel die bereits erwähnte Firma Vitarom Frischgemüse im schleswig-holsteinischen Hemmingstedt. Die ZDF-Sendung *Frontal 21* geht 2016 auf Reportage dorthin: Die Journalisten enthüllen, dass es mit den festen Arbeitsplätzen, die als Gegenleistung für die erhaltenen 830 000 Euro EU-Subventionen geschaffen werden sollten, nicht so recht klappt. Feste Stellen wurden in Hemmingstedt kaum geschaffen. Umso mehr Mitarbeiter wurden über eine Leiharbeitsfirma in Hamburg angeworben, die die Saisonkräfte über Jahre hinweg als Selbstständige beim Hemmingstedter Gewerbeamt angemeldet hat. Die 151 »Ein-Mann-Firmen« in der Erntehilfe – die es arbeitsrechtlich in dem Bereich gar nicht geben kann – sind mehr Selbstständige, als im ganzen Handelsregister der Kleinstadt bis dahin vermerkt waren. Für sie werden keine Sozialabgaben abgeführt. Das war den Ausländern nicht bekannt. Wie auch? Alle Instanzen drücken sich vor der Verantwortung, Vitarom, das Gewerbeamt, der Zoll, das Landwirtschaftsministerium: Keiner will Unregelmäßigkeiten bemerkt haben. Nichts wurde überprüft, geschweige denn wurde eingegriffen. Und der Chef der Leiharbeitsfirma, so die Journalisten, prahlt in Marokko – über Telefon – mit seiner halben Million Euro Gewinn.

Dieser Fall von Sozialbetrug ist zufällig ein Beispiel aus der deutschen Tomatenzucht und wird deswegen hier dankbar zitiert. Auf solche Spielchen mit den Regeln des Arbeitsrechts kann man aber überall stoßen. Der Kontrolle ist in der ganzen europäischen Union mehr als unzulänglich. Das Problem ist, dass viele Schummeleien mit den Arbeitskräften nicht eindeutig illegal sind. 2012 stehen zum Beispiel die polnischen Standorte einer ganzen Reihe von niederländischen Konzernen in der Kritik wegen Korruption und Ausbeutung der polnischen Belegschaft. Betroffen sind auch große Namen wie der Elektronikkonzern Philips, die Supermarkt-Kette Albert Heijn sowie diverse Transportfirmen.

Zur selben Zeit ruft der niederländische Sozialminister Lodewijk Asscher öffentlich dazu auf, keine Champignons bei Albert Heijn mehr zu kaufen. Der Vorzeige-Supermarkt bezieht die Pilze nämlich von einem Betrieb in Limburg, der seine meist polnischen Arbeiter sehr schlecht behandelt. Was erstaunt, ist die Tatsache, dass die polnische

Regierung an der Ausbeutung ihrer Untertanen eine gewisse Mitschuld trägt. Im Mai 2016 wirbt Asscher in Europa, nicht ganz frei von Opportunismus, für die gleiche Bezahlung bei gleicher Arbeit von EU-Bürgern in den Niederlanden. Auf seiner Werbetour stößt der Minister aber just in Polen auf Ablehnung. Die polnische Regierung findet den Konkurrenzvorteil durch Niedriglöhne wichtiger als das Wohl der Polen im Ausland.

Das Pionierunternehmen Otto Work Force wurde vor Jahren als »Otto Slave Force« auf den schwarzen Listen von niederländischen und polnischen Gewerkschaftswebsites aufgeführt. Aber diese öffentliche Kritik ist offensichtlich verstummt. Eine Gruppe von qualifizierten Zeitarbeitsfirmen – solche Qualitätssiegel gibt es aller Art – hat Otto 2014 und 2015 sogar zur besten Zeitarbeitsfirma der Niederlande gekürt. Wie lässt sich diese rasante Image-Wende erklären? Sicher, die Kritiker und die Lobenden stammen aus verschiedenen Ecken. Aber es gab auch strukturelle Änderungen auf dem Arbeitsmarkt. Otto Work Force hat sich mehr und mehr auf die Vermittlung von Fachkräften verlegt, nicht an erster Stelle für den Gartenbau, sondern zunehmend auch für große Unternehmen wie Adidas und den Fahrradhersteller Gazelle, für polnische Firmen in Polen und für deutsche in Deutschland, und gerne auch umgekehrt. Gut ausgebildete Menschen lassen sich wohl weniger leicht ausbeuten, speziell wenn sie gefragt sind. Derzeit arbeiten über Otto 15 000 Zeitarbeiter vornehmlich in den Niederlanden, Deutschland und Polen. Das vermeldet Otto auf seiner Website, wie auch die Tatsache, dass das Unternehmen heute fünfzig Standorte in ganz Europa hat.

An Fachkräften mangelt es inzwischen nicht nur in den alten EU-Staaten, sondern auch in Polen selbst. 7 000 internationale Zeit- und Leiharbeitsfirmen sind 2016 auf einer Website der polnischen Behörden registriert, darunter viele niederländische. Die Fachkräfte sind massenhaft weggezogen. Und obwohl das Land so katholisch ist, gibt es zu wenig Nachwuchs. Flüchtlinge könnten hier aushelfen, aber sie sind unerwünscht. Dem boomenden polnischen Gartenbau mangelt es sowohl an Spezialisten als auch an Erntehelfern. Zum Glück gibt es das ärmere Nachbarland Ukraine, um wenigstens ein Teil der Stellen in Polen zu besetzen.

Flämischer »Power Bee«-Wagen bei Vitarom in Hemmingstedt

Im niederländischen Glasgartenbau ist die Zufuhr an polnischen Pflückbrigaden heute fast erschöpft. Das Defizit wird von den Zeitarbeitsfirmen vor allem mit Balten und Ungarn aufgefüllt, seltener mit Rumänen. Irgendwie lustig ist in dieser Hinsicht, dass holländische Gärtner sich über Rumänen genauso äußern wie über die eigenen Landsleute: Niederländer und Rumänen seien schwerer zu disziplinieren als Polen oder Balten. Ein wesentlicher Teil des Tomatenanbaus ist schließlich monotone Handarbeit: die Pflanzen pflegen, pflücken, aussortieren usw. Aus dem Bauch kommentiert ein Manager der Zeitarbeitsfirma NL Jobs: »Holländer fangen sofort an, sich zu überlegen, ob die langweilige Arbeit nicht auch anders zu organisieren wäre.«

Immer weniger Niederländer arbeiten im Gartenbau, der aber nicht weniger produziert. Holländische Arbeitslose lassen sich für die einfachen Tätigkeiten nicht einsetzen. Es gibt traurige Experimente, bei denen Busladungen zwangsverpflichteter Arbeitsloser aus Rotterdam oder Den Haag im nahe gelegenen Westland abgeladen wurden. Nach einer Woche baten die Gärtner verzweifelt darum, sie wieder in den Bus hinein zu packen: »Gebt uns, bitte, unsere Polen!«

Gleichzeitig braucht die Branche immer mehr Fachkräfte: Automatisierungsspezialisten, Techniker, Logistikmanager, Biologen, Sozialarbeiter. Für Niederländer ist die Tomate aber irgendwie nicht sexy genug. Also steigen immer mehr Polen ins mittlere Management auf, wo sie weniger von den Zeitarbeitsfirmen abhängig sind. Sie finden zunehmend feste Stellen. Heutzutage sind offiziell 150 000 polnische Niederländer registriert. Ein Fünftel von ihnen ist in der neuen Heimat geboren. Diese Familien werden vermutlich größtenteils bleiben.

Paulina Zebik gehört zu diesen neuen Niederländern. Sie kam 2008 über NL Jobs und arbeitet heute als Produktionsleiterin bei einem Tomatenzüchter mit einem guten Ruf als Arbeitgeber. »Ich will mal ehrlich sein«, sagt Zebik im bescheidenen Büro des Gewächshauses. »Ich habe bei der Geschichte mit den niederländischen Arbeitslosen wirklich laut gelacht.« Sie will allerdings nicht provozieren: »Mir gefällt es hier sehr.« In Polen hat sie eine Ausbildung in Landschaftsarchitektur abgeschlossen, erzählt sie. »Eigentlich kam ich nur für ein Praktikum hierher. Dann bin ich immer wieder gekommen. Zuerst habe ich allerlei einfache Arbeiten erledigt, später konnte ich Teamleiterin werden. Mittlerweile habe ich eine schöne feste Stelle, teilweise mit Aufgaben im sozialen Bereich. Ich bin hier im Betrieb die Kontaktperson für die Polen. Das macht Spaß. Ich habe mit so vielen verschiedenen Menschen zu tun.«

Gefällt es ihr in Holland wirklich noch? Sogar die Zeitarbeitsbranche und die Gärtner haben gegen den »Polenmeldpunt« protestiert. Das ist eine vom Rechtsnationalisten Geert Wilders 2011 ins Leben gerufene Online-Plattform, auf der man sich anonym über Polen beschweren kann. »Zu mir sind die Niederländer eigentlich nur nett«, antwortet Zebik. Das klingt taktisch, aber sie versichert, es sei ihre Erfahrung. Sie spricht die Landessprache und ist offen und sozial, das macht bestimmt etwas aus. »So hilfsbereit sind die meisten Polen untereinander nun auch nicht«, ergänzt sie. »Die Flex-Arbeiter schuften nur, mit dem einem Ziel: Geld zu sparen für ihr Eigenheim in Polen. Sie kriegen diese Anti-Polenstimmung überhaupt nicht mit.« Und wie wird ihr eigenes Leben in zehn Jahren wohl aussehen? Sie lacht laut. »Vielleicht bin ich dann mit einem niederländischen *jongen* verheiratet und habe einen Traumjob.«

❧

2006 schreibt Fabrizio Gatti für die italienische Wochenzeitung *Espresso* eine Undercover-Story aus dem Tomatenfeld: *Io schiavo in Puglia* (»Ich, Sklave in Apulien«). Diese Geschichte geht auf Englisch online um die

Sklaverei gibt es noch
Südeuropas Tomatenplantagen

Welt. Das Intro lautet: »Ausgebeutet. Unterbezahlt. Einquartiert in dreckigen Hütten. Erschlagen bei Protest. Tagebuch einer Woche in der Hölle zwischen den ausländischen Landarbeitern in der Provinz Foggia«. Dort in Süditalien, wo der Absatz des Stiefels anfängt, befinden sich Europas größte Plantagen für Industrietomaten wie auch die Fabriken, in denen diese grob geernteten, speziellen Tomatensorten zu Pulpe und Mark zerquetscht, eingekocht und dann in Tuben und Dosen abgefüllt werden.

Tatsächlich geht es hier um Plantagen. Diese Tomaten wachsen draußen, und die Assoziation mit kolonialen Zeiten passt gut. Arme Schlucker aus Schwarzafrika und Osteuropa kämpfen dort gegen Hunger, Durst, Krankheiten und Gewalt. Es gab mindestens zehn unaufgeklärte Morde an den – damals um 2005 noch reichlich anwesenden – osteuropäischen Tomatenpflückern. Eine Gruppe Polen konnte mit knapper Not »befreit« werden und mehr als hundert Pflücker sind verschollen.

Aufgeschreckt kommen europäische Reporter nach Apulien, um über die »Sklavenarbeit« zu berichten. Was sie erfahren, lässt sie an Krieg denken, mit Gefangenenlagern, die von »Capos, häufig Polen oder Ukrainer« überwacht werden (*Neue Rheinische Zeitung*, 2009), und sogar an »Konzentrationslager« (*The Guardian*, 2006). Das illegale Treiben von Landbesitzern, Fabrikanten, Mafiosi und *caporali*, den bewaffneten Anwerbern, ereignet sich mitten in der Europäischen Union und wird mit stattlichen Landwirtschaftssubventionen unterstützt.

Über zehn Jahre sind seitdem vergangen. Was hat sich verändert? Für die Antwort auf diese Frage ist 2003 der beste Ausgangspunkt. In dem Jahr beginnt Ärzte ohne Grenzen mit der Nothilfe in Süditalien. Jawohl, die internationale Organisation für Hilfe in Kriegsgebieten und bei Katastrophen lässt sich auf Tomatenplantagen in der EU nieder. Und, wo nötig, ebenfalls bei der Oliven- und Zitronenernte in Apulien, Kalabrien und Sizilien. 2005 publiziert Ärzte ohne Grenzen das Gutachten *Fruits of Hypocrisy* (Früchte der Heuchelei), 2008 gefolgt von *A Season in Hell* (Eine Saison in der Hölle). Beide Veröffentlichungen sind dazu bestimmt, »Aufmerksamkeit für die erbärmlichen Umstände der Tausenden von Arbeitsmigranten zu erregen«, und um Maßnahmen der lokalen Behörde zu erzwingen. Wobei Maßnahmen *gegen* die lokalen Behörde angebrachter erscheinen, wenn man die Gutachten liest.

Daneben publiziert der niederländische Zweig von Ärzte ohne Grenzen zwischen 2008 und 2010 eigene Berichte. Die miserablen medizinischen und hygienischen Bedingungen, unter denen die Saisonarbeiter häufig das ganze Jahr über stecken, weil sie ausweglos in der Falle sitzen, sind nicht zu leugnen. Der Vorsitzende des italienischen Zweigs von Ärzte ohne Grenzen, Loris De Filippi, betont 2010: »Es hat sich seit 2003 nur wenig geändert. Jahr für Jahr kehren unsere Teams an dieselben Orte zurück und beobachten die gleichen, schrecklichen Verhältnisse.«

Aber dann tritt plötzlich Stille ein. Nach 2010 veröffentlicht Ärzte ohne Grenzen keine Informationen mehr über die Nothilfe in Süditalien. Gibt es sie noch? Oder wann hat das Projekt aufgehört? Gibt es Berichte darüber? 2013 maile ich diese Fragen an den Pressesprecher von Ärzte ohne Grenzen in den Niederlanden. Er könne die Fragen nicht beantworten, schreibt er zurück, und werde meine Mail an seinen belgischen Kollegen weiterleiten. Dessen Antworten leitet er mir weiter: »Ich habe es recherchiert, dieses Projekt gibt es nicht mehr.« Prompt schicke ich dem belgischen Pressesprecher weitere Fragen: »Wieso denn nicht? Hat sich die Situation verbessert? Wurden alle Ärzte dringend woanders benötigt?« Er antwortet: «Meine Kollegen in Italien werden das für mich herausfinden. Ich halte Sie auf den Laufenden.« Ich habe niemals mehr etwas gehört, auch nicht nach wiederholten Erinnerungsmails im Jahr 2014.

»Italienischer Tomatensektor noch immer unter Einfluss der Mafia.« Das schreibt die Ethical Trading Initiative (ETI), ein Verband von Nichtregierungsorganisationen und Gewerkschaften, der sich für fairen Handel einsetzt. Die Studie erscheint 2015 und trägt den (aus dem Niederländischen übersetzten) Titel: *Das Vorgehen gegen Ausbeutung von Migrantenarbeitern in der italienischen Tomatenproduktion*. Ist Ärzte ohne Grenzen vielleicht bedroht worden? Dieses merkwürdige Stillschweigen, Nicht-Wissen und um den heißen Brei Herumgehen wären sonst kaum zu erklären. Wie auch immer, die Bedingungen bei der Tomaten-, Oliven-, und Zitronenernte auf dem italienischen Stiefel haben sich seit 2003 nicht wesentlich geändert. Der ETI-Report schätzt, dass eine halbe Million Migranten davon betroffen sind. Ähnliches kann man lesen, sehen und hören in verschiedenen Gutachten von Amnesty International und anderen Organisationen sowie in Filmdokumentationen und Reportagen aus Apulien, Kalabrien und Sizilien. Mancher Journalist tut allerdings so, als ob er selbst neu entdeckt hätte, was dort in Süditalien schief läuft. Nur selten wird aus den vorhandenen Analysen und Berichten zitiert. Fabrizio Gattis Reportage von 2006 ist immerhin von der Europäischen Kommission ausgezeichnet und 2014 nochmals publiziert worden, diesmal auf der Website von *Eurozine*.

Die wichtigste Frage ist selbstverständlich, wieso sich in all den Jahren nichts geändert hat. Einige der Gutachten und Reportagen legen den Finger auf den wunden Punkt. Der ETI-Report wendet sich explizit an die Supermarktketten, namentlich die britischen, die die Produkte der italienischen Tomatenverarbeitungsfirmen kaufen. Sie sollten ihre Einkaufbedingungen überdenken, so ETI. Die *NDR*-Reportage »Deutschland, deine Pizza« (2013) verfolgt die Spur von der Ernte in Italien bis zum europäischen Pizzaproduzenten, der ebenfalls viel zu wenig für sein Tomatenkonzentrat bezahlt. Aus der 2016 in der *taz* veröffentlichten Reportage »Erntehelfer in Apulien – Die Sklaven der Tomaten« wird deutlich, dass sich von alleine nichts ändern wird, weil die Tomatenernte für die Region so profitabel ist. Und der italienische Dokumentarfilm *Schiavi* (Sklaven, 2013) betont erneut, dass die Sklaverei mit EU-Landwirtschaftssubventionen gefördert wird. Der europäische Gewerkschaftsbund EFFAT hat diesen Film sogar in Brüssel vorgeführt. Leider ließen sich die eingeladenen EU-Politiker nicht blicken.

Die Europäische Union produziert jährlich etwa 16 Millionen Tonnen Tomaten. Die größere Hälfte wird zur industriellen Verarbeitung angebaut, oft im Freiland, und die kleinere Hälfte wächst, geschützter, für den Frischhandel. Obwohl Italien mit Abstand die meisten Tomaten Europas produziert (6,5 Millionen Tonnen), ist es Spanien, das die meisten Tomaten für den Frischgemüsemarkt anbaut, jährlich zwei Millionen Tonnen. Hinzu kommt in Spanien aber noch etwa die gleiche Menge an Industrietomaten auf Plantagen wie in Süditalien, vor allem in der Extremadura, dem Grenzgebiet zu Portugal. Die Gesetze des europäischen Markts korrespondieren nicht optimal mit Menschen- und Arbeitsrechten. Der Tomatenanbauer steht unter enormem Druck, billig und viel zu produzieren. Das ist in Italien nicht anders als in den Niederlanden, Spanien, Polen oder Belgien. Dieser Preisdruck kann von der Bank oder von der Discounterkette kommen, vom Pizzaproduzenten, von der Mafia oder von den Konkurrenten. Und er wirkt sich ebenfalls auf alle aus, die Handel mit Arbeitskräften treiben.

Der Film *Schiavi* rückt eine neue Gruppe illegaler Pflücker ins Bild: Flüchtlinge, die von Kriegen und Aufständen, wie zum Beispiel dem »Arabischen Frühling« und dessen Folgen, aus der Heimat vertrieben wurden. Diese Gruppe wächst stark, während der Strom der sogenannten Wirtschaftsflüchtlinge nicht abnimmt. Hier kommt Ärzte ohne Grenze wieder ins Spiel, diesmal auf und um das Mittelmeer. Die Organisation rettet und hilft Menschen, die anschließend häufig ohne Arbeits- und Bleibe-Erlaubnis wenige Kilometer weiter als Erntehelfer ihrem Schicksal überlassen werden.

Eine dieser Siedlungen, in der Nähe der Stadt Foggia in Apulien, ist von den Pflückern »Ghetto Ghanese« getauft worden. Zwei Journalisten der Wochenzeitung *Die Zeit* porträtieren 2015 einen verarmten Tomatenbauern in Ghana. Ihre Geschichte »Ein Mann pflückt gegen Europa« macht einen Seitensprung nach Italien, wo saisonbedingt 150 bis 800 ghanaische Männer notgedrungen in der Tomatenindustrie arbeiten. Zugleich wird die eigene, ghanaische Tomatenproduktion von billigen Importtomaten und Tomatenkonserven aus Europa zerstört. Eine indirekte Bestätigung der Situation kommt 2017 vom nigerianischen Handels- und Industrieminister. Er will, dem Gartenbau-Newsletter *Agf.nl* zufolge, die Tomatenproduktion in Nigeria mit ansehnlichen Investitionen ankurbeln und verbessern – 40 Prozent gehen dort derzeit nach der Ernte verloren. Wenn das auf den Weg gebracht ist, will er den Import von 150 000 Tonnen Tomatenmark mittels einer Verdoppelung des Einfuhrzolls stoppen. Fraglich ist allerdings, ob das auf Grund der internationalen Handelsabkommen überhaupt durchsetzbar wäre.

Die Plantagen für die italienischen Industrietomaten sind ausgedehnt, abgelegen und schlecht kontrollierbar. Die Ernte erfordert lediglich einfache Tätigkeiten. In den Vereinten Staaten von Amerika gibt es das gleiche Phänomen: sklavereiartige Zustände beim Tomatenpflücken. Auch dort wachsen nämlich viele Tomaten auf riesigen Feldern, deren Ernte nicht gerade Präzisionsarbeit verlangt. Sie werden teilweise sofort verarbeitet, ein anderer Teil betrifft aber wahrhaftig Feldtomaten für den Frischgemüsehandel. Es geht also doch: Wenn sie bloß unreif genug geerntet und mit Unmengen von Pestiziden und anderen Chemikalien überschüttet werden. Dem Gift werden auch die Massen mexikanischer und anderer Rechtloser und Unterprivilegierter ausgesetzt, die für die Ernte erforderlich sind.

Je weniger geschützt die Tomate wächst, desto weniger geschützt ist der Arbeiter. So lautet das Gesetz des Dschungels. Wenn die Nachhaltigkeit einer Tomate nicht vornehmlich an gesparten Energiekosten und CO_2-Emissionen gemessen wird, sondern auch die Arbeitsumstände und der Gifteinsatz berücksichtigt werden, schneiden die Feldtomaten aus Apulien und der Extremadura, genauso wie die aus Florida oder Kalifornien, sehr schlecht ab. In den USA haben Dokumentarfilme, Gutachten und Bücher nichts Grundlegendes an diesem Produktionssystem ändern können. Es gibt dort allerdings einige Supermarkt- und Restaurantketten, die sich, stimuliert von Verbraucherverbänden und Fair-Food-Organisationen, allmählich von den schlimmsten Praktiken distanzieren.

Auch der Konsument hat also ein wenig Macht. Trendig ist heutzutage in den USA, nur noch Gewächshaustomaten zu mögen. Das ist neu, und niederländische Gewächshausbauern ziehen ihren Vorteil daraus. Da hier in Europa die größten Missstände mit der Ernte von Industrietomaten verbunden sind, könnte der Verbraucher dazu übergehen, nicht länger spottbillige Tomatenmark-Dosen und Tiefkühlpizzen zu kaufen. Die verwendeten Tomaten können aus Italien stammen oder aus Spanien, wo marokkanische Immigranten ebenfalls oft unter erbärmlichen Umständen auf dem Land arbeiten. Freilich können sie auch aus China importiert worden sein. Über die dortigen Produktionsumstände ist wenig bekannt.

Das Ghetto der Ghanaer in Apulien kann als Symbol stehen für die bizarren Gesetze einer weltweiten Wirtschaft, die Bauern von Afrika nach Europa versetzt, während die Tomaten, die sie dort für einen

Hungerlohn ernten, im Topf der zurückgelassenen Familie in Ghana landen können. Mit illegalen marokkanischen Landarbeitern passiert in Italien, aber vor allem in Spanien, Ähnliches. Doch das Ergebnis ist ein anderes. Marokko kannte eine blühende Tomatenexport-Industrie, bis Spanien der Europäischen Union beitrat. Von da an begann die spanische Tomate mit EU-Fördermitteln ihren Export-Siegeszug. Die marokkanische Tomatenzucht dagegen brach zusammen. Junge Männer, die vor der Armut in Marokko flohen, landeten in großer Zahl auf den spanischen Plantagen für Industrietomaten, und später auch in den Foliengewächshäusern von Almería. Auch bei der dortigen Arbeit mit frischen Exporttomaten sind die Arbeitsumstände oft unzumutbar.

Genauso wie bei den Ghanaern ist der Umzug der Marokkaner eine Folge der europäischen Agrarförderung. Und weil die EU heute ihre Außengrenzen wieder verstärkt absperrt, können diese Marokkaner kaum noch nach Marokko zurück. Denn wie könnten sie Spanien für die Saisonarbeit wieder betreten, wenn es ihnen an den richtigen Papieren fehlt? So stecken sie häufig das ganze Jahr in Spanien fest, teilweise ohne Einkommen – ein Schicksal, das sie mit vielen anderen Afrikanern teilen.

Das Absurdeste an der Situation ist, dass sich die marokkanische Tomatenzucht inzwischen vorzüglich vom Konkurrenzkampf mit Spanien erholt hat. Seit 2012 ein Handelsabkommen zwischen Marokko und der EU zu Stande gekommen ist, füllt die marokkanische Tomate im Winter ein Loch im Markt. Diese Tomaten erscheinen allerdings schon mitten in der spanischen Tomatensaison. Die spanische Tomatenlobby spricht deswegen von »Arbeitsvernichtung«. Und die spanische Regierung protestiert seit Jahren vergeblich gegen das zunehmende Kontingent marokkanischer Tomaten, das zu niedrigen Einfuhrzöllen in die EU hinein darf. Zusammen mit Italien rügt Spanien immer wieder scharf das vermeintliche marokkanische Überschreiten der Exportquoten. Die Europäische Kommission hat dem Verwurf der mediterranen Schreihälse bereits mehrmals widersprochen.

Aber wieso erlaubt die EU eigentlich, dass all diese Tomaten von außerhalb in den Binnenmarkt kommen? Weil als Gegenleistung die eigenen Industrie- und Landwirtschaftsprodukte leichter das Tor nach Afrika passieren können. Den europäischen Politikern geht es weniger darum, ihren Verbrauchern zu nützen – auch wenn die marokkanischen Tomaten, zumeist Cherries, für Dumpingpreise in den Läden der EU angeboten werden. In dem Sinne bilden diese Tomaten das Spiegelbild der europäischen Dosentomaten, die für Dumpingpreise in Afrika zu kaufen sind.

Die marokkanische Tomate verdankt ihren niedrigen Preis nicht irgendwelchen Subventionen. Es sind vielfach Frauen, die in dem Land für Niedriglöhne die Tomaten pflücken, weil ihre Männer in Spanien sind, wo sie unter ähnlich schlechten Umständen schuften. 2014 hat Fairfood International ein erschütterndes Gutachten über die Arbeit im marokkanischen Tomatenanbau publiziert. Die Organisation appelliert an die Supermarktketten, die Tomaten von extrem unterbezahlten marokkanischen Pflückerinnen und Verpackerinnen verkaufen. Mittlerweile stammen vier von fünf in die EU importierten Tomaten aus Marokko.

Nachtrag. Im Jahr 2016 hat die niederländische Tageszeitung *Trouw* eine erstaunliche Reportage veröffentlicht: über die Sklavenarbeit von Nordkoreanern in der polnischen Tomatenzucht. Hunderte Zwangsarbeiter hat das diktatorische Regime nach Polen entsendet, um die Staatskasse zu füllen. Die polnische Regierung kontert, das sei ein legales Geschäft, es gäbe schließlich Verträge. Laut eines Gutachtens der Vereinten Nationen aus dem gleichen Jahr ist dies kein Einzelfall. Und 2017 gibt Südkorea bekannt, dass das Regime von Kim Jong Un in Nordkorea mit der Lieferung von schätzungsweise 50 000 Zwangsarbeitern in die ganze Welt fast 300 Millionen Euro jährlich verdient. Andere Quellen sprechen von Tausenden Zwangsarbeitern allein in der EU, und von ein bis zwei Milliarden Euro Einkommen für das Regime in Pjöngjang. Die Europäische Kommission hat bis heute nichts dagegen unternommen.

Marktforschung
Transport und Temperatur

SanLucar ist eine wichtige Qualitätsmarke – die deutsche Handelsfirma wurde schon erwähnt. Ich schicke SanLucar eine E-Mail mit Fragen zum Thema Transport und Temperatur. Prompt bekomme ich eine nette Antwort aus der PR-Abteilung. »Wir von SanLucar nutzen ausschließlich See- oder Landwege für den Transport unserer Tomaten. (…) Dabei ist die Temperatur von verschiedenen Faktoren abhängig, z. B. von der Entfernung zum Zielort und der Transportdauer. Auch passt sich die Temperatur an die Tomatensorte und die genutzte Verpackung an. Regionale Tomaten vom Anbauer um die Ecke können ohne Kühlung transportiert werden, andere Transporteinheiten gelangen mit einer durchschnittlichen Temperatur von 8 bis 12 Grad an ihren Zielort. Dieser Richtwert sollte weder unter- noch überschritten werden, um die Qualität der Früchte in keiner Weise zu beeinträchtigen.«

Pepijn Bekker von DailyFresh Logistics im niederländischen Westland hat sich auf den Transport von Frischgemüse spezialisiert. Er fährt viel nach England. »Dort ist man sehr kritisch mit der Temperatur«, erzählt er. »Acht Grad ist wohl das absolute Minimum. Aber fatal sind vor allem extreme Temperaturunterschiede. Transporte bei 20 Grad sind zum Beispiel das Beste für Tomaten, die aus einem Gewächshaus mit 25 Grad kommen, was ziemlich üblich ist.« Je länger sie unterwegs sei, desto besser könne die Tomate sich schon an die Temperatur im Laden gewöhnen, wenn die ein wenig abweiche, fügt er hinzu.

Am Ende der Mail von SanLucar folgt noch ein Satz. Einer, den ich mehrmals lesen muss, um zu glauben, dass das tatsächlich da steht: »Für die Aufbewahrung zuhause empfehlen wir Konsumenten Tomaten im Gemüsefach des Kühlschranks zu lagern und sie bei Zimmertemperatur zu verzehren, damit sie ihr volles Aroma entfalten können. Wir hoffen, wir konnten Ihnen weiterhelfen.«

»Kühlschranktemperatur? Die ist fatal!« So reagiert der Tomatenzüchter Ton Janssen aus Venlo, Produzent der bekannten *Tasty Tom*-Tomate, auf meine Nachfrage. »Damit wirft man Perlen vor die Säue. Das Aroma ist weg und kommt nie wieder zurück.« Im Kühlregal wird die beste Tomate zur faden Wasserbombe. Eine Tomate ist kein Gouda-Käse, von dem man

Resul Yasar mit zumeist holländischen Tomaten im Berliner Frische Paradies

ab und zu etwas aus dem Kühlschrank heraus nimmt, um es dann bei Zimmertemperatur zu essen.

Aber SanLucars Empfehlung hat immerhin ihre Logik. Das erklärt mir Resul Yasar, Gemüsemanager im Berliner Spezialitätenladen Frische Paradies. Die verpackten Kirschtomaten von SanLucar liegen dort immer im Kühlregal. »Wir können nicht anders«, sagt mir Yasar in der Lichtenberger Filiale der Firma. »Denn diese Tomaten werden uns schon zu kalt angeliefert. Wenn wir sie ins normale Regal stellen, verkümmern sie fast sofort.«

Resul Yasar hat beim Frische Paradies in Sachen Temperatur schon viel erreicht. Seit der Eröffnung der Filiale 2007 gab es immer diesen einen Schmerzpunkt: Alle Tomaten und Paprikas lagen im abgetrennten Gemüseraum, wo Kühlschranktemperaturen herrschten. Dort hat er mir einiges über Gemüse beigebracht, während ich – auch im Sommer – Pulli, Schal und Mütze trug. Die Restaurants, die hier gern einkaufen, nahmen diese Tomaten offenbar nur wegen ihrer schönen Farben und Formen. Aber 2014 kam Yasar mir strahlend entgegen. Es war ihm gelungen, Platz im normalen

Ladenbereich zu schaffen, wo es um die zehn Grad wärmer ist. Dort liegen seitdem alle losen Tomaten und Paprikas bei den Kartoffeln, Zwiebeln und einigen Obstsorten.

In den Niederlanden, wo man in diesem Bereich so manches besser zu wissen glaubt, gibt es Kaufhäuser, die auf der Suche nach neuen Kunden ihr Sortiment teilweise auf Frischwaren umstellen. Dort findet man bisweilen halb gefrorene Tomaten, die so hart und kalt sind, dass sie in falschen Händen zu tödlichen Waffen werden könnten. Auf Nachfrage bei einem Regalauffüller im Hema-Kaufhaus stellt sich heraus, dass sie zuvor im Lager bei etwa null Grad aufbewahrt wurden – das ist auch für die Tomaten selbst tödlich.

Am ehrlichsten ist der Supermarkt Taste in Hongkong. Hier liegen niederländische Rispen- und italienische Biotomaten im Kühlregal, und auf den Packungen steht: *Keep refrigerated*. Man soll sie also zuhause erneut so kühl aufbewahren, wie man sie gekauft hat. Die italienischen Biotomaten sind mit Zwischenstopp in Holland nach Hongkong gelangt, über eine Biohandelsfirma: *Packed by Eosta, Waddinxveen*. Bei Eosta ist man über meine Nachricht gar nicht erfreut. Es wird sofort gehandelt, und zwar sehr effektiv: Kaum einen Monat später berichtet Eosta mir, der Hinweis *Keep refrigerated* sei von den Hongkonger Etiketten entfernt worden. Beigefügt ist ein Bild des nagelneuen Aufklebers. Hoffentlich stellt auch der Hongkonger Supermarkt diese Tomaten nicht länger ins Kühlregal, denn sonst wäre die ganze Aktion ziemlich sinnlos.

In den meisten europäischen Supermärkten werden Tomaten zum Glück nicht im Kühlregal aufbewahrt. Manchmal gibt es auf den Packungen auch Hinweise, wie sie zuhause am besten aufbewahrt werden sollten: bei 14 bis 16 Grad (Rewe Berlin, eigene Marke) oder gar 15 bis 17 Grad (*cherry rajcica*, Cherrytomaten im kroatischen Osijek). Toll! Da kann man sich nur wünschen, dass vorher bei Lagerung und Transport nicht schon alles falsch gemacht worden ist.

Geld

Die niederländische Europaparlamentarierin Esther de Lange verwöhnt ihre rumänischen Kollegen mit Tomaten aus Holland. Es ist eine halbwegs humorvoll gemeinte Reaktion auf einen Boykottaufruf des rumänischen Staatspräsidenten Traian Basescu. Dieser hat die Bürger seines Lands aufgefordert, kein niederländisches Gemüse mehr zu kaufen, weil die Niederlande den Beitritt Rumäniens zum Schengen-Gebiet blockieren.

Brüssel als Milchkuh und Prügelknabe
Die bizarre Welt der EU-Subventionen

Esther de Lange ist zu dieser Zeit, in den Jahren 2010 bis 2013, Mitglied der Landwirtschaftskommission des Europaparlaments, wo heftig über eine Neuverteilung der EU-Subventionen für die Jahre 2014 bis 2020 diskutiert wird. Die Agrarpolitik verfügt mit Abstand über das meiste Geld aller EU-Ressorts (60 Milliarden Euro; heute etwas weniger). Und dabei geht es an erster Stelle stets um die Subvention bäuerlicher Betriebe. So erklärt Esther de Lange, dass rumänische Bauern weit weniger Unterstützung benötigen würden als dänische, weil ein Euro in Rumänien sehr viel mehr wert sei. Dänemark? De Lange mag sich wohl in Brüssel nicht zu deutlich als Vertreterin nationaler Interessen profilieren. Aber jeder Eingeweihte weiß ohnehin, wie eng ihre Laufbahn mit der niederländischen Agrarlobby verknüpft ist. Und jeden Euro an Subventionen, den Rumänien mehr bekommt, könnten die Niederlande weniger bekommen.

Geld für Staaten? Sind die EU-Subventionen denn nicht für Unternehmen bestimmt, egal in welchem Land sie tätig sind? In Brüssel kategorisiert man trotzdem lieber nach Mitgliedsländern. Frankreich und Deutschland kassieren das meiste Geld aus dem EU-Agrarfonds – unverhältnismäßig viel, so flüstert man in Lobbykreisen. Und Spanien bekommt seine Überfischung ordentlich belohnt. Über die Geheimwaffe der Niederlande bei der Geldbeschaffung spricht man weniger: Die Tomatensubvention findet nämlich unter einem ingeniösen Deckmantel statt – dazu gleich mehr.

In den alten EU-Staaten macht man sich um 2012 sorgen. Der rumänische EU-Landwirtschaftskommissar Dacian Ciolos verkündet immer und immer wieder, dass er für den kommenden Budgetzeitraum 2014 bis 2020 eine grünere und gerechtere Verteilung der EU-Gelder plant. Der niederländische Staatssekretär für Landbau, ein Christdemokrat, unterstützt von Den Haag aus seine Parteifreundin Esther de Lange. Er agiert heftig gegen die Vorschläge von Ciolos, die den niederländischen Bauern unverhältnismäßig schaden würden – zu Gunsten von Staaten wie Polen und Rumänien. Der Deutsche Bauernverband bleibt dagegen gelassen; er hat offenbar mehr Vertrauen in die eigene Lobbymacht und die der Kollegen aus dem Westen. Es werde sich kaum etwas ändern, prophezeit der Verband 2013 auf seiner Website. Und so kommt es auch. Die ambitionierten Pläne des rumänischen EU-Kommissars werden noch im selben Jahr abgelehnt beziehungsweise stark abgeschwächt.

Die EU-Agrarpolitik hat bizarre Folgen. In Rumänien wird die Tomate, als Produkt des Bauernlands, mit maximal 200 Euro pro Hektar gefördert. Das ist ein Drittel bis die Hälfte weniger als das, was niederländische oder deutsche Landwirte bekommen – ganz im Sinne der Argumentation von Esther de Lange. Für die vielen rumänischen Kleinbauern lohnt sich ein Antrag auf die Fördermittel kaum, selbst wenn sie den Weg dorthin kennen. Von ihrem Staat bekommen sie im notwendigen Papierkrieg keinerlei organisatorische Unterstützung, und laut einer Umfrage glauben sie auch gar nicht daran, dass sie überhaupt jemals einen Cent aus »Europa« erhalten würden.

Auch für den niederländischen Unterglasgartenbau ist die Hektar-Förderung nicht lohnend. Ist es doch des Tomatenerzeugers Stolz, auf seinen durchschnittlich sechs Hektar Gewächshausfläche so viele Tomaten wie möglich zu produzieren. Diese Fläche ist nicht viel größer als die eines durchschnittlichen Agrarbetriebs in Rumänien. Aber ein Glasgärtner ist eben kein Bauer. Seine Art von Produktion ist unvergleichlich intensiver. Und das will er von Brüssel belohnt sehen.

Tatsächlich gibt es im Agrarfonds auch Finanzierungsmöglichkeiten für den Gewächshausanbau. Davon haben zum Beispiel österreichische Firmen nach dem EU-Beitritt ihres Landes 1995 profitiert. Und noch vor kurzem wurde das schon erwähnte Glasgemüseunternehmen im schleswig-holsteinischen Hemmingstedt mit solchen Geldern gefördert. Um diese Subventionen zu bekommen, muss man allerdings neue Arbeitsplätze garantieren oder etwas anderes tun, das die Entwicklung der Region voranbringt. In den Niederlanden gibt es jedoch inzwischen kaum noch ungenutzten ländlichen Raum, der erschlossen werden könnte. Und auch neue Arbeitsplätze lassen sich im von ständiger Rationalisierung geprägten Tomatenanbau kaum noch schaffen. Im Gegenteil, es wird schon mit den ersten Pflückrobotern experimentiert.

Anfangs verteilte die Europäische Union ihren wichtigsten Agrarfonds, der Bauern und Gärtnern ein auskömmliches Einkommen sicherstellen sollte, nach anderen Kriterien. Damals zählte die produzierte Menge und nicht die bewirtschaftete Fläche. Diese Idee war aus den mageren Nachkriegsjahren hervorgegangen: Niemals sollte es in Europa wieder Mangel an Grundnahrungsmitteln geben. Nach ein paar Jahrzehnten führte diese Politik allerdings zu unverkäuflichen Butterbergen, Milchseen und Tomatenmassen. Seitdem hat die EU schrittweise auf die Förderung von Produktionsflächen umgestellt – zum Leidwesen der Glashauszüchter.

Aber Mitte der neunziger Jahre fand die mächtige niederländische Agrarlobby eine schöne Nische im Dickicht der EU-Subventionsregeln oder gestaltete sie sogar mit, wie einige holländische Lobbyisten meinen: die Gemeinsame Marktorganisation (GMO). Mit den GMO-Geldern wird nicht die Anbaufläche gefördert, sondern vor allem die »Wettbewerbsfähigkeit und Marktorientierung« mitsamt der »Erhöhung des Obst- und Gemüsekonsums« in der EU. Man kann das, vereinfacht, so zusammenfassen: finanzielle Mittel für Innovationen und Marketingkampagnen. Als Antragsteller treten Erzeugervereine auf, denn im Grundsatz soll die GMO vor allem die Zusammenarbeit innerhalb der Obst- und Gemüsebranche fördern. Im Lauf von 20 Jahren

Die Flagge der Geld gebenden EU flattert über dem Westland

hat das dem niederländischen Gartenbau satte zwei Milliarden Euro an Subventionen eingebracht. Mit dem Ergebnis, dass es immer mehr »innovative« Tomaten gibt und immer mehr Aktionen, um deren Absatz zu fördern – namentlich in Deutschland.

Der Grünen-Europaparlamentarier Bas Eickhout hat mir vor fünf Jahren die Augen geöffnet. »Der niederländische Gartenbau bekommt etwa Viertel von diesem GMO-Subventionstopf«, hat er mir in der Politikerkneipe *De eeuwige jachtvelden* (»Die ewigen Jagdgründe«) in Den Haag erzählt. Diese Tatsache bleibt meist verborgen, weil weder das Gesamtbudget noch die Verteilung im Vorhinein festgelegt werden. Der GMO-Topf ist finanziell quasi unbegrenzt. Die Antragssteller (also die von Staat, Wissenschaft und Konzernen unterstützten Erzeugerorganisationen) müssen lediglich einen variablen Eigenanteil beisteuern, um das Geld aus Brüssel zu bekommen. In den Niederlanden hat die Regierung diesen Anteil auf 50 Prozent festgelegt.

Die GMO-Regelung ist wie geschaffen für die holländischen Exporttomaten. In Deutschland, oder auch in Österreich, hört man dagegen selten etwas von der GMO. Sie spielt in diesen Ländern nur bei einzelnen großen Erzeugervereinen wie Landgard eine gewisse Rolle. Der Zugang wird dadurch erschwert, dass das GMO-System ziemlich intransparent und unübersichtlich ist. Allein die Basisverordnung zählt 232 Artikel. Die niederländischen Erzeugervereine kennen jedoch die Einzelheiten bestens. Mir wurde im Westland zugeflüstert, dass Kollegen sogar ihre Präsentationssoftware, ihre Minibar im Gewächshausbüro oder gleich die ganze Geschäftsstelle voll subventioniert bekommen hätten. Heute kommt noch alles Mögliche an echten und angeblichen »Nachhaltigkeitsinnovationen« hinzu.

Mehr Nachhaltigkeit statt immer mehr Tomaten hatte sich Bas Eickhout in Den Haag und Brüssel gewünscht. »Die Interessen der europäischen Kleinbauern – das sind, denke ich, gerade auch grüne und nachhaltige Interessen – werden im ganzen System der Agrarsubventionen kaum berücksichtigt. Wir europäische Grüne sind der Meinung, dass namentlich bei den vielen kleineren Bauern in Ost-Europa zu wenig Geld ankommt.« Das gilt für die Hektarförderung, aber auch für die GMO-Regelung, die, so Eickhout, an erster Stelle die Machtkonzentration fördert, besonders im Westen Europas. »Nur Erzeugervereine können dieses Geld beanspruchen. Und der niederländische Gartenbau ist der bestorganisierte in der Welt. So hat er zwanzig Jahre lang jährlich um die 100 Millionen Euro GMO-Unterstützung bekommen.«

Heute, im Jahr 2017, liegen die Zahlen etwas niedriger. Es gab und gibt ein paar große Affären, in deren Verlauf einzelne Erzeugervereine gesperrt wurden oder hohe Rückzahlungen leisten mussten, meist wegen Verstößen gegen das Kartellrecht. Denn eins ist laut GMO-Verordnung auf jeden Fall nicht erlaubt: Dass Gärtner unter sich und mit den Supermärkten Preise absprechen. Solche Machenschaften sind der Grund, weshalb Tomatenzüchter Jos Looije aus der Erzeugerkooperation ausgestiegen ist – mit der Folge allerdings, dass er den Zugang zu den GMO-Fördermitteln verloren hat. »Dieses System hindert mich«, erklärt er, »selbst über mein Produkt zu bestimmen und es selbst zu vermarkten. Ich will Qualität produzieren und selbst die Läden und Verbraucher in Europa finden, die meine Tomaten haben möchten.«

Seiner Meinung nach ist die GMO desaströs für den Gartenbausektor, der vordergründig am meisten von ihr profitiert, in den Niederlanden und an zweiter Stelle in Spanien, wo nach seiner Einschätzung ein Drittel der Gärtner in Erzeugervereinen organisiert ist. »In den Niederlanden weiß eigentlich jeder, dass hier ein veraltetes System am Leben gehalten wird, das nur die Produktion stimuliert.« Ein gutes Beispiel ist die spezielle GMO-Hilfe für Erzeuger von Obst und Gemüse bei sogenannten »krisenbedingten Schwankungen«. Wenn ein Überschuss droht, können sie Geld dafür beantragen, dass sie zum Beispiel ihre Tomaten nicht ernten oder die Pflanzen kaputt schneiden. Der dahinter liegende Gedanke, auf diese Weise den Preis stabil zu halten, stammt eigentlich noch aus dem Zeitalter der Butterberge.

So werden gute Nahrungsmittel, die zunächst mit GMO-Fördermitteln produziert worden sind, subventioniert weggeschmissen. Das passiert auch heute noch immer wieder. Speziell in Ländern, wo die Versteigerung noch eine große Rolle spielt, wie zum Beispiel in Spanien und Belgien, wird dieses Mittel dankbar eingesetzt um Tomaten loszuwerden. In den Niederlanden funktioniert das dagegen nur noch, wenn alle Erzeugervereine, die ja direkt mit den Supermarktketten verhandeln, die Vernichtung zur gleichen Zeit durchführen – also sehr selten.

Jos Looije: »Die GMO-Regelung ist Anfang der Neunziger eingeführt worden – aus der Philosophie heraus, dass Gärtner arme Menschen sind, die zur Zusammenarbeit gezwungen werden müssen. So sollten sie mehr Marktmacht bekommen. Damals war das sinnvoll. Es hat ausgebeutete, halb analphabete Schlucker, die nur das Gewächshaus und die Versteigerung kannten, zu Menschen wie mir gemacht. Aber die niederländischen Unterglaszüchter von heute sind längst nicht mehr diese armen Schlucker. Die großen Erzeugervereine machen ein paar hundert Millionen Umsatz.« Und der Markt ist auch ein anderer geworden. »Wenn die niederländischen Erzeugerkooperationen zu viel Geld für ihre Tomaten verlangen, schalten die Supermarktketten einfach auf Tomaten aus Spanien oder von sonst woher um.« Jos Looije glaubt, dass Erzeugervereine für Rumänien oder Ungarn sinnvoll wären. »Aber gerade dort gibt es sie kaum, aus historischen Gründen. Diese Länder profitieren also am wenigsten von der GMO.«

❧

Das rumänische Sibiu gilt als Erfolgsmodell für den ganzen Südosten Europas. Schon lange vor dem EU-Beitritt Rumäniens hatte sich die Stadt um den Titel Kulturhauptstadt Europas beworben, den es im Beitrittsjahr 2007 dann tragen durfte. Sibius Bürgermeister Klaus Johannis konnte damals beträchtliche Mittel und Sponsoren gewinnen, um das alte »sächsische« Juwel, auch als Hermannstadt bekannt, herauszuputzen. Es gab für nahezu jeden Bürger bezahlte Arbeit in der Stadt – so etwas war im Rest des Landes undenkbar.

Rumänische Bauern zwischen den Fronten
Marktmacht, Mythen und Mangelpolitik

Johannis hat selbst siebenbürgisch-sächsische Wurzeln. Wie viele andere Menschen aus der Region kann er auf deutschsprachige Vorfahren zurückblicken, die seit dem Mittelalter hierher gekommen waren. Nach dem Untergang des Kommunismus, und in geringerem Umfang auch schon vorher, sind vor allem viele jüngere Deutsch-Rumänen nach Deutschland emigriert. Aber Klaus Johannis ist geblieben. 2014 wurde er dafür mit der Wahl zum Staatspräsidenten belohnt.

Als Bürgermeister von Sibiu initiiert Johannis 2012 die Aktion *Made in Sibiu* (ja, auf Englisch). In den Medien darf er die kommunale Unterstützung von Produkten aus der Region als ein rumänisches Vorzeigeprojekt präsentieren. Es ist fünf Jahre nach dem EU-Beitritt Rumäniens. Sein Land importiert mittlerweile sieben Mal mehr Gemüse und Obst, als es exportiert. Die Hälfte davon sind Tomaten. Den Zahlen des Nationalen Instituts für Statistik (NIS) zufolge beträgt die Einfuhr von Tomaten das Sechzigfache der Ausfuhr, und das obwohl ein Drittel der Rumänen in der Landwirtschaft arbeitet. Eine Kehrtwende ist nicht in Sicht.

Ein rumänischer Kleinbauer baut gewöhnlich alles Mögliche zugleich oder auch nacheinander an, je nach Saison – einschließlich Tomaten. Aber oft weiß er dann nicht, wohin mit dem Zeug. Es ist also kein Wunder, dass Klaus Johannis großen Beifall für seine Aktion bekommt. Der Kern des Plans ist, so erzählt Johannis den vielen folgsamen Medien, dass die Kleinbauern aus der Umgebung kostenlos einen Standplatz auf einem großen Markt bekommen, damit sich die Reise nach Sibiu mit den verderblichen Frischeprodukten wieder lohne. Das sei also ein Akt von Lokalpatriotismus.

Ein paar Tage nach dem angekündigten Start von *Made in Sibiu* sind die Stände für die regionalen Erzeuger aber nahezu leer. Es sind die schlechtesten Plätze auf dem Markt, ohne Sonnenschutz. Zusammen mit der Journalistin einer Lokalzeitung, die mir bei den Recherchen hilft, finde ich den Marktchef. Wo bleiben sie denn nur, die Bauern aus der Region? Seine Antwort ist ernüchternd. Die Kleinbauern müssten trotz allem Miete für den Tisch sowie Gebühren für die Pflichtwaage und die Reinigung des Standorts bezahlen. Das sind insgesamt fast 30 LEI, erklärt er, etwa acht Euro. Sie bekämen also bei der ganzen Aktion genau einen LEI Rabatt.

Da hast du eine schöne Geschichte für die Zeitung, sage ich der Lokalreporterin: Wie Sibiu sich mit einer leeren Geste schmückt. Ihre Antwort erschüttert: »Das kann ich doch gar nicht schreiben. Denn dann wird man mir nicht mehr erlauben, an den Pressekonferenzen im Rathaus teilzunehmen.« Über den Seifenblasen-Charakter der kommunalen Aktion *Made in Sibiu* wird nirgendwo berichtet. Und in der lokalen Zentrale von einer der zwei wichtigsten politischen Parteien Rumäniens, wo ich um eine Reaktion bitte, spricht keiner ein Wort Ausländisch. »*Made in Sibiu*? Kennen wir nicht.«

Die Organisation Reporter ohne Grenzen, die weltweit für die Pressefreiheit eintritt, hat festgestellt, dass es in Rumänien kaum unabhängige Medien gibt. Zu dieser Zeit, also 2012, berichten die Zeitungen vieler europäischer Staaten kritisch über die Streitigkeiten zwischen dem Ministerpräsidenten Victor Ponta und seinem politischen Gegner, Staatspräsident Traian Basescu (der die niederländischen Tomaten boykottieren wollte). Diese Berichte werden aber von den Menschen in Sibiu, die sie lesen, oft nicht geglaubt, nicht einmal von Journalisten-Kollegen. Man ist fest davon überzeugt, dass der betreffende ausländische Journalist, je nach Tenor, von der Partei Pontas oder Basescus bezahlt wurde. Oder aus beiden Parteikassen zugleich, wenn er über beide Seiten kritisch berichtet.

Die Namen der zwei großen Parteien sind unbedeutend; ihre Programme sind austauschbar und existieren eigentlich nicht. Sie sind befeindet, obwohl sie sich nahe stehen, wenn es darum geht, verfassungsrechtliche Prinzipien systematisch auszuhebeln. Beide verfügen über ihre eigenen Medien, und ihre Anführer präsentieren sich als Super-

Aktion »Made in Sibiu«, Rumänien: Die schlechtesten Stellen für regionale Bauern

Berlusconis. Gerade in der Woche, in der ich 2012 in Rumänien bin, wird Premier Ponta nach Brüssel bestellt. Er ist nämlich dabei, die rumänische Verfassung weitgehend außer Kraft zu setzen, um Präsident Basescu zu schaden. Er lässt sich von der EU aber nichts sagen. Erst das große Feuer in einer Diskothek, das 2015 viele Todesopfer fordert, spült ihn und die vielen an ihm klebenden Korruptionsskandale weg von der Macht – vorerst jedenfalls.

Klaus Johannis hat sich da schon längst mit einer dritten Partei verbunden und ist, wie gesagt, seit 2014 Staatspräsident. Geholfen hat ihm sein Image eines nicht korrupten und nicht vom Kommunismus belasteten Politikers. Neuer (parteiloser) Ministerpräsident wird nach Pontas Abgang Dacian Ciolos. Der ehemalige EU-Landwirtschaftskommissar ist ebenfalls von unwidersprochener Reputation. Endlich dürfen die rumänischen Kleinbauern auf staatliche Hilfe hoffen. Aber nein, seit Anfang 2017 stellt wieder Pontas Partei den Premier, auch wenn er diesmal nicht selbst das Amt übernimmt. Die erste Entscheidung des neuen Ministerpräsidenten betrifft den Erlass eines Amnestiedekrets

Sibius Bürgermeister Klaus Johannis, kurz bevor er Staatspräsident Rumäniens wurde

für verurteilte korrupte Politiker. Daraufhin kommt es unerwartet zu den größten und langwierigsten Massenprotesten in Rumänien seit der Revolution von 1989. Klaus Johannis reicht eine Klage gegen das Amnestiegesetz beim rumänischen Verfassungsgericht ein. Der Ausgang des Streits ist noch nicht bekannt.

Wie kommt unter solchen Bedingungen die Landwirtschaftspolitik, die lokale und die staatliche, bei der Zielgruppe der Bauern an? Diese Frage kann Georghe Budrala beantworten, denn er ist Bauer und Spitzenbeamter in einem. Er lebt in einem typisch »sächischen« alten Straßendorf in der Umgebung von Sibiu. 2012 ist Budrala Direktor des DAJ, der Landwirtschaftsabteilung des Kreises Sibiu. Aber man kennt ihn hier überall als »Schweine-Budrala«. Er trägt ein altes T-Shirt und kurze Hosen. Das macht er nicht seiner deutschen Schweine wegen, die er fünfzehn Jahre lang gemästet hat. Er möchte sich heute nicht als Beamter profilieren. »Ich habe meine Schweine gerade alle weggegeben, schweren Herzens«, erzählt er. »Es ging einfach nicht länger, bei der schrecklichen Bürokratie hier. Als Bauer muss man schnell reagieren können, nicht wahr? Auf das Wetter, auf den Markt …«

Georghe Budralas Hof grenzt, wie alle anderen hier, mit der kürzeren Seite an eine der zwei Dorfstraßen, über die LKW und PKW rasen. Hinter dem Eingangstor, das von üppigen Weinreben bedeckt wird, hört man sie aber nicht. Der langgestreckte Hof läuft von der Straße weg in die Tiefe, zum Ackerland. Gemüse, Obst und Kleinvieh, Getreide und Tierfutter: Außer Schweinen und Kühen ist hier fast die ganze Palette der Landwirtschaft vertreten. »Wirklich«, seufzt der Bauern-Beamte, »ich habe nach Kräften versucht, die bürokratischen Prozeduren zu vereinfachen. Aber die politische Opposition hat immer wieder blockiert.«

Er erklärt, dass nach jedem Regierungswechsel in Bukarest – und das ist ziemlich oft – im ganzen Land die hohen und mittleren Beamten durch neue Leute ersetzt werden, die über gute Beziehungen zur neuen Regierung verfügen. »Wir haben es hier mit immer wechselnden und oft inkompetenten Kollegen zu tun. Nein, ich selbst bin zufällig wegen meiner Erfahrung in der Landwirtschaft eingestellt worden. Aber es sind wieder Wahlen im Anmarsch. Eine große Chance, dass ich als Parteiloser demnächst meinen Arbeitsplatz als Direktor beim DAJ verliere. Bei einer solchen Unsicherheit riskiert man als Beamter natürlich ungern Kopf und Kragen.«

Bei jedem Regierungswechsel fängt die rumänische Landwirtschaftspolitik wieder bei null an, erklärt Budrala. Und nicht nur das. »Hier sagt man es so: Vor den Wahlen behängen die Politiker uns alle mit Gold, und nach den Wahlen kommt heraus, dass wir Plastik tragen.« Die Versprechen aus Bukarest sind Seifenblasen. »In unserem Land gibt es keine festen Strukturen und Prozesse. Die EU bezahlt aber für strukturierte Prozesse. Das ist das Problem Rumäniens.« Ein paar Monate später, nach den Wahlen, ist Georghe Budrala tatsächlich seinen Direktorenposten los.

Während die Regierungen wechseln, fließt der Strom des importierten Frischgemüses ununterbrochen weiter in die Supermärkte und Discounter. Die großen internationalen Ketten profitieren vom niedrigen Einkaufspreis für riesige Gesamtpakete. Der in Rumänien weit verbreitete Mythos von der verlorenen nationalen Tomate und von den

Ursachen dieses Verlusts wurde schon beschrieben. Die neue rumänische Mittelschicht kauft alles im Supermarkt, und die ärmeren Leute besorgen sich billige Importtomaten auf dem Markt. Der kleine rumänische Bauer bezahlt die Zeche: Er wird seine Tomaten nicht los.

Mythen haben ein langes Leben in einem Staat, in dem weder Politik noch Medien sich um die Information ihrer Bürger kümmern. In Wirklichkeit vollzieht sich hier ein komplexer Prozess von postkommunistischem Zerfall, versuchter Wiederbelebung und kapitalistischer Marktmacht. Nach 1989 haben viele Rumänen über das Bodenrückgabegesetz einen Teil ihres alten Familienbesitzes zurückbekommen. Viele andere haben neue Parzellen als Wiedergutmachung für ihre Arbeit auf der Kolchose erhalten. Und was haben die meisten daraufhin als Erstes gemacht? Sie haben das eigene Stückchen Land eingezäunt, wobei die Wasserleitungen der verhassten Kolchosen oft einfach kaputtgeschlagen wurden. Jetzt lautete die Devise: Jeder für sich. In Ungarn und in der DDR hat sich kurz nach der Wende Ähnliches ereignet – es wurde schon angesprochen.

Hinzu kommt, dass die Bodenrückgabe von einer entgegengesetzten Entwicklung überformt wird: dem *Land Grabbing*. Im ganzen ehemaligen Ostblock ist der Boden ein dankbares Spekulationsobjekt. Den rumänischen Bauern wird er sogar sehr heftig unter ihren Füßen weggekauft. Eine einzige ausländische Aktiengesellschaft, die börsennotierte deutsche Agrarius-Gruppe, hat 2016 allein in West-Rumänien 5 000 Hektar Land angekauft – und erhält dafür europäische Landwirtschaftssubventionen.

Aber es kommt noch wilder. So hat ein niederländischer Aktienfond der Rabobank (das »Ra« kommt von Raiffeisen) noch bessere Geschäfte mit dem rumänischen Boden gemacht. Das niederländische Online-Portal *De Korrespondent* hat kürzlich ausführlich berichtet, wie vor zehn Jahren ganze Dörfer ihr Land unter dem Druck von mafiösen Mittelsmännern und korrupten Richtern für 90 Euro pro Hektar verkauft haben. 18 000 Hektar sind auf diese Weise in die Hände einer Tochtergesellschaft der Rabobank gelangt. Der fruchtbare ostrumänische Boden entlang der Donau war damals schon das Zehn-, wenn nicht gar Hundertfache wert. Heute könnte er wohl für das Tausendfache verkauft werden. Die Zeit arbeitet zum Vorteil der Spekulanten.

Kleinbäuerlicher Tomatenanbau im rumänischen Siebenbürgen

Die wechselnden rumänischen Regierungen waren so beschäftigt mit ihren Kämpfen und Korruptionsaffären, dass sie keine Zeit dafür hatten, die eigenen Bürger und Bauern zu beschützen oder zu unterstützen. Wie jeder andere EU-Staat hat Rumänien den nötigen Gestaltungsspielraum bei der Verteilung der verschiedenen Fördergelder. Die Regierung könnte zum Beispiel die Gründung von Erzeugervereinen im Gärtnerei-Bereich fördern, denn da wartet viel GMO-Geld. Das Problem dabei ist allerdings, dass diese Regelung, wie auch die meisten anderen EU-Subventionen in der Landwirtschaft, einen Eigenanteil von 15 bis 50 Prozent der Investitionssumme voraussetzen. Nur die Direktzahlungen pro Hektar sind davon befreit.

Laut der österreichischen Tageszeitung *Der Standard* hat es die Regierung in Bukarest versäumt, drei Viertel der für Rumänien insgesamt zur Verfügung gestellten EU-Agrargelder aus dem Budgetzeitraum 2007 bis 2013 tatsächlich abzurufen. Es wäre wirklich schade, wenn das verfügbare Geld auch im aktuellen Zeitraum 2014 bis 2020 nicht in Anspruch genommen würde. An erster Stelle gibt es die schon erwähnten Direktbeihilfen für die Landwirte (EGFL). Diese Hektarförderung umfasst mehr als 70 Prozent des ganzen EU-Agrarbudgets. Aus diesem Fond stehen für rumänische Bauern 1,25 Milliarden Euro zur Verfügung. Ob das wirklich zu viel Geld ist, wie die niederländische Europaparlamentarierin Esther de Lange meinte? In Rumänien gibt es immerhin über 3,5 Millionen Landwirtschaftsbetriebe.

Die kleinen Niederlande bekommen kaum weniger Geld, und Deutschland etwa das Fünffache. In diesen beiden Staaten sind es oft Biochemie-, Schlacht-, Milch-, Zucker- und Energiekonzerne, Behörden oder sogar Flughäfen, die mit ihren Landflächen einen Großteil dieser Subventionen kassieren. Warum das? Man muss kein Bauer sein, um EU-Agrarförderung zu bekommen. Es reicht schon aus, wenn man auf eigenem Land mit irgendetwas herumexperimentiert, es renaturiert oder dort ein paar Pferde traben lässt. Und man darf auch die Großbanken nicht vergessen, wie zum Beispiel den »größten Konzern Österreichs«, Raiffeisen, mit seinen vielen Tochterunternehmen – wie es der österreichische Journalist Hans Weiss formuliert hat. In seinem *Schwarzbuch Landwirtschaft* hat er 2010 die Verstrickung von Politik und Agrarwirtschaft aufgezeigt und den Verbleib der EU-Gelder in Österreich nachverfolgt. Auch in Deutschland ist, so belegt eine Studie der Grünen aus dem Jahr 2013, die Verflechtung von Politik und Agrarverbänden sehr eng – mit dabei die mächtigen Organisationen Deutscher Bauernverband und Raiffeisenverband.

Auch bei den anderen Agrarfonds der EU steht für reiche EU-Staaten oft mehr Geld zur Verfügung als zum Beispiel für Projekte in Rumänien. Das gilt speziell für die Förderung ländlicher Räume (ELER-Fond), den Sozialfond (ESF) und den Fond für regionale Entwicklung (EFRE). In West- und Mitteleuropa werden mit Hilfe dieser Fonds zum Beispiel der Neubau von Gewächshäusern und Schweinemastanlagen, aber auch von touristischen Einrichtungen, Museen oder kirchlichen Luxusbegegnungsstätten finanziert.

Aus dem ELER-Fond steht Rumänien für den Zeitraum 2014 bis 2020 ein Betrag von 7,1 Milliarden Euro zur Verfügung. Damit könnte man unter anderem die Infrastruktur auf dem Land verbessern, die Nahrungsmittelindustrie modernisieren, Bauerhöfe restaurieren und die Bewässerungsstrukturen wiederherstellen. Zum Vergleich: Allein das Landesumweltamt Brandenburg erhält an ELER-Geldern für die ländliche Entwicklung in manchen Jahren das Vierfache von dem, was nach Rumänien fließt.

Für Projekte aus dem ESF- und dem EFRE-Fond kann Rumänien 23 von den insgesamt 300 Milliarden Euro beanspruchen, die in diesen zwei Fonds zur Verfügung stehen. Zum Vergleich: Allein die Gemeinde Amsterdam bekommt über 50 Millionen aus den beiden Töpfen, und die Niederlande insgesamt ein paar Milliarden.

Wer aber meint, dass die 23 Milliarden für Rumänien tatsächlich dem Land selbst zu Gute kommen, sei auf einen 2016 veröffentlichten Bericht des niederländischen Zentrums für Handelsförderung NCH hingewiesen. Unter dem Titel *Chancen für den Gartenbau in Rumänien* wird hier klargestellt, dass von den für Projekte in Rumänien bestimmten Geldern auch der niederländische Gartenbau profitieren kann. Denn, so liest man, um die Kluft zwischen den Staaten zu verringern, »hat die EU für 2014–2020 Fonds zur Verfügung gestellt, wobei es vor allem auch um die Einführung von Knowhow und Technologie in Rumänien geht«. Mit Freude sind die Niederlande hier behilflich. Denn sie können sich hochprofitable Investitionen in Rumänien auf diesem Weg auch noch subventionieren lassen. Soviel ist klar: Rumäniens Tomaten werden geradezu überschüttet mit europäischer Nächstenliebe.

Marktforschung
Preise

Unsere Eltern und Großeltern sind früher wegen der frischen und preisgünstigen Produkte auf die Wochenmärkte gegangen. Heute dagegen sind die Märkte für Obst und Gemüse längst nicht mehr unbedingt billig, vor allem nicht die bekannteren in Berlin, Wien oder Amsterdam. Oft sind die Discounter viel preiswerter als der Boxhagener Markt, der Naschmarkt oder der Albert-Cuyp-Markt, und sie können auch in Sachen Frische mühelos mithalten.

Es hat etwas Romantisches, Biotomaten auf dem Wochenmarkt zu kaufen. Aber oft bezahlt man dort das Doppelte im Vergleich zu Biotomaten im Supermarkt, und das ohne erkennbare Unterschiede. Acht bis zehn Euro pro Kilo sind keine Ausnahme. Sogar beim Bioladen sind die Biotomaten bisweilen billiger als auf dem Markt. Sind diese Ladentomaten denn weniger ökologisch? Nein, aus den Preisen lässt sich überhaupt keine Information über die zugrunde liegenden Standards ableiten.

Bei den Discountern in den Niederlanden, Deutschland und Österreich kann man eine bizarre Wirklichkeit erleben: je exotischer, desto billiger. Äpfel, die das Doppelte von Ananas kosten. Birnen, für die man das Dreifache bezahlt wie für Melonen. Und dann liegen diese exotischen Früchte oft auch noch frischer da als die einheimischen. Die Tomate ist längst nicht mehr exotisch, aber auch hier ist der Effekt oft zu beobachten: je weiter weg das Anbaugebiet, desto günstiger der Preis. Kirschtomaten aus Senegal und Marokko werden im Laufe des Winters zudem immer billiger. Da sind 250 Gramm für 50 Cent keine Ausnahme.

Der Qualitätssupermarkt kennt eine andere Besonderheit, vor allem bei verpackten Tomaten. Dort wird dermaßen mit dem Gewicht jongliert, dass es schwer ist, die Preise miteinander oder gar mit denen von losen Tomaten zu vergleichen. Bei Albert Heijn an der Amsterdamer Stadhouderskade nehme ich mir einmal viel Zeit für einen gründlichen Preisvergleich. Ich stoße auf Packungen von 250, 450, 280 und 750 Gramm, und auf noch fünf andere. Derjenige der weiß, dass es den Tomatensortiermaschinen keinerlei Probleme bereitet, Packungen mit einem Standardgewicht von zum Beispiel 250 oder 500 Gramm abzufüllen, fühlt sich schon ein wenig an der Nase herumgeführt. Aber stimmen die vielen krummen Gewichtsangaben wenigstens? Zum Glück gibt es bei Albert Heijn Waagen. Wohlan, das erste Päckchen enthält statt 750 Gramm nur 566, das zweite 478 und das dritte 530. Ich wende mich an eine Mitarbeiterin. »Oh, die Schilder passen nicht mehr zu den Angeboten«, sagt sie locker. Das kommt öfter vor. »Die 750 Gramm gehörten zu Roma-Strauchtomaten, und nicht zu diesen Strauchtomaten, die sind ein Pfund schwer.« Deren Preis steht nirgendwo ausgeschildert.

Die 280-Gramm-Päckchen gehören zu *Tasty Tom*-Tomaten. Es würden problemlos 20 Gramm mehr hinein passen. Dann nochmals zur Waage damit. Dort traue ich meinen Augen kaum: Wahrlich, sie enthalten durchschnittlich 100 Gramm mehr als versprochen. Das stellt sich aber wiederum als Irrtum heraus, von wem auch immer: Die Gewichtsangabe hätte 380

Gramm sein sollen, wird mir auf Nachfrage erklärt. So endet mein erstes Preis/Gewichts-Experiment im Qualitätshandel.

In Deutschland ist der Vergleich wegen der oft besser auffindbaren Kilopreise etwas leichter. Auffällig ist nur, dass bei teuren Tomaten mit einem 100-Gramm-Preis gearbeitet wird. So sieht das Ergebnis wohl billiger aus? Beim Real-Supermarkt kann man sehen, dass es wieder mal die Niederländer sind, die dem Verbraucher das Rechnen erschweren. Real verkauft sehr viele Tomatensorten, zum Beispiel auch in den heute so gefragten Snack- und Kombipackungen. In Venlo hat man sich dazu eine Schachtel *Snackmix* ausgedacht, die saisonbedingt in diesem Fall mit spanischen Cherrytomaten sowie niederländischen Minigurken und -paprikas gefüllt ist. 400 Gramm, schön sortiert, das sieht nicht teuer aus. Sehr klein vermeldet Real irgendwo, dass der Kilopreis volle 7,48 Euro beträgt. Chic und geräumig verpacken: Das ist der neue Trend. Ein anderer Supermarkt in Berlin verkauft als »Aktion!« eine Schale mit acht winzigen Tomaten, obwohl leicht das Dreifache hinein gepasst hätte, für über elf Euro das Kilo. Man hofft wohl, dass viele Kunden auf solche angebliche Schnäppchen reinfallen.

Mit den Markentomaten, die grenzüberschreitend gehandelt werden, kann man auch einen Preisvergleich zwischen verschiedenen Ländern machen. Die schon erwähnte *Tasty Tom* ist zum Beispiel in Deutschland viel billiger als in ihrem Ursprungsland Niederlande. Dazu muss man allerdings tüchtig rechnen. Auf den ersten Blick sind die *Tasty Toms* bei Aldi Nord im Februar 2017 teuer, fast sechs Euro das Kilo. Die 380-Packung bei Albert Heijn in Amsterdam kostet 2,99 Euro – geht noch, oder …? Nein, das ist ziemlich viel teurer, verhältnismäßig. Bisweilen ist die *Tasty Tom* in Deutschland sogar um die Hälfte billiger als in den Niederlanden. Die Erklärung, so niederländische Züchter und Händler: Die Lebensmittelketten begnügen sich in Deutschland mit kleineren Gewinnmargen und sind flexibler in der Preisbildung.

Deutsche sind also flexibler als Niederländer? Ja, in diesem Bereich schon. Wo Albert Heijn gerne Jahrespreise für den Ankauf von Gemüse festschreibt, legen sich die Discounterketten in Deutschland eher auf eine Woche oder einen Monat fest. Freilich betonen niederländische Gärtner, dass ihnen diese Preisunterschiede weder mehr noch weniger Geld einbringen. Das ginge zu Gunsten des Handels. Sie selbst hätten ohnehin wenig Einfluss auf die Preise.

Geschmack

Es war an einem Tag im Jahre 1994, als der Venloer Tomatenzüchter Ton Janssen sich in einer Löwengrube wiederfand. In einem Fernsehstudio des Norddeutschen Rundfunks (damals noch N3) trat Janssen in einer Live-Debatte mit dem Titel »Tomatenkrieg: Der Zankapfel aus Holland« auf.

Ein Limburger gegen ganz Deutschland
Die »Wasserbombe« ist hartnäckig

Mit seiner fragilen Gestalt, seiner hohen Stimme und seinem uneleganten Sakko wurde er, zusammen mit seinem ebenso unansehnlichen Sekundanten vom Zentralen Versteigerungsbüro der Niederlande, zur leichten Beute von zwei Dutzend Deutschen. Die meisten von ihnen verrieten schon durch ihr Erscheinungsbild, dass sie gesättigte Fettsäuren gegenüber Tomaten bevorzugten.

Auf dem Kampfschauplatz trennte nur eine Art Zäunchen das niederländische Duo von den feindlich gesinnten Bauern und Bürokraten. Der Ortskommandant des Tribunals, ein vor Aggression überkochender Spitzenkoch mit einer eigenen Sendung in Hamburg, überschritt während seines Angriffs sogar die Absperrung. Er wusste die Publikumsgunst auf seiner Seite. Denn wer war nicht gegen die »Wasserbombe«? Über den Zaun hinweg wurde Janssen angeschrien: »Weg mit der harten, geschmacklosen Tomate aus den Niederlanden!«

Die beiden Holländer konnten den ungleichen Streit nicht gewinnen. Dennoch wuchsen sie bei der Verteidigung der Tomate aus ihrem Land über sich selbst hinaus. Janssens Sekundant wehrte sich mit einem gemeinen Vergleich: »Wieso einen Tomatenkrieg unsererseits?

Das Wort ›Krieg‹ habt ihr Deutsche erfunden, nicht wir. Wir sind stolz auf unsere Tomate!« Und auch Ton Janssen selbst argumentierte scharf, wenn auch mit leichter Übertreibung: «Wir spritzen nicht!« und »Es geht nur um die Rasse, bitte versteht das nun endlich mal!« Der tapfere Underdog gewann letztendlich sogar die Sympathie der Zuschauer – in einer Debatte, die alle vorherigen Einschaltquoten der N3-Sendung *Aktuell* übertraf.

»Dieser Koch hatte mich vorher angeschnauzt: ›Nach der Sendung verkaufst du hier in Deutschland keine einzige eurer Scheißtomaten mehr‹.« Es ist 18 Jahre später. Auf der Floriade 2012, der internationalen Gartenschau in den Niederlanden, blickt Ton Janssen zurück auf die Zeit, als die holländischen Tomaten ein so katastrophales Image hatten. »Die Ladungen Dreck, die über uns ausgeschüttet wurden! Hast du gehört, wie ich diesen Koch in der Sendung als ›zak‹, ›Arschloch‹, beschimpfe?« Der erwähnte Spitzenkoch Rainer Sass sei unterdessen in Sachen Hollandtomate längst umgeschwenkt, fügt Janssen hinzu. Und der Rest Deutschlands? Das steht noch dahin.

Die Stimmungsmache gegen die niederländische Tomate war damals, 1994, schon etwa zehn Jahre im Gange, erzählt Janssen. »Das waren die Medien, und nicht die Verbraucher. Oh, wie ich es satt hatte, immer wieder die Hollandtomate zu verteidigen.« Ob nun wirklich die Medien Schuld hatten? In der einflussreichen *Spiegel*-Geschichte im gleichen Jahr (»Frau Antje in den Wechseljahren«) spielte die Hollandtomate tatsächlich eine prominente Rolle: »Wasser im vierten Aggregatzustand«.

Aber es gab auch immer Gegenstimmen, wenigstens in der Schuldfrage. Die Deutschen hätten sich »den großen deutschen Wasserbomben-Skandal« selbst zu verdanken, schreiben britische Wissenschaftler im fundiert recherchierten Buch *Exploring the Tomato* aus dem Jahr 2002. Engländer bevorzugten nun mal Qualität, so die Autoren, Deutsche dagegen den niedrigsten Preis. »Es ist durchaus unfair, nur die niederländischen Tomatenproduzenten zu beschuldigen; ihre Arbeit hing mit der Einkaufsstrategie der deutschen Supermärkte zusammen.« Und solange der deutsche Verbraucher massenhaft die billige, geschmacklose Tomate gekauft hat, gab es keinen Grund, die grenzüberschreitende Zuchtstrategie zu ändern. Erst nach 1990 ging es mit dem Tomatenex-

Ton Janssen beim Geschmackstest auf der Floriade in Venlo, Niederlande

port rasant bergab. Die Niederlande blieben zwar auch in den schlechten Jahren Deutschlands größter Tomatenzulieferer, aber 1994, dem Jahr der *Aktuell*-Fernsehsendung mit dem stocksaueren Ton Janssen, hatte die Hollandtomate schon die absolute Mehrheit auf dem deutschen Markt verloren.

Hatten die Deutschen plötzlich einen besseren Geschmack entwickelt? Das ist zweifelhaft. Es gab zu der Zeit eher eine Neuerung. Es waren noch billigere Tomaten auf den Markt gekommen, vor allem aus Spanien. Sie entwickelten sich zum Erfolg, weil sie als »sonnengereift« vermarktet wurden. Natur! Das kam bei den Verbrauchern gut an. Die spanischen Tomaten wurden größtenteils über die Niederlande eingeführt. Und so verdiente der niederländische Handel daran automatisch mit.

Aber schmeckten die spanischen Tomaten von damals tatsächlich besser? Sie lagen jedenfalls mindestens genauso grünlich und hart im Supermarkt wie die niederländischen. Man fragt sich, wieso die Hollandtomate nicht wenigstens mit dem Kriterium Reife punkten konnte. Das ging erstens nicht, weil rote Tomaten wegen ihrer kurzen Haltbarkeit bei der damaligen Versteigerung im Westland am wenigsten einbrachten. Und das passte gut. Denn, zweitens, bevorzugten aus genau diesem Grund die deutschen Supermärkte unreife Tomaten, so hat es ein älterer holländischer Händler erzählt.

Die Wasserbomben-Katastrophe beschränkte sich nicht auf Tomaten. Die niederländischen Gurken und Paprikas wurden mit ins negative Licht gerückt. Anfang der Neunziger stauten sich Berge des unverkäuflichen Glashausgemüses in Holland auf. Es musste etwas geschehen. Und dann kam Ton Janssen. 1995 brachte er seine *Tasty Tom* auf den Markt. Diese Tomate hat drei Vorteile und nur einen einzigen Nachteil. Sie ist teurer als die Durchschnittstomate, weil die verwendete *Campari*-Rasse einen relativ hohen Produktionspreis hat. Aber dafür ist sie süßer als durchschnittlich, sie hat einen Namen und sie wird an den Rispen verkauft.

»Ich habe mich damals ein wenig in den deutschen Supermärkten umgeschaut«, erzählt Janssen bei unserem Gespräch auf der Floriade 2012. »Und ich habe mich gefragt, wie der Konsument eine bessere Tomate von der Wasserbombe würde unterscheiden können. Man kauft mit den Augen und mit der Nase, nicht wahr? So bin ich auf die Idee gekommen, die Anonymität der Tomatenmassen mit einer Markentomate zu durchbrechen.« Er war gerade dabei, sie zu entwickeln, als er in der Tomatenkrieg-Sendung von N3 auftrat.

Das Genialste an Ton Janssens Idee, sagen seine Kollegen, war, dass seine *Tasty Tom* nicht gepflückt wurde. Er ließ, quasi als erster, die ganze Rispen vom Stängel abschneiden und bot sie so zum Verkauf an. Damit verführte er die deutschen Supermarkt-Einkäufer und Verbraucher – und rettete so die Hollandtomate. Viele haben die Idee später nachgeahmt. Denn an der Rispe meint man den vertrauten Tomatengeruch aus Omas Garten wiederzufinden. Und so prangt hier auf der Floriade im »Haus des Geschmacks« ein überdimensioniertes Bild von Ton Janssen mit der Auszeichnung, die ihm seine Kollegen gegeben haben: »Ehrenbotschafter der niederländischen Tomate«.

Der PR-Trick mit der Rispe funktioniert bis heute. Eine Tomate selber riecht nämlich nicht, das ist nur dem unverdaulichen Grün vorbehalten. Die Mär vom »tollen Tomatengeruch« ist aber hartnäckig.

Zum Beispiel filmt der Rundfunk Berlin-Brandenburg 2016 auf einem Brandenburger Bauernhof. Die Bäuerin pflückt eine Tomate und sagt: »Hmm, das riecht gut! Im Supermarkt riecht man das nicht.« Sie weiß bestimmt, dass sie nur den Stielansatz riecht, der noch vor einer Sekunde mit der Pflanze verbunden war. Im Supermarkt riecht man dagegen tatsächlich meistens nichts: Die Tomaten sind oft verpackt (sonst würden sie von den Rispen fallen) oder rispenlos.

Die *Tasty Tom* war 1995 ein Erfolg. Seitdem achten die niederländischen Züchter nicht nur auf die Rispen, sondern auch auf eine bessere »Fleisch-Wasser-Verteilung« ihrer Tomaten. Es hat allerdings noch 15 Jahre gedauert, bis die holländische »Aromatomate« die spanische »Sonnentomate« besiegt hat. Geholfen haben dabei einige Giftskandale im spanischen Gartenbau. Erst 2010 haben die Deutschen wieder so viele Tomaten aus den Niederlanden gegessen wie 1992, so die Zahlen des Marktverbandes Gartenbau (Productschap Tuinbouw, Den Haag). Und seitdem essen sie immer mehr davon. Über die Hälfte aller Importtomaten stammen aus Holland.

Die Floriade findet alle zehn Jahre statt. Diesmal, 2012, ist das grenznahe Venlo der Gastgeber, Ton Janssens Heimat. Dort erzählt der Ehrenbotschafter den deutschen und niederländischen Besuchern seine »Geschichte der holländischen Tomate«. Er erzählt sie ebenfalls gern in Deutschland und anderswo in den Niederlanden, speziell auch den Kindern. Es ist eine schöne Geschichte, in der die Natur eine wichtige Rolle spielt. Das hartnäckige Image der »Industrietomate« muss noch immer abgemildert werden. Trotzdem wird die Hollandtomate bei Werbeaktionen längst nicht mehr zusammen mit einem Klumpen Erde abgebildet. In der N3-Fernsehdebatte von 1994 waren alle Bauern, Bürokraten und Starköche nicht zuletzt wegen solcher Bilder über Janssen und seinen Sekundanten hergefallen: »Volksbetrug!« Mit Recht: Die typische Hollandtomate wuchs schon damals nicht mehr auf Erde. Das tat sie nur noch in der Werbung.

Während Ton Janssen im Haus des Geschmacks seine Tomatengeschichte erzählt, diesmal für unser Interview, versammeln sich erst zwei, dann zehn, schließlich 20 Besucher um den Tisch. Für einen Geschmackstest hat Janssen nämlich Tomaten und Paprikas verschiedener »Brixwerte« bereitgestellt. Das ist der Zuckergehalt, der mit einem einfachen Instrument vor Ort bestimmt werden kann. Als ich koste, stürzen sich auch die Umstehenden auf den Teller mit den Testwaren. Sie haben von Janssens Brix-Geschichte nichts gehört oder verstanden. Hauptsache zuschlagen; man hat schließlich genug Eintritt bezahlt. Obwohl Janssen beschwört, der Zuckeranteil sei Geschmackssache, benutzt er doch mehrfach das Wort »besser«, wenn er einfach »süßer« meint. Seinem Publikum geht es genau so, das merkt man. Die Zuckerbombe an der riechenden Rispe scheint die chancenreichste Nachfolgerin der Wasserbombe zu sein. »In Japan«, sagt Janssen, »werden die Tomaten schon nach ihrem Brixgehalt angeboten.« Das sind dann ziemlich eindimensionale Tomaten.

Als Janssen seine Geschichte mit der Rispe fortsetzt und erzählt, dass die Tomaten oben an der Rispe immer viel süßer sind als die unteren, und dass man also beim Abschneiden einen guten Durchschnitt finden muss, verstehe ich plötzlich seine Vorliebe für die Rispentomate nicht mehr – einmal abgesehen vom Geruch. Ein Teil der Rispe ist ja immer unreifer, als wenn man später die einzelnen Tomaten reif pflücken würde. Janssen findet meine Frage dazu wohl nicht opportun und umgeht sie.

Verschiedene niederländische Züchter hatten mir das vorher schon grinsend erklärt: Einmal vom Stängel abgeschnitten, leistet die Rispe nichts Gutes mehr für die Tomate. Die reift zwar noch ein wenig nach, aber das macht sie auch ohne Rispe. Aromatischer wird sie nicht mehr, nur röter. Theo Duijvestijn hat es im Westland so formuliert: »Im Kern sind natürlich alle Tomaten Rispen- oder Strauchtomaten, nicht wahr?« Dabei hat er schelmisch gelächelt. »Aber der Verbraucher sieht und riecht sie so gern an einer Rispe. Na ja, vielleicht halten sie so ein winziges Bisschen länger. Aber besser werden sie wirklich nicht mehr, wenn die Rispe ersteinmal von der Pflanze getrennt ist.«

Wieso wird das nicht weitererzählt? Nirgendwo kann man lesen, dass Tomaten, mit oder ohne Rispen, nur so gut sind wie zu dem Zeitpunkt, als sie von der Pflanze entfernt wurden. Dafür liest man die üblichen Irreführungen, sogar auf Websites augenscheinlich sachverständiger Behörden. So unterscheidet das niedersächsische Landesamt für Verbraucherschutz und Lebensmittelsicherheit (LAVES) auf seiner Website zwischen Früchten, »die nach der Ernte nicht mehr nachreifen müssen«, und Früchten (!), die nach der Ernte nachreifen (»bis zum Erreichen der Vollreife«) – darunter Äpfel, Bananen, Birnen und … Tomaten. Wer würde daraus nicht schließen, dass Tomaten, einmal zu Hause, noch aromatischer werden?

Der europäische Konsument hat zu der Nahrung, die er kauft, kaum noch eine natürliche Bindung. Und seine Geschmacksnerven führen ihn gern in die Irre, wenn das nicht zuvor schon alle möglichen »Informations«-Quellen getan haben. Dennoch lautet das neue Motto der Branche: »Produzieren, was der Konsument gern kauft.« Aber wie soll der Konsument überhaupt wissen, was er kauft?

Im deutschen Fernsehen gibt es eine große Zahl von Verbraucherprogrammen, in denen regelmäßig Tomatentests gezeigt werden. Manchmal heißen sie sogar »Tomatencheck: Holland gegen Deutschland«. Häufig ist der Verlauf der Sendung etwa wie folgt: Ein Verbraucher weist auf dem Markt oder im Laden mit dem Finger auf die leckerste unter drei oder vier verschiedenen Tomaten, dann gibt er sich überzeugt, dass es sich dabei um eine deutsche Tomate handeln müsse, aber es stellt sich – zu seiner großen Überraschung – oft heraus, dass es eine niederländische ist. Das ist natürlich Quatsch, egal aus welchem Land die Testsiegerin stammt. Ton Janssen hat es schon 1994 in der *Aktuell*-Sendung gesagt: Die verwendete Rasse bestimmt das Aroma, egal wo das Gewächshaus steht. Zwar gibt es Unterschiede bei Frische und Reife, aber das ist dann Zufall (oder auch bewusste Manipulation im Test).

Eigentlich merkwürdig: Immer mehr Deutsche halten ihre Regierungen und die Medien für nicht sehr zuverlässig. Aber die Tomate aus dem eigenem Land kann auf ein erstaunlich großes Vertrauen rechnen. Viele sind fest davon überzeugt, dass deutsche Tomaten besser schmecken und zudem gesünder sind als andere. Der Begriff »Geschmack« ist ohnehin mehrdeutig. Menschen haben Geschmack und Tomaten haben Geschmack. Was testet man also eigentlich? In den genannten Verbrauchersendungen stehen eher die Menschen im Mittelpunkt, mit all ihren Wertvorstellungen. Henry Boerrigter, Forscher im Geschmackslabor, offiziell im Bereich Nacherte-Technologie der Wageninger Universität, hat das Problem mir gegenüber einmal so zusammengefasst: »Teste blind, und was kommt dabei meistens heraus? Dass Menschen keinen Geschmack haben, jedenfalls weniger, als sie meinen.«

In Wageningen testet man nicht nur Menschen, sondern auch Tomaten auf ihren Geschmack. Das kann man mit einer professionellen Testgruppe machen, also mit geübten Lebensmittelverkostern. Aber das Ergebnis bleibt Geschmackssache. Man kann aber im Labor auch einfach die Tomate analysieren. Aus welchen Bestandteilen ist sie aufgebaut? Dafür haben die Forscher ein sogenanntes »Geschmacksmodell« entwickelt. Mit einer Zahl zwischen 0 und 100 beschreibt es die Tomate an Hand ihrer Süße, Säure, Saftigkeit, Festigkeit und Mehligkeit. Das menschliche Element besteht darin, wie stark jedes dieser Kriterien gewichtet wird. Dazu legt man die Test-Tomaten dann wieder einem Panel von Testern vor. Die brachten in Wageningen zum Beispiel ein: Die Festigkeit nicht zu stark positiv bewerten, bitte, eine Tomate soll kein Apfel werden. Die Saatgutveredler, die die Arbeit am Geschmacksmodell mitbezahlen, erhoffen sich irgendwann eindeutige Ergebnisse für die Entwicklung der geschmacklich perfekten Tomate.

Kommt die Lösung vielleicht aus Amerika? Im Februar 2017 haben viele Medien in Europa ausführlich übernommen, was im Magazin *Science* publiziert worden war: US-amerikanische Wissenschaftler können den »ursprünglichen Tomatengeschmack« wiederherstellen! In den Niederlanden haben nicht nur die Geschmacksforscher aus Wageningen dem kritiklosen Jubel öffentlich widersprochen. Frei zusammengefasst: Die amerikanischen Forscher haben nichts anderes gemacht als die Saatgutveredler schon seit vielen Jahrzehnten: Sie haben wilde mit domestizierten Tomaten gekreuzt, um positive Geschmackseigenschaften zu erzielen. Nur hatte man in den USA längst vergessen, wie eine Tomate schmecken soll. Und deswegen scheint es dort revolutionär, wenn man endlich mal eine schmackhafte Tomate entwickelt. Im Übrigen schmeckten die alten Rassen, die man heute romantisiert, wirklich nicht unbedingt besser als die neu entwickelten.

Schmackhafte Sorten hin oder her, die Wasserbombe hat alle Entwicklungen überlebt. Denn zwischen Traum und Tat gibt es noch immer das beschränkte Budget mancher Verbraucher und die verbreitete »Geiz-ist-geil«-Haltung. Ton Janssen stört das sehr. »Die europäischen Supermärkte kaufen jede Woche wieder die billigsten Rispentomaten, die sie bekommen können – neben besseren Sorten. Und auch auf dem Markt und anderswo findet man Wasserbomben zwischen schmackhafteren Sorten.« Er möchte die Verbraucher am liebsten anflehen, diese nicht zu kaufen.

Aber wie soll der Verbraucher, außer bei den wenigen Markentomaten wie Janssens *Tasty Tom*, guten Geschmack überhaupt erkennen? Aus diversen Marktforschungen ergibt sich, dass der deutsche Konsument vor allem auf das Aussehen einer Tomate achtet. Auch deswegen punktet die Wasserbombe noch immer. In einer repräsentativen Umfrage des *Holland Image Monitor Deutschland* von 2013 (Marktverband Gartenbau, Den Haag) sagen 80 Prozent der befragten Deutschen, dass die niederländische Gewächshaustomate ihren Erwartungen entspricht. Man könnte daraus schließen, dass die Forderungen, die Deutsche an den Geschmack einer Tomate haben, wenigstens nicht unrealistisch hoch sind.

Selbstverständlich sind Tomaten gesund. Wer eine Tomate isst, lässt dafür ein Stück Schokolade liegen. Außerdem besteht die Tomate zu ungefähr 95 Prozent aus Wasser. Das kann der Gesundheit nicht schaden, einmal abgesehen vom tragischen Unfall eines Kindes, das an einer Snacktomate erstickt ist. Aber diese Art von Gesundheit reicht Marketingmanagern, Nahrungsberatern und Gemüsegurus nicht aus. Sie betonen lieber, dass die Tomate gegen unwahrscheinlich viele Krankheiten schützt. Oder schützen könnte, oder würde, wenn man nur …

Die Tomate als Lebenselixier
Sinn und Unsinn über ihre Heilkraft

Der Sieger unter diesen Gesundheitslobbyisten ist wohl die Landwirtschaftskammer Nordrhein-Westfalen. Mit deutschem Perfektionismus hat man ein Online-Dossier über die Tomate erstellt, um den Verkauf von Saatgut zu stimulieren. Denn wozu sind Tomaten nicht alles gut. Sie:

»Stärken das Immunsystem
Wirken krebsvorbeugend
Heben die Stimmung durch Tyramin

Beleben Gehirn, Nerven und Zellstoffwechsel
Kräftigen Herz und Kreislauf
Vertreiben Müdigkeit und Mangel an Spannkraft
Gleichen den Blutzuckerspiegel und den Cholesterinspiegel aus
Steuern die Hormonbildung
Fördern einen gleichmäßigen, erholsamen Schlaf
Festigen Bindegewebe, Adern, Skelett und Zähne
Verjüngen Haut und innere Zellen
Schützen die Schleimhäute
Beschleunigen die Wundheilung
Wirken verdauungsregulierend, entwässernd und harntreibend
Verhindern, dass Gallensäure im Darm entsteht.«

Und diese Auflistung ist noch nicht einmal vollständig. Zum Beispiel hat man hier die Augen vergessen. Esst viele Tomaten, und ihr könnt demnächst auf eine Brille verzichten, so eine niederländische Gesundheits-Website. Auch würden Tomaten vor UV-Strahlen schützen. Nein, nicht als Creme, sondern indem man sie isst. Britische Wissenschaftler sollen nachgewiesen haben, dass Probanden, die viele Tomaten essen, in der Sonne weniger rot werden. Die Deutsche Presseagentur übernimmt die Meldung, und deutsche Medien beten sie nach: Das Lycopin in der Tomate neutralisiere die »freien Radikalen« aus dem Sonnenlicht und halte einen jung. In einer Zeit, in der viele Deutsche sich nur noch mit Lichtschutzfaktor 50+ ins Freie wagen, kommt das gut an. Sind wenigstens die Niederländer da ein wenig realistischer? Na ja, sie nehmen gerne eine Tablette zu sich, die 40 Gramm Tomatenpulver enthält und zur Verbesserung von Haut, Haaren und Nägeln beitragen soll. In Deutschland hat die Firma Dr. Wolz auf Grund eines solchen Tomatenextrakts sogar ein patentiertes Anti-Thrombosemittel auf den Markt gebracht.

Gibt es überhaupt ein Nahrungsmittel, das mehr positive Wirkungen hat? Wieso exportieren die Niederlande eigentlich fast all ihre Tomaten, anstatt sie der Bevölkerung als Pflichtnahrung vorzuschreiben? Eine Kiste Tomaten pro Tag pro Person, und man könnte sich dem ewigen Leben nähern – wenn man sich auch ansonsten gesund verhält. In diesem Fall käme man freilich auch ohne Tomaten ein ordentliches Stück weiter. Aber das wäre weniger profitabel. Es gibt eine ganze Welt von Produkten und Tipps, die um die »grüne Apotheke« herum entstanden ist, also die heilsame Wirkung der Natur. Die meisten Empfehlungen, auch was die Tomate angeht, unterscheiden sich allerdings wesentlich von den Erkenntnissen der Wissenschaft.

Von 100 Gramm Tomaten bleiben nach Abzug des Wassers fünf Gramm Inhaltsstoffe übrig. Wenn man davon Zucker und andere Kohlenhydrate abzieht, bleibt noch etwa ein Gramm. Darin bildet Kalium bei weitem die wichtigste Substanz. Von diesem Mineral bekommen wir aber ohnehin schon das Zehnfache von dem, was wir brauchen, weil es in Kartoffeln und fast allen Gemüsesorten steckt. In abnehmenden Mengen folgt dann der Rest der Tomatenbestandteile: Vitamin C und Phosphor, andere Vitamine, Zitronen- und sonstige Säuren, Salze und Mineralstoffe, und dazu noch Carotinoide und Farbstoffe, darunter das berühmte Lycopin. Die meisten dieser Stoffe, insgesamt über 400, sind in einem Tausendstel einer Tomate zusammengeballt.

Sicher, von manchen dieser Inhaltsstoffe braucht man nur wenig. Trotzdem kommt das niederländische Vitaminbüro 2014 zu einem ernüchternden Fazit, das sich auf Forschungen einer Londoner Universität stützt: Die am häufigsten gegessenen Gemüsesorten – Salate, Tomaten und Gurken – enthalten kaum Vitamine und Mineralstoffe. Die Landwirtschaftsuniversität Wageningen hat zudem herausgefunden, dass insbesondere Gewächshaustomaten wenig Vitamin C enthalten – das soll mit der Lichtzufuhr zu tun haben. Aber die Märchen werden weitererzählt, nicht nur in Wohlfühlmagazinen, sondern auch in seriösen Zeitungen: »Tomaten mit ihrem hohen-C-Gehalt«.

Der Begriff »Lycopin« ist bei der Werbung für Tomaten heute kaum noch wegzudenken: »Gesundbrunnen Lycopin«, »ein wahrer Jungbrunnen«. Der Stoff ist ein sogenanntes Antioxidant, das vor einer ganzen Reihe oben genannter Beschwerden schützen soll. In 100 Gramm Tomate befinden sich etwa fünf Milligramm Lycopin – wenig im Vergleich zum Beispiel zu Himbeeren. Der NDR empfiehlt in einer seiner vielen Tomatentests sechs Milligramm Lycopin pro Tag zu sich zu nehmen. Dazu reicht eine kleine Tomate aus. Der WDR sieht das anders. Die Verbrauchersendung *Der Vorkoster* lässt eine Frau eine unwahrscheinliche Menge Tomaten essen. Und tatsächlich, eine Woche später ist der Lycopingehalt in ihrem Blut messbar gestiegen. Aber was sagt das aus? Auch eine ernsthafte wissenschaftliche Studie in den USA hat festgestellt, dass Tomatenkonsum eine erhöhte Dosis Lycopin im Körper zur Folge hat. Dort waren Männer mit Prostatakrebs mit Tomaten überfüttert worden. Nur hatte diese Lycopin-Behandlung keinerlei positiven Einfluss auf die Krankheit.

Wie gesund ist die Tomate nun wirklich, und welche Rolle spielt das Lycopin dabei? Dr. Susanne Huyskens-Keil, die Tomatenforscherin von der Berliner Humboldt-Universität, betont, dass kaum bekannt sei, wie man eine gesündere Tomate, geschweige denn ein heilsame erzeugen könne. Auf dem Gelände ihres Instituts gibt es viele Gewächshäuser. Dort hat Huyskens-Keil einiges über wertvolle Stoffe in der Tomate herausgefunden. Damit sie wirksam werden, erklärt sie, muss die Tomate reif sein, aber nicht überreif.

Und wie steht es dann um das Lycopin in der perfekt-reifen Tomate? »Lycopin wirkt tatsächlich schützend auf den Organismus. Aber in welchen Mengen, das wissen wir noch nicht. Denn der Körper eines gesunden Menschen nimmt das Lycopin anders auf als der Körper von jemandem, der sich mangelhaft ernährt.« Das Problem sei, fügt Huyskens-Keil hinzu, dass man den Effekt der einzelnen Inhaltstoffe der Tomate, wie zum Beispiel des Lycopins, nicht bestimmen könne. »Aber die Tomate an sich ist erwiesener Maßen gesund.«

Nein, das ist eben nicht bewiesen. Und eigentlich hat Huyskens-Keil es selber schon zugegeben. Wenn das nämlich der Fall wäre, wüssten die Wissenschaftler auch, welche Mengen von welchen Stoffen für diesen Gesundheitseffekt benötigt werden. In der Wissenschaft ist bekannt, dass die Lycopinmoleküle sich im Körper weitgehend unabhängig von anderen Nährstoffen verhalten. Man kann ihre Wirkung also nicht steuern, indem man einfach viele Tomaten isst. Das Lycopin beweist sich, zum Glück, wenigstens als Farbstoff. So hat der Starbucks-Konzern nach andauernden Protesten gegen die gepressten Schildläuse im *Strawberry Frappuccino* und anderen roten Drinks 2012 verkündet, statt der kleinen Tierchen als Farbstoff zukünftig das Lycopin aus reifen Tomaten zu verwenden.

Insgesamt gibt es viele wissenschaftlich seriöse internationale Studien über Tomaten und Gesundheit. Keine einzige davon hat, so ein zusammenfassendes Forschungsergebnis der US-amerikanischen Food

Wundermittel Lycopin, Werbung im Berliner Supermarkt

and Drug Administration (FDA), überzeugend dargelegt, dass es einen Zusammenhang zwischen dem Konsum von Tomaten oder der Einnahme von Lycopin einerseits und dem Krebsrisiko anderseits gibt. Überhaupt ist eine krankheitsvorbeugende Wirkung von Tomaten nirgendwo belegt worden.

Was für Tomaten gilt, gilt umso mehr für anderes Glashausgemüse. Dessen Heilkraft ist ein unbewiesener Mythos. Deshalb stimmt es besonders traurig, dass sogar die Zukunftsinitiative Niedrigenergiegewächshaus ZINEG, an der drei deutsche Universitäten beteiligt sind, mitsamt der Landwirtschaftskammer Niedersachsen, der Hochschule Osnabrück sowie weiteren außeruniversitären Forschungseinrichtungen, noch 2014 in einem Report über die optimale Glashauskultur schreibt: »Die optimierte CO_2-Versorgung der Pflanzen steigert den Ertrag um 20 % und reichert gesundheitsfördernde Inhaltsstoffe in den Früchten an. Diese können chronische Erkrankungen, wie z. B. koronare Herzkrankheiten oder einige Krebsarten, unterdrücken.« Hoffentlich ist nur die Informationsstelle dieser Forschungseinrichtungen an den veröffentlichten Märchen schuld.

Die tonangebende Deutsche Gesellschaft für Ernährung (DGE) hat erklärt, dass die Wissenschaft viele der alten Annahmen über Ernährung und Gesundheit zurückgenommen habe: »Das krebspräventive Potenzial einer Erhöhung des Verzehrs von Gemüse und Obst wird heute als wesentlich geringer eingeschätzt.« Es gebe keine Daten, die einen kausalen Wirkungszusammenhang belegen (2012). Auch für die Tomate macht die DGE keine Ausnahme. Huyskens-Keil teilt diese Schlussfolgerung. Trotzdem rät sie, genau wie die DGE, zu mehr Konsum von Obst und Gemüse. »Das wirkt positiv auf den ganzen Körper, wie auch immer.« Davon stirbt man nicht, so viel ist sicher. Und es gibt Mengen von Nahrungsmitteln, die ungesünder sind als Tomaten.

Das Problem von Ursache und Wirkung fasst der Kardiologe Guy De Backer, Professor an der Universitätsklinik im belgischen Gent, auf der Website *Vilt.be* einfach zusammen: »Der Effekt, den man dem zusätzlichen Verzehr bestimmter Nahrungsmittel zuschreibt, könnte auch darauf zurückzuführen sein, dass man dann automatisch weniger von anderen Nahrungmitteln isst.« Zum Beispiel Schokolade, Bratwurst und Pommes.

»Vor zehn, fünfzehn Jahren haben wir tatsächlich noch gedacht, dass der Konsum von viel Obst und Gemüse vor Krebs schützt«, bestätigt 2014 der Wageninger Professor für Volksgesundheitsforschung Daan Kromhout in der Tageszeitung *Trouw*. Er ist an einem internationalen Forschungsprojekt beteiligt, das über ein halbes Jahrhundert viele tausende Menschen untersucht. Über die Auswirkung von Obst und Gemüse äußert er sich entschieden: »Folge Menschen, die viel davon essen, und Menschen, die das nicht machen, und schau, wer Krebs bekommt: Der Zusammenhang ist weg.«

Die Wissenschaft mag sich weitgehend einig sein, doch in der Ernährungs- und Gesundheitswelt – wie unterschiedlich die Interessen auch sind, von Firmen bis zu alternativen Verbraucherratgebern – möchte man das nicht wahrhaben. Man zappt sich durch vermeintlich wissenschaftliche Ergebnisse hindurch, die zudem vorher schon häufig von Interessenverbänden aus ihrem Kontext herausgelöst worden sind.

Die biologisch angebaute Tomate ist hier noch nicht erwähnt worden. Über den Geschmack von Biotomaten lässt sich nichts Sinnvolles sagen. In einigen Blindverkostungen schnitten sie sogar schlechter ab als konventionelle Tomaten. Auch hier bestimmen eher Rasse, Reife und Frische das Ergebnis. Die Testergebnisse sind freilich schon getrübt, wenn man die Biotomate an ihrem Aussehen erkennt. Blind Testen heisst nämlich nicht, dass man die Augen zu hat. Es gibt Menschen, die Biotomaten an sich schon extra lecker finden. Am Center for Economics and Neuroscience der Universität Bonn hat man entdeckt, dass derjenige, der Bioprodukte kauft, sein Belohnungszentrum im Gehirn besonders stark aktiviert.

Ist die Biotomate an sich gesünder als die konventionelle? Die meisten Niederländer und Deutschen meinen, dass dies nicht der Fall ist. Zahllose internationale Studien geben ihnen Recht, sogar die berühmte Meta-Studie der amerikanischen Stanford-Universität von 2012, die über einhundert ältere Forschungsprojekte zum Thema ausgewertet hat. Eine große Mehrzahl der Wiener meinte dagegen 2013 in einer repräsentativen Umfrage, dass Lebensmittel aus biologischem Anbau gesünder seien. Vielleicht dachten sie dabei an Pestizidreste auf den Waren, von denen später noch die Rede sein wird. Genetisch betrachtet sind Biotomaten jedenfalls nicht prinzipiell anders als andere. Sie erhalten auch genauso wenig gesunde Inhaltsstoffe, zum Beispiel Vitamin C.

Was bleibt, ist die Tomate als Lebenselixier. Auf dem Markt für Wohlbefinden und Lebensglück, wo wissenschaftliche Ergebnisse weniger zählen, spielt die Tomate eine herausragende Rolle. Wer wüsste nicht, dass sie die Rettung des männlichen Spermas ist? Und selbst wenn das nicht stimmen sollte, hat das Magazin *Focus* gute Nachrichten: Tomaten enthalten Serotonin, ein Glückshormon. Leider ist aber wissenschaftlich längst nachgewiesen, dass mit der Nahrung aufgenommenes Serotonin niemals im Gehirn ankommt …

In einem Webforum heißt es: »Mit Rauchen aufhören? Tomaten essen!« Die ganze Familie der Nachtschattengewächse enthalte Nikotin. Das ist wahrlich ein Trost für Kartoffelesser, die mit dem Rauchen aufhören möchten. Und wer kennt nicht die Wirkung der *pommes d'amour* (Liebesäpfel, wie der französische Kosename der Tomate lautet) als Aphrodisiakum? Auch der Tomaten züchtende österreichische Theologe Erich Stekovics rühmt die erotische Kraft der Tomate, wenn auch mit einem Augenzwinkern: Einfach viele Kilos davon essen und zugleich Tomaten-Bodypainting betreiben …

Stekovics tritt prominent im Film *Triumph of the Tomato* auf (2014). Die österreichisch-chinesische Koproduktion ist eine einzige, visuell mitreißende Hymne auf die schönen, guten, verführerischen Eigenschaften der Tomate (»das Temperament einer feurigen Latina«). Äußerst konsequent werden dazu die üblichen Mythen aneinandergereiht. Man darf nur hoffen, dass wenigstens die Regisseurin den von ihr servierten Fetisch nicht allzu zu ernst nimmt.

2012 meldet die *Süddeutsche Zeitung* (SZ) »sensationelle Forschungsergebnisse«: »Tomaten machen hoch aggressiv«. Die Zeitung spricht mit US-amerikanischen Forschern über ihr brisantes Projekt. »Wir hatten den Verdacht, dass in Tomaten mehr drin ist als Wasser und rote Farbe«, so die Direktorin des Forschungsinstituts. So sei man einem Gen auf die Spur gekommen, das für Aggressionen verantwortlich sei. »Signifikant ist«, fügt einer der Wissenschaftler hinzu, »dass tomatenfrei aufgezogene Tiere so etwas wie Aggression nicht kennen.« Die laufenden Langzeitversuche mit Babys und Affenjungen würden das demnächst unumstößlich belegen. Das betreffende Tomaten-Aggressionsgen finde sich nicht nur auf und in Lebensmitteln, so fasst die SZ die Forschungsergebnisse zusammen, sondern auch in Butterbrotpapier, Wandfarben und Tennissocken. Und es gelte als unzerstörbar.

Diese Geschichte wurde am 2. April veröffentlicht: ein verspäteter Aprilscherz. Aber die Argumentation ist die gleiche, die man tatsächlich in allen möglichen Berichten über Tomaten antreffen kann. Wer in die Falle getappt ist, glaubt wahrscheinlich auch viele der anderen publizierten Unsinnsgeschichten. Fast gleichzeitig schaffte es ein anderer Bericht in die Medien: Tomaten würden das Risiko an einer Depression zu erkranken um die Hälfte verringern. Das war kein Aprilscherz. Die Meldung basierte auf einer Studie unter chinesischen Rentnern, die fälschlich verallgemeinert worden war.

✿

Gift schmeckt man nicht. Zumindest gilt das für die Pestizide oder Pflanzenschutzmittel – ein Begriff, den die Gartenbaubranche bevorzugt –, mit denen Tomatenpflanzen behandelt werden dürfen. Als Heilmittel gegen Schädlingsbefall können zum Beispiel Insektizide, ein Unterart der Pestizide, eingesetzt werden. Auch zur Vorbeugung von Pflanzenkrankheiten werden Chemikalien angewendet. Für die Gesundheit des Konsumenten ist entscheidend, dass diese Giftstoffe abgebaut werden, also verschwunden sind, bevor die Tomate gegessen wird.

Die Tomate als Gefahr für die Gesundheit
Sinn und Unsinn über ihr Gift

Obwohl die Pflanzenschutzmittel, die beim Anbau von Tomaten eingesetzt werden, deren Geschmack nicht beeinflussen, schwingt die Psychologie des Geschmacks dennoch mit. Auf Kreta kann man immer wieder Touristen treffen, die von den lokalen Tomaten schwärmen. Das sei Natur pur, das würde man schmecken. Solche Lobgesänge hören die Kreter mit gemischten Gefühlen. Mehrere Einwohner eines Dorfes in der Nähe einer Foliengewächshauslandschaft, unter ihnen der Bürgermeister, haben mir von den Gesundheitsproblemen ihrer Verwandten und Bekannten erzählt, die dort in der »Giftfabrik« arbeiten. Es gebe auch unverhältnismäßig viele Krebsfälle, füsterte man mir zu.

Tomatengewächshauser auf der griechischen Insel Kreta

Mit den strengen Normen des EU-Markts hat eine lokal gehandelte und konsumierte mediterrane Tomate nicht viel zu tun. Tomaten, die innereuropäische Landesgrenzen überqueren, werden stichprobenartig überprüft. Aber die lokalen Tomaten? Die Lebensmittelaufsichtsbehörden überall in der EU fordern zwar eine Mindestqualität. Es gibt Richtlinien für die Schädlingsbekämpfung und zum Beispiel auch für den Einsatz von Stickstoffdünger. Aber die Kontrolle ist bei Tomaten für den lokalen und regionalen Konsum so gut wie nicht nachvollziehbar. Hinzu kommt, dass den lokalen Gärtnern oft das Wissen über chemische Prozesse fehlt, über das die großen Erzeuger(vereine) verfügen oder dass sie sich bei Spezialisten holen. Um einen Mindestertrag zu erreichen, spritzt manch kleiner Erzeuger lieber ein bisschen zu viel als zu wenig.

Wie sicher ist nun aber die gewöhnliche Supermarkttomate? Eine Tomate und ihr Umfeld können, grob gesagt, auf dreierlei Weisen belastet sein. Erstens heißt es, sie sei als Nachtschattengewächs von Natur aus giftig. Zweitens können schlechte hygienische Bedingungen bei Anbau, Verpackung, Transport oder Verkauf den Menschen schaden –

sowohl den Arbeitskräften als auch den Verbrauchern. Und schließlich können Pestizidrückstände auf der Tomate Menschen krank machen.

Beim ersten Punkt gibt es keinen Grund zur Besorgnis. Der in Tomaten enthaltene Giftstoff, ein Alkaloid wie Morphin und Strychnin, ist sehr schwach und steckt lediglich im Pflanzengrün und in sehr unreifen, grünen Tomaten. Bei den Nachtschattengewächsen heisst er Solanin, bei Tomatenpflanzen wird er auch Tomatin genannt, was manchen verunsichert. Aber auch wenn man die Kronenblätter versehentlich mal mit isst, wird nichts passieren.

Was den zweiten Punkt betrifft, ist der Mensch im Prozess der Gemüseproduktion das schwächste Glied. Er kann Krankheiten übertragen, wenn die hygienische Vorsorge nicht optimal ist. Das ist bei der kontrollierten Gewächshaustomate allerdings selten der Fall. Zumindest sind durch sie bislang keine Epidemien oder andere Gesundheitskatastrophen ausgelöst worden. Bei der Ehec-Epidemie, die 2011 in Deutschland wütete, standen zwar an erster Stelle Gurken und Tomaten im Verdacht. Aber die gefährlichen Bakterien stammten wohl von den Sprossen eines niedersächsischen Biohofs, der sein Saatgut aus Ägypten bezogen hatte. Nicht für alle Krankheitsfälle konnte die Ursache endgültig geklärt werden. Die Züchter von Importtomaten und -Gurken erlitten durch die behördliche Fehleinschätzung indes einen riesigen finanziellen Schaden.

Die Bundesrepublik Deutschland ist mit ihrer föderalen Struktur ein wahrer Irrgarten von Regeln für Ernährung und Gesundheit. Die Kompetenzen sind in der Praxis nicht eindeutig zwischen Bund und Ländern aufgeteilt. Bei der Aufklärung der Ehec-Epidemie 2011 hat dies ein effektives politisches Handeln bekanntlich sehr behindert. Auch beim dritten Punkt, den sogenannten »Residuen«, also den Rückständen von Gift auf der Tomate, sind die Kompetenzen bei der Feststellung und Handhabung von Normen ebenso wichtig wie verwirrend. Es gibt Regeln auf globaler, europäischer, staatlicher, regionaler, öffentlicher und privater Ebene. Wissenschaft und Behörden, NGOs und Verbraucherberater verwenden ihre jeweils eigenen, unterschiedlich strengen Kriterien. Supermärkte wie Rewe und Discounter wie Lidl sind ihren Zulieferern gegenüber bisweilen sogar strenger, als es die Europäische Union für nötig hält. Die Verbraucher mögen so etwas.

Die EU hat für die Aufsicht über die Lebensmittelsicherheit die EFSA gegründet, die European Food Safety Authority. Für Pestizide hat diese Behörde ein *Maximum Residue Level* (MRL) festgesetzt. Dieser »Rückstandshöchstgehalt« bestimmt, wie viel von einem bestimmten Mittel auf – in diesem Fall – einer Tomate zurückbleiben darf. Die dahinter liegende Idee ist, dass man mit den Werten auf der sicheren Seite bleibt. Wenn das Limit überschritten wird, darf die Tomate zwar nicht in den Handel, aber es geht in der Regel trotzdem noch keine Gefahr für die Gesundheit von ihr aus. Das gilt dann umso mehr, wenn zum Beispiel Lidl bei einer bestimmten Tomatensorte einen Rückstandsgehalt nur bis 70 Prozent des MRL duldet. Das scheint eine übertriebene Vorsorge zu sein, die vor allem auf die Ängste des Verbrauchers Rücksicht nimmt. Aber es gibt tatsächlich einen Unsicherheitsfaktor: den »Cocktaileffekt«, um den es weiter unten noch gehen wird.

Die EFSA publiziert ihre Jahresberichte gern im Jubelton, wie hier im April 2017: »Lebensmittel in EU weitgehend frei von Pflanzenschutzmittel-Rückständen« – »Risiko für Konsumenten ist gering.« Auch diesmal seien wieder fast 100 Prozent der vielen tausend Stichproben in den EU-Staaten innerhalb der MRL-Norm geblieben. Agrarwirtschaft und chemische Industrie zitieren solche Aussagen gern. Weil die Zahlen auf Tests basieren, die mindestens zwei Jahre zurückliegen, werden neu eingeführte Pestizide von den Daten nur mit Verspätung erfasst – auch das zweifellos zur Freude der industriellen Lobbykreise in Brüssel.

Schon seit vielen Jahren wird die Unabhängigkeit der EFSA angezweifelt. Es gibt nachweisbar viele personelle Verstrickungen mit den Großen der Agrarindustrie, wie zum Beispiel Syngenta. Eine eher informelle Autorität in Brüssel, der Lobbyismus-Wächter Corporate Europe Observatory, veröffentlicht regelmäßig neue Belege für die beruflichen Abhängigkeiten der unbezahlten (!) EFSA-Experten von der Industrie. Wie die Stichproben verarbeitet werden, welche neuen Stoffe zugelassen werden und welche MRLs dann bestimmt werden: Die ESFA-Prozeduren sind nicht immer transparent.

Innerhalb dieser Rahmenbedingungen spielt sich das Leben der Tomate mit oder ohne Rückstände ab. In dieser Hinsicht hatte die niederländische Exporttomate namentlich in den Neunzigern in Deutschland einen schlechten Ruf. Sie war nicht nur als Wasser-, sondern auch als Giftbombe bekannt. Die »sonnengereifte« spanische Tomate galt dagegen in den Augen vieler Deutscher als natürlicher. Um 2000 wurde das in den Ergebnissen von Ökotest allerdings nicht bestätigt. Spanische und italienische Tomaten wiesen mehr Giftrückstände auf als niederländische oder belgische (deutsche gab es im Handel kaum). In einem Test aus 2003 schnitten alle niederländischen Tomaten bis auf eine mit »sehr gut« ab. Diese eine, die nur ein »gut« bekam wegen Pestizid-Rückständen, die allerdings innerhalb der EFSA-Normen lagen, war ausgerechnet die *Tasty Tom*.

Aber behauptet Ton Janssen nicht immer wieder öffentlich, dass die niederländschen Tomaten – seine und andere – »ungespritzt« auf den deutschen Markt kämen? Zum Beispiel sagte er im Foodmagazin *Effilee*, 2013: »Denn wenn wir Pestizide einsetzen würden, das würden die Hummeln nicht vertragen und die brauchen wir dringend, um die Tomatenpflanzen zu bestäuben.« Mit solchen Täuschungsmanövern macht man sich angreifbar, und das Image der Hollandtomate könnte erneut ins Wanken geraten. Deutsche und österreichische Züchter machen es Ton Janssen mit solchen »Bio-Sprüchen« allerdings gern nach. In Wirklichkeit spritzt jeder Erzeuger konventioneller Tomaten; in den meisten Fällen aber nur, wenn biologische Mittel nicht helfen. Und das ist nicht illegal.

In Spanien hat der Einsatz von Pestiziden bei Exporttomaten im letzten Jahrzehnt stark abgenommen. Tests von Greenpeace Deutschland belegen, dass die spanische Tomate seit 2010 im Allgemeinen sicher geworden ist. Die potentielle Gefahrenzone hat sich auf Importe von außerhalb der EU verschoben: auf Marokko, die Türkei, Israel, Senegal. Die europäischen, deutschen und niederländischen Prüfinstanzen sind sich hier einig. Manchmal muss eine Partie aus dem Verkehr gezogen werden, aber das bleibt die Ausnahme.

Diese dann doch einigermaßen sonnig ausgehende Geschichte hat allerdings ein paar weitere Schattenseiten. Die erste ist der Mangel an Übereinstimmung beim Pflanzenschutz zwischen den EU-Staaten, also innerhalb der EFSA-Normen. Die Berliner Wissenschaftlerin Dr. Susanne Huyskens-Keil nennt dies ein enormes Problem, das sie teilweise dem Lobbyismus zuschreibt: »Hier in Deutschland findet man bei Prüfungen spanische Tomaten, die zu viele Stoffe enthalten, die dort in Spanien zugelassen sind, aber hier bei uns nicht.«

Staaten, in denen die Tomate weniger geschützt wächst, zum Beispiel in einer Folienbehausung, sind in dieser Hinsicht meist toleranter. Denn dort braucht man mehr Pestizide als unter Glas. Huyskens-Keil: »Anders als bei niederländischen Tomaten bestimmt bei spanischen oder türkischen Tomaten das Wetter mit, wieviel gespritzt wird. Das kann jedes Jahr sehr unterschiedlich sein. Manchmal werden dabei sogar die Normen des eigenen Staates überschritten. Gerade deswegen sind die Prüfungen so wichtig.« Eine weitere Folge der unterschiedlichen Regeln in den einzelnen Staaten ist, dass zum Beispiel ein Chemiekonzern wie Bayer in Deutschland verbotene Pestizide problemlos für den Export produzieren kann.

Das andere ernsthafte Problem ist der schon erwähnte »Cocktaileffekt«. Für sogenannte Mehrfachrückstände auf einer Tomate gibt es in der EU keine Regelung und somit auch keine EFSA-Grenzwerte. Alle Wirkstoffe werden nur einzeln beurteilt; sie werden nicht addiert. Über die Wechselwirkungen der einzelnen Pestizide, also die Wirkung aufeinander und dann auf den Verbraucher, besteht erstaunlich wenig wissenschaftliche Klarheit – Huyskens-Keil bestätigt es. Man sollte meinen, dass die Wissenschaft schon größere Probleme lösen konnte. Offenbar mangelt es hier also an Motivation, speziell bei der EFSA.

Greenpeace hat bei Testkäufen in deutschen Supermärkten auf manchen Tomaten schon mehrmals Cocktails von sieben oder acht Mitteln entdeckt, einmal sogar über zehn. Vergleichbare Tests in den Niederlanden und anderswo in Deutschland haben zu ähnlichen Ergebnissen geführt. Die Mittelmeer-Staaten, inklusive des EU-Mitglieds Spanien, schneiden bei der Suche nach solchen Giftmischungen am schlechtesten ab.

Niederländische Tomaten sind dagegen in den vergangenen 15 Jahren meist als die sichersten bewertet worden. Der Züchter der Hollandtomate weiß nämlich bestens, wie er mit allen einzelnen Stoffen innerhalb der MRL-Norm bleiben kann, und der Mix zählt nicht. Zudem kann er sich schnell auf neu zugelassene Stoffe beziehungsweise neue EFSA-Normen für schon existierende Schädlingsbekämpfungsmittel einstellen. So hat das niedersächsische Landesamt für Verbraucherschutz und Lebensmittelsicherheit 2014 bei 34 Stichproben niederländischer Tomaten keine einzige Normüberschreitung gefunden, bei 16 Proben deutscher Tomaten immerhin eine. Auf die niederländischen Tomaten wurde allerdings insgesamt mehr gespritzt als auf die deutschen – allerdings innerhalb der EFSA-Normen.

Der Deutsche verspeist heute etwa 25 Kilo Tomaten pro Jahr. Die meisten davon befinden sich in Dosen, Tüten, Flaschen und, nicht zu vergessen, auf Tiefkühlpizzen und in sonstigen Fertigprodukten. Nur ein Drittel der Tomaten wird frisch konsumiert. Essen die Deutschen damit nun wenig oder viel frische Tomaten? Auf jeden Fall noch nicht genug, meinen die niederländischen Kampagnenteams, die für die Unterglasbranche das Frischgemüse bewerben. Das müsste sich doch verbessern lassen! Bei über 80 Millionen Bundesbürgern würde ein halbes Kilo Tomaten extra pro Kopf pro Jahr schon einen großen Unterschied machen. Vor allem in den Gewinnen holländischer Unternehmen, versteht sich. Denn über die Hälfte der in Deutschland verzehrten Frischtomaten kommt aus den Niederlanden. Die Menge der über die niederländische Grenze ostwärts exportierten frischen Tomaten entspricht der Exportmenge aller übrigen Frischgemüsesorten zusammen. Tomaten-Promotion lohnt sich also.

Noch mehr rote Bällchen essen?
Der Deutsche als Objekt von Kampagnen

Gibt es aber in den deutschen Bäuchen überhaupt Platz für noch mehr Tomaten? Ja schon, meint der holländische Handel. In den Niederlanden ist der Bauch lediglich ein Raum, in dem das Essen landet. Man dichtet dem Bauch keine Emotionen an. Aber in Deutschland ist der Bauch das Gefühlszentrum schlechthin, also eins, das man bespielen kann. Redensarten wie »etwas aus dem Bauch heraus machen« oder »Wut im Bauch haben«, die die niederländische Sprache nicht kennt, scheinen gute Anhaltspunkte für Verführungskampagnen zu bieten.

Sind die etwa acht Kilo Frischtomaten pro Kopf in der Bundesrepublik nun viel oder wenig? Womit soll man vergleichen? Mit früher? Mit anderen Ländern? Mit dem Verbrauch anderer Produkte? Oder mit der von Sachverständigen empfohlenen Norm für Frischgemüseverzehr? Betrachtet man die letzten zehn Jahre, essen die Deutschen immer mehr frische Tomaten. Der Verlauf ist allerdings nicht linear. In der Saison 2010/2011 zum Beispiel konsumierten sie pro Kopf noch volle neun Kilo frische Tomaten – aber das war vor der Ehec-Krise. Zwei Jahre später lag der Verbrauch laut Agrarmarkt Informations-Gesellschaft (AMI) bei nur noch 5,5 Kilo. Die AMI fügt hinzu, dass von keiner anderen Gemüsesorte so viel (!) verspeist wurde. Tomaten seien das mit Abstand beliebteste Gemüse der Deutschen und machten rund ein Viertel des gesamten Gemüseverbrauches aus. Die Beliebtheitsrangordnung der Gemüsesorten hat sich seitdem nicht wesentlich geändert: Nach den Tomaten kommen Möhren, Zwiebeln, Gurken, Paprikas und dann mit Abstand das sonstige Gemüse. Zum Vergleich: Von Süßwaren konsumiert der Bundesbürger durchschnittlich pro Kopf 32 Kilo.

Das niederländische GroentenFruitHuis, die Organisation des Obst- und Gemüsehandels, die sich stark auf Deutschland orientiert, hat berechnen lassen, dass ein deutscher Haushalt 2016 durchschnittlich 175 Euro für Frischgemüse ausgegeben hat. Wenn man diesen Betrag mit dem durchschnittlichen Budget für Weihnachtseinkäufe vergleicht, das mehr als das Fünffache beträgt, müsste bei den Nachbarn doch etwas umzulenken sein, oder?

Zur gleichen Zeit wird bekannt, dass nur 40 Prozent der Deutschen es überhaupt schaffen, täglich etwas Selbstgekochtes auf den Tisch zu bringen. Dabei geht es noch nicht einmal um den Anteil des Frischgemüses. Als ich einmal beim Lidl, bekannt für sein frisches, billiges Saisonsgemüse (und dazu für ausgebeutete Erntehelfer, aber das wusste ich damals noch nicht), das Gemüse für die nächsten Tage eingekauft habe, ist der Kassiererin rausgerutscht: »Das ist ja ein Vitaminstoß!« Und tatsächlich, keiner in der Schlange an der Kasse hatte annähernd so viel Gemüse in dem ansonsten vollen Einkaufswagen. Und wenn man schon darauf achtet: Nach einem Rezept aus einer deutschen Zeitung soll man für ein Essen für vier Personen an Gemüse verwenden: eine Zwiebel, ein paar Tomaten und 100 Gramm (!) frischen Spinat. Die Männer sind schuld, kann man in *Gesund Leben* lesen. Sie fänden Gemüse nicht sexy. Aber es gibt einen Hoffnungsschimmer, schreibt

Fruit Logistica in Berlin: Tomatenverbrauch der Deutschen veranschaulicht

eine Leserin: »Mein Mann kauft jetzt freiwillig Gemüse ein. Angeblich schmeckt es ihm plötzlich.«

Gemüse ist nicht sexy: Das habe ich auch in Wien oft gehört. Aber sind nicht die Österreicher die wahren Paradeiser-Liebhaber? Nein, sie essen, wie auch die Niederländer, weniger frische Tomaten als die Deutschen. Bei den Österreichern darf man aber wenigstens noch hoffen, dass ihr Tomatenkonsum nicht vollständig in die Statistiken gelangt, weil sie ihre geliebten Saison-Paradeiser teilweise in Omas Garten pflücken. Und die Holländer bevorzugen traditionell frisches Kochgemüse – nicht unbedingt Tomaten.

Wie auch immer: In Europa wird viel zu wenig Frischgemüse gegessen – und sogar immer weniger. Das verkünden seit Jahr und Tag nicht nur Gemüse-Interessenverbände, sondern auch internationale Organisationen für Ernährung und Gesundheit, wie die Weltgesundheitsorganisation WHO: »Eine Mehrheit der Europäer gelangt nicht an die WHO-Empfehlungen von täglich 400 Gramm Obst und Gemüse heran.« Lediglich in vier Mitgliedsstaaten der EU konsumieren die

Einwohner – so wie es Kampagnenteams eingängig formulieren – täglich die zu Gesundsheitszwecken empfohlenen »zweimal eine Portion Gemüse und zweimal eine Portion Obst«. Oder, anders ausgedrückt: »Fünf am Tag«.

Zum Beispiel schaffen drei Viertel der Briten die Norm nicht, die freilich inzwischen auf »zehn mal täglich« erhöht worden ist. Es kommt noch schlimmer: Neun Prozent von ihnen meinen, dass Thunfisch eine Obstsorte sei. Die AREFLH, ein spanisch-französisch dominierter Lobbyklub von Erzeugern, hat 2016 berechnen lassen, dass in der EU der Verbrauch von Obst und Gemüse in acht Jahren um 18 Prozent abgenommen hat. Ja, abgenommen: trotz aller Kampagnen und Aufklärung. Es hat im letzten Jahrzehnt schon viele millionenschwere, mit EU-Fördergeldern unterstützte Werbekampagnen gegeben. Aber offenbar noch nicht genug: AREFLH fordert noch mehr Geld für solche Kampagnen – möglichst ständig.

Vor allem die vereinten niederländischen Gemüsehändler wissen solche Mittel für sich zu beanspruchen. Sie haben, dank der Zahlen der deutschen Erzeugerorganisationen Obst und Gemüse (BVEO), entdeckt, dass vor allem junge Deutsche den Konsum von Frischgemüse nicht mehr zuhause vermittelt bekommen. Deshalb starteten sie Kampagnen wie *Mytomato* (mehr Tomaten essen), *Colourfultaste* (mehr Paprika essen), *Frische ist Leben* (mehr Obst und Gemüse essen), *Sicher ist lecker* (giftfreie Tomaten, mit Startschuss vom Tomatenbotschafter Ton Janssen) oder *5 am Tag* (Gemüse und Obst essen). Das sind nur einige Beispiele aus dem letzten Jahrzehnt. Die letztgenannte Kampagne, von der Bundesrepublik Deutschland mitfinanziert, verfehlte jedenfalls ihr Ziel. Der Bundesbürger hat wohl wichtigeres am Hut, als fünfmal täglich an Tomaten oder Äpfel zu denken.

Bei diesen »europäischen« Promo-Offensiven, die auf dem deutschen Markt für Gemüse, vor allem für Gewächshausgemüse, werben, ist das Wort »niederländisch« unterdrückt worden. Mehr Gemüse essen heißt ja fast automatisch mehr niederländisches Gemüse kaufen. Gerrit Jan Kornet vom Verband niederländischer Paprika-Erzeuger P8 vertritt schon seit über 30 Jahren die Interessen des niederländischen Glasgartenbaus. Er hat die internationale Kampagne *Coulorfultaste* in Deutschland begleitet und kennt die Empfindlichkeiten jenseits der

Promo-Stand für
neuentwickeltes
Keimgemüse,
Floriade in Venlo

Grenze. »Eigentlich ist es traurig«, sagt er, »wie viel Mühe es kostet, um der Menschheit zu erklären, wie gut der Paprika- oder Tomatenzüchter seine Arbeit macht. Weißt du, was der schier unüberbrückbare Unterschied zwischen den Reaktionen in den Niederlanden und in Deutschland ist? Zuhause wird bei einem gemütlichen Geburtstagstreffen erzählt, dass die Erzeuger Menschen sind, die unser Erdgas verbrauchen. Aber in Deutschland heißen sie Giftmischer.« Bei den Werbekampagnen in der Bundesrepublik stößt Kornet erstmal auf Angst. »Ich muss zunächst erklären, was wir genau im Gewächshaus machen. Sonst fangen die Menschen an, fantasiereiche Gruselgeschichten über unsere Tätigkeit zu erzählen. Typisch ist, dass es in Deutschland heißt: Wer neben einem Gewächshaus wohnt, wohnt auf einem Industriegelände. Im holländischen Westland dagegen sagt der Züchter: Ich wohne gleich neben meinem Garten.«

Das ist dieses fast unüberwindliche deutsche »Bauchgefühl«, meint Kornet. Es sei eine Angst vor Technologie an sich im Agrarbereich. Nur wenige deutsche Erzeuger bekämpfen diese Angst offensiv. In Österreich macht es wenigstens einer: Der große Tomatenerzeuger Zeiler zeigt auf seiner Website, sehr gewagt, die Errungenschaften der Agrartechnologie: mit Stahlkonstruktionen, in denen die Tomaten bestens gedeihen.

Mirjam Hendriks (keine Verwandschaft!) koordiniert im Jahr 2013 die Kampagne *MyTomato*. Ihr Vater war Tomatenzüchter, erzählt sie auf der *Fruit Logistica*. Sie selbst wurde an der Wageninger Landwirtschaftsuniversität ausgebildet. Heute versucht sie, den Tomatenkonsum in Deutschland positiv zu beeinflussen. Eine tolle Arbeit, findet sie. »Wir richten uns an alle Gruppen außer an ältere Leute, denn die essen schon genug Tomaten.« Aha, deswegen tragen manche Kampagnen englische Namen. Marktforschungen zeigen zwei unterschiedliche Verbrauchergruppen, erzählt Hendriks. »Die eine Gruppe kauft weniger Tomaten als früher. Die andere Gruppe kauft zwar auch weniger, gibt aber immer mehr Geld für Tomaten aus. Sie kaufen die besseren Sorten.« In den letzten Jahren gewinnen zum Beispiel die teuren Nasch- oder Snacktomaten Terrain, oft lustig mit verschiedenen Farben in einem Luxusbecher.

»Das Problem ist aber«, fährt Hendriks fort, »dass es mehr niederländisches Gemüse, auch Tomaten, beim billigen Discounter gibt als in den teuren Supermärkten.« Na und? Für den niederländischen Export ist es doch egal, ob man für einen Euro fünf Massentomaten oder zwei bessere kauft? »Nein, das ist es eben nicht. Je breiter das Supermarktangebot, umso interessanter für den Verbraucher. Wir müssen ja alle leckeren niederländischen Tomatensorten ins richtige Licht rücken. Wenn es uns nicht gelingt, zu erzählen warum und wie der Verbraucher diese oder jene Tomatensorte verwenden muss, liegt im Supermarkt nur ein Irrgarten roter Bällchen herum.«

Es ist das neue Zauberwort im Marketing: Tomaten mit einer »Geschichte«. Die *Tasty Tom* mit Ton Janssens Erzählungen ist ein Beispiel dafür; er reist der Tomate hinterher. Ähnliche Geschichten kann man auf der Verpackung oder als Flyer mitliefern. Nur hat nicht jede Tomate eine Geschichte, gelinde gesagt. Es gibt also viele Superlative und viele »gebackene Luft« – eine holländische Redensart, die hier gut passt. Wie ein flämischer Züchter es formuliert hat: All diese gleichartigen Geschichten »kannibalisieren« einander im Supermarkt. Geschmackstomaten, noch geschmackvollere und superschmackhafte Tomaten liegen einander im Weg. Dem Konsumenten schwindelt der Kopf ohnehin schon. Nebeneinander findet er Tomaten nach Sorten, Marken und Verwendungsarten (für Suppe oder Salat) eingestuft, er muss Preise, Gewicht und Herkunft vergleichen, Rispentomaten, lose und verpackte, Bio- und Regio-Tomaten: Wie viel Zeit muss er mitbringen, obwohl er doch nur ein paar Tomaten kaufen will?

Aber Mirjam Hendriks hat ein Ass im Ärmel: Waschmittel. »Unilever versteht sehr gut, wie es im Laden funktioniert. Je mehr verschiedene Waschmittelmarken, fast alle aus dem Hause Unilever, in den Regalen stehen und je spezifischer auf jeder Verpackung vermerkt wird, wieso man gerade diese Sorte kaufen muss, umso mehr wird letztendlich verkauft.« Allerdings geht der Vergleich nicht ganz auf, räumt sie ein. »Kleider muss man sowieso waschen. Aber man muss nicht unbedingt aus Tomatensorten wählen, denn es gibt genug anderes Gemüse.«

Zwei Jahre nach unserem Gespräch wird bekannt, dass die Niederlande 2014 fünf Prozent mehr Tomaten an die Bundesrepublik verkauft haben. Mit vollen 350 Millionen Kilo ein neuer Rekord! Wieder zwei Jahre später ist der Verkauf nochmals um 1,5 Prozent gestiegen, diesmal ohne *MyTomato* (Zahlen der Statistikbehörde CBS und von Wageningen Economic Research, via *Agrimatie.nl*). Wie groß mag der Anteil der mit teurem EU-Geld finanzierten Werbekampagnen an diesem Erfolg sein? *MyTomato* kann lediglich feststellen, wie viele Deutsche ihre Kampagne kennen und schätzen. Die wichtigere Frage, ob sie deswegen auch mehr Tomaten kaufen, wird wohl nie beantwortet werden.

Marktforschung
Geschmack

Nein, hier gibt es keinen Geschmackstest. Ich spreche in diesem Buch keine Urteile über Tomatensorten und -marken aus. Mein eigener Geschmack ist total irrelevant. Und er ist so unzuverlässig, wie der Geschmack eines jeden anderen auch.

Auch Ökotest wagt sich nicht an den Geschmack von Tomaten heran. Die Verbraucherorganisation testet Tomaten nur auf Gift und auf ... – ja, man könnte von den Zutaten zum Geschmack sprechen. Die Argumentation ist interessant. Geschmack wird nicht nur durch Sorte und Erntezeit bestimmt, verkündet Ökotest 2011, sondern auch durch den Boden. Da die konventionelle Handelstomate nicht auf Erde wächst, hängt es dann eben teilweise von der Infusion mit Nahrungs- und Düngestoffen ab, wie sie schmeckt. Hauptsächlich der Salzgehalt ist dabei bestimmend: je höher, desto mehr Geschmack. Ein Deutscher und ein Österreicher denken bei diesem Verfahren sofort an »künstliche« niederländische Gewächshaustomaten. Und obwohl Ökotest die Tomaten nicht auf etwas dermaßen Subjektives wie Geschmack prüft, weiß die Organisation mit solchem technologischen Wissen dennoch zu beeinflussen: Jesses, Tomatenpflanzen auf Salzinfusionen! Ökotest propagiert Biotomaten – der Umwelt wegen. Mit Recht; aber bei Geschmackstests hat dieses Argument nichts verloren.

Die leckersten Produkte sind jene aus dem eigenen Land. Das meinen, wie gesagt, viele. Und wenn sie dorther nicht stammen, tut man einfach als ob. So macht man in Österreich italienische Äpfel »einheimisch« indem man sie als Alpen-Äpfel anpreist. Nun hat Deutschland auch ein Stückchen Alpen, und deswegen kann man bis in Berlin »Alpen-Äpfel« kaufen, die aus dem Italienischen Südtirol stammen. Hmm, »deutsche« Äpfel, das schmeckt man!

Nein, »Alpen-Tomaten« gibt es nicht. Auf eine europäische Bergtomate würden nur wenige hereinfallen. Wie soll man also Tomaten als heimisch und somit als besonders geschmackvoll tarnen? Die Supermarktkette Kaiser's Tengelmann führt, wo es sie noch gibt, das ziemlich teure Label »Mein Gärtner«. Am liebsten legt man diese Tomaten, so ergibt sich oftmals, im Regal unter das Schild »Natürlich aus Deutschland«. Auf der Packung sieht man einen strahlenden Tomatenzüchter. Das Foto ist so eingerahmt, dass man nur Tomatenpflanzen sieht und nicht das Gewächshaus drumherum. Also: »Frisch aus dem Garten!«

Nähe, Familienbetrieb, Bodenständigkeit, Leidenschaft, Hummeln: Solche Assoziationen können durchaus die Geschmackserfahrung beeinflussen. Die romantische Vorstellung von Tradition und Natürlichkeit beflügelt zunächst jedenfalls die Kauflaune. Die Tatsache, dass der Gärtner einen unleugbar niederländischen Kopf hat, auf einen niederländischen Namen hört und in Beek en Donk in einem Gewächshaus anbaut: All das ist korrekt, aber klein im Text auf der Rückseite der Pappschale angegeben. Man liest es, wenn überhaupt, erst nach dem Einkauf. Und die Tatsache, dass die Tomaten in einer großen Hightech-Gewächshausanlage erzeugt worden sind, möchte der Käufer gar nicht mehr erfahren, denn es passt nicht ins Bild. Er erfährt das auch nicht – sofern er nicht aktiv im Internet auf Informationssuche geht.

Beim Berliner Netto-Supermarkt gibt es »Premium Cherry-Rispentomaten, Klasse extra«. Das ist schon eine Doppelqualifikation: premium und Klasse extra. Zudem wird noch vermeldet, dass es sich um »vollmundige Tomaten der Premiumsorte Robino« handelt. Das ist eine Aussage des Starkochs Christian Henze, der dem Verbraucher auf der Packung diese tolle Geschmackserfahrung garantiert. Auch hier wird nur auf der Rückseite angegeben, dass es niederländische Tomaten sind (dazu aus niederländischer Saat, denn *Robino* stammt von Rijk Zwaan) – aber das liest man nicht. Jetzt wird verständlich, wieso im Einzelhandel so oft auf dem Schild bei den Tomaten steht, dass die Herkunftsangaben auf der Packung vermerkt sind. Darauf findet man so viele Informationen, so kleingedruckt ...

Geschmack ist Image. Die kleinen, teuren »Tomaten-Küsse« von SanLucar haben eine Karlsruher Adresse auf der Packung. Superdeutsche Küsse ... Aber produziert in den Niederlanden (das steht natürlich auch irgendwo). Es sind, wohlgemerkt, häufig die holländischen Händler selbst, die die Herkunft ihrer Tomaten verschleiern. Bei so viel mangelndem Selbstvertrauen wird das Geschmacksimage der niederländischen Tomate wohl problematisch bleiben.

Markt

Im Herbst 2013 musste ein italienisches Unternehmen anderthalb Tonnen unverkaufter Tomaten vernichten. Schuld daran sei die mörderische Konkurrenz aus den Niederlanden, klagte der Betrieb in einer Fachzeitschrift. Die Holländer brächten ihre Tomaten viel billiger auf den italienischen Markt, als es die Italiener selber könnten.

Der Wahnsinn des europäischen Marktes
Austauschbare Tomaten kreuzen sich auf dem Kontinent

So wie Ungarn seit jeher als das Land der Paprikas gilt, so ist Italien das Land der Tomaten. Kein anderes europäisches Land produziert so lange schon so viele Tomaten wie Italien. Sie werden aber nur in kleinen Mengen frisch exportiert. Man sagt, die Italiener essen sie am liebsten alle selbst auf. Das stimmt aber nur teilweise. Italienische Tomaten landen zum größten Teil in Mammas Pastasoße oder in Industrieprodukten, auch für den ausländischen Markt. Nur ab und zu kann man sie außerhalb von Italien frisch kaufen; die meisten Sorten sind für längere Transporte ohnehin nicht geeignet.

Die ungarische Paprika und die italienische Tomate haben in Europa zwar einen guten Ruf, aber ökonomisch gesehen waren sie – als Frischware – niemals ernsthafte Konkurrenten für ihre spanischen und niederländischen Pendants. Sogar Polen exportiert heute schon genauso viel Tomaten wie Italien und wird deshalb gern »das Holland Osteuropas« genannt. Zwar produziert Italien viel mehr Tomaten als die Niederlande, aber trotzdem exportieren die Niederlande mehr Tomaten nach Italien als andersherum. Über 40 Prozent des italienischen Tomatenimports kamen 2015 aus den Niederlanden, so meldet es das Branchenmedium *Agf.nl* unter Berufung auf italienische Statistiken.

Ist das nicht eine bizarre Welt? Aber es kommt noch merkwürdiger. Spanien produziert, wie Italien, große Mengen an Tomaten. Dabei essen die Spanier viel weniger Tomaten als die Menschen in anderen Mittelmeerländern; und wenn, dann bevorzugen sie andere Sorten als jene »nördlichen Stils«, die das Land für den Export produziert. Auch die Niederländer essen nur bescheidene Mengen ihrer landeseigenen Tomaten. Dafür war Holland ab 2013 Weltexportmeister für frische Tomaten. Am Geldwert gemessen führte das Land mehr Tomaten aus als jedes andere. Dem Gewicht nach war allerdings Mexiko der größte Exporteur der Welt. Spanien belegte in beiderlei Hinsicht den dritten Platz auf der Weltrangliste.

Nach aktuellen Schätzungen sieht es so aus, als ob 2016 Mexiko nun auch dem Geldwert nach die Nummer eins geworden ist. Die Exporttomaten aus den Niederlanden hätten, so das Portal *Freshplaza.es*, wegen des internationalen Überangebots weniger Geld eingebracht als vorher, »nur« etwa 1,5 Milliarden Euro – gegen etwa 1,9 Milliarden für mexikanische Tomaten. Aber wie auch immer die Spitzenplätze verteilt sind: Mexiko, die Niederlande und Spanien bestreiten zusammen fast die Hälfte des weltweiten Exports an frischen Tomaten.

Laut aktueller Zahlen gehen über 90 Prozent der niederländischen Tomaten in den Export. Die Hälfte davon nach Deutschland, mit Abstand gefolgt von England und dann – tatsächlich – Italien. Aber um hier einem weit verbreiteten Missverständnis zu widersprechen: Die exportierten Mengen sind nicht, jedenfalls nicht allein, der niederländischen Tomatenproduktion zu verdanken. Im winzigen Polder, der nur 0,008 Prozent der Erdoberfläche ausmacht, werden zwar viele Tomaten erzeugt. Die Niederlande sind der zehnt- oder elftgrößte Tomatenproduzent der Welt. Aber damit wird man noch längst kein Weltexportmeister – ein Titel, den man sich übrigens 2018 von Mexiko zurückerobern möchte.

Der größte Tomatenproduzent der Welt ist mit Abstand China, das nach Schätzungen für ein Viertel bis ein Drittel der weltweiten Produktion verantwortlich ist. Es folgen die USA, Indien, die Türkei und

Ägypten. Dann erst kommt Europa in Sicht, zunächst mit Italien und Spanien. Aber die chinesischen Tomaten gehen nicht frisch um die Welt und zählen somit nicht mit in der kontinuierlichen Exportweltmeisterschaft. Ein Teil davon landet allerdings als Konzentrat in Neapel – und folglich auf deutschen Tiefkühlpizzen und im Tomatenmark, das hierzulande für ein paar Cent im Supermarkt angeboten wird.

Es ist allerdings nicht auszuschließen, dass demnächst auch frische Tomaten aus China in den Supermärkten Europas auftauchen werden. Das würde den europäischen Markt ziemlich erschüttern. Aber daran hätte dann das mutmaßlich größte Opfer, die Niederlande, selbst eine Mitschuld zu tragen. Umgekehrt hat nämlich der holländische Handel kürzlich mit Paprikas den chinesischen Markt für sein Gewächshausgemüse eröffnet. Das Ende des Austausches ist nicht in Sicht: Er fängt gerade erst an. Frisches Gemüse und Obst kreuzt sich auf dem Weg zwischen Asien und Europa – kann es noch absurder kommen?

Aber zurück zum Rätsel der langjährigen niederländischen Exportweltmeisterschaft für Tomaten. Einen Teil der Lösung kann man in Italien finden, wo ja riesige Mengen von Tomaten aus den Niederlanden importiert werden. Denn wer hat behauptet, dass all diese Tomaten aus niederländischer Zucht stammen? In Italien isst man zwar niederländische Tomaten gern im Salat, weil sie meist süßer sind als die eigenen. Aber über Holland gelangen zum Beispiel auch flämische und spanische Tomaten nach Italien.

Das ist der Clou: 30 Prozent der aus den Niederlanden exportierten 1,12 Millionen Tonnen Tomaten stammen gar nicht aus niederländischem Anbau, sondern sind zunächst dorthin importiert worden (Zahlen 2015, CBS und Wageningen University & Research Center). Es ist dieser Handel, der die Niederlande an die Weltspitze geführt hat. Das Stichwort lautet »Wiederausfuhr«, »Re-Export« oder auch schlicht »Durchfuhr«. Bei frischem Obst und Gemüse insgesamt kommt die Hälfte des niederländischen Exports ursprünglich aus dem Ausland. Alles, was importiert wird, hat eine gute Chance, wieder exportiert zu werden. Die Grapefruit macht das Prinzip bestens deutlich: Die Niederlande sind tatsächlich auch Weltexportmeister für Grapefruits, obwohl die dort gar nicht angebaut werden. Sie werden alle importiert, um fast alle wieder exportiert zu werden.

Die Tomate ist vor allem deswegen die Erfolgsgeschichte des niederländischen Exports, weil sie gleichzeitig das meist importierte Gemüse
in den Niederlanden ist. Nur so wird man über Jahre Weltexportmeister für Tomaten – einmal davon abgesehen, dass mexikanische Tomaten auf dem Exportmarkt pro Kilo nur etwa zwei Drittel so viel Wert
sind wie die niederländischen. Die Niederlande importieren ungefähr
fünf Mal so viel Tomaten aus Spanien wie umgekehrt. Aber wie lange
noch? Auch die Spanier haben mittlerweile herausgefunden, wie sie
ihre Tomaten unmittelbar auf den deutschen Markt bringen können.

Viele Millionen Tonnen frischer Tomaten durchqueren jährlich
den europäischen Kontinent. Sie reisen vom Süden in den Norden
und von Ost nach West, aber auffallend oft auch andersherum, von
der Kälte in die Wärme und vom Meeres- ins Kontinentalklima, dorthin, wo sie im Sommer auch im Freien gedeihen, wie in Rumänien.
Es sind oft ähnliche, bisweilen gar identische Tomaten, der gleichen
Rasse und Zucht entspringend, die überall herkommen und irgendwo
in Europa aneinander vorbei reisen. An allen Stationen in der Han-
delskette, an jeder Umschlagstelle und an jedem Schritt wird Geld
verdient – an erster Stelle also von Niederländern. Und weil das so
ist, soll jede Tomate so lange wie möglich unterwegs sein. Wenn sie
nicht eine beschränkte Lebensdauer hätte, würde sie vermutlich bis
zum Ende der Tage durch Europa irren. Das ist der Wahnsinn des
europäischen Frischgemüsemarkts.

So reisen polnische Tomaten nach Spanien, wenn dort die Produktion wegen der Hitze im Sommer stagniert. Die Flamen bringen
ihre Fleischtomaten ebenfalls nach Spanien, und die Niederländer ihre
Rispentomaten in alle mediterranen Länder. Zugleich rücken marokkanische Tomaten immer weiter in den Norden Europas vor. Bis vor
kurzem bestimmten wenigstens die Jahreszeiten noch einigermaßen
die Tomatenströme. Aber die aufkommende beleuchtete Zucht, also
die Produktion bei Kunstlicht, setzt die Logik der Natur noch mehr
außer Kraft. Tomaten aus den beleuchteten niederländischen Gewächshäusern reisen inzwischen sogar im Winter nach Spanien, also in die
spanische Tomatensaison hinein.

Aus wirtschaftlicher Perspektive sind die Folgen des Tomatentou-
rismus ziemlich absurd. Von Estland bis Rumänien sind die einhei-

Supermarkt in Sibiu: Gelbe Tomaten aus Holland für den rumänischen Markt

mischen Tomaten oft teurer als die importierten. Das hat wenig mit dem vermeintlichen Qualitätsvorteil der estnischen oder rumänischen Saisontomate zu tun. Die Tomaten reisen quasi als Trittbrettfahrer in einem massiven, andauernden Strom frischer Gartenbauprodukte mit, für den die Supermarkt- und Discounterketten wegen ihrer ununterbrochenen Abnahmegarantie nicht allzu viel bezahlen müssen. Hinzu kommt, dass manche Supermärkte in Europa von landeseigenen Erzeugern einen höheren Rabatt fordern.

Die Tomate liefert ein starkes Bild für alles, was in der Welt des Frischgemüses geschieht. In Pärnu, Estland, kann man Ende Juni spottbillige holländische *Conference*-Birnen im Supermarkt finden, während die Berliner sich zur gleichen Zeit mit teuren Birnen von der Südhalbkugel abfinden müssen. Über die Paprika ist hier schon einiges gesagt. Es bleibt befremdlich, dass die niederländischen Paprikas auf ihrer Reise nach Ungarn den Weg der ungarischen Paprikas kreuzen, die – wenn auch in weit geringeren Mengen – nach Norden verschickt werden. Anderseits wundern sich offenbar nur wenige darüber, dass Millionen deutscher und niederländischer Eier sich unterwegs begegnen – auf ihrem Weg in das jeweils andere Land.

Wenn jemand anschaulich machen konnte, wie der Frischgemüsehandel in der Praxis funktioniert, dann war es Willem Baljeu. Der renommierte Obst- und Gemüsehändler, der auch langjähriger Direktor der organisierten Handelsfirmen in den Niederlanden war, ist im März 2015, kurz nach seiner Pensionierung, gestorben. 2013 hat er mir die bisweilen unnachahmlichen Prinzipien des Handels verständlich gemacht. Eines seiner Beispiele: »Ich hatte mal einen österreichischen Kunden am Bodensee, der wollte chinesischen Kohl von mir haben. Ich rief, wie üblich, überall an. In den Niederlanden gab es nichts mehr. Aber dann habe ich einen Niederländer in Österreich erwischt, der dort gerade chinesischen Kohl eingekauft hatte. Das war nur ein paar Kilometer von meinem Kunden entfernt. Also, am nächsten Morgen hat er seinen Kohl geliefert bekommen. Da hat er mich prompt angerufen: Das Zeug kommt ja von hier um die Ecke! Ich habe geantwortet, das sei doch völlig egal. Oder? Schau, dieser Kohl war schon an einen Niederländer verkauft worden, und wir haben die Partie einfach für ihn weiterverkauft. Hier ging der Kohl zufällig in österreichische Hände zurück. So geht es im Handel nun mal zu.«

Wenn doch die Tomaten, wie der Kohl in Baljeus Geschichte (die sich wohlgemerkt noch im Vor-Internetzeitalter ereignet hat), wenigstens virtuell reisen würden und nur zum Schluss noch ein paar Kilometer in physischer Form. Aber der heutige Frischgemüsehandel bewegt sich vor allem in der realen Welt. So fährt der Niederländer René van Geest mit seiner Firma Van Geest International 2 000 Variationen von Obst und Gemüse durch Europa. »Die Idee dabei ist selbstverständlich, dass wir auf dem Hin- und Rückweg volle Wagen haben«, erzählt er in seiner Lagerhalle im Westland, die über dutzende Räume für unterschiedliche Bedingungen verfügt. »Alles kommt hier zusammen. Auch die Pastinaken aus England, die wir wieder an englische Kunden verkaufen, kommen zunächst hierher.« Durch die Halle bewegen sich viele Menschen, die zählen, sortieren, verpacken oder Elektrowagen steuern, die nach schwer durchschaubaren Verkehrsregeln hin und her rauschen. »Der Schnellste hat Vorfahrt«, so fasst van Geest die Regeln im Lagerflur zusammen.

Gemüsebusiness im Westland: Lagerhalle von Eminent Food, Poeldijk

Schnell und flexibel, meint van Geest, das sei typisch für den holländischen Handelsgeist. Wenn es sich ergibt, transportiert er auch Hummeln und Schlupfwespen für Tomatengewächshäuser und manchmal sogar tiefgekühlte *Bitterballen*, die beliebten kleinen Fleischkroketten, die in der Form an *Tasty Tom*-Tomaten erinnern. »Ein niederländischer Kunde in der Schweiz hat einmal sehr teure Beeren für eine Nachspeise bei mir bestellt, und mich nebenbei gebeten, noch 30 Kartons *Bitterballen* in den Transport aufzunehmen. Da bin ich nicht kompliziert, ich habe sie selbst beim Makro eingekauft. Der Kunde war tatsächlich die niederländische Botschaft dort drüben.«

Seit ihrer Gründung 1993 in Maastricht kennt die Europäische Union einen völlig freien internen Verkehr von Kapital, Personen, Gütern und Dienstleistungen. Willem Baljeu hat die Veränderungen aus der Nähe erlebt. »Unsere Händler, die bis dahin nur Produkte aus niederländischen Gewächshäusern exportierten, fingen einfach damit an, Tomaten aus Spanien zu importieren. Bis dahin war der Import ein eigener Wirtschaftszweig. Das waren die Jungs, die Apfelsinen aus

Spanien hierher holten. Aber seit 1993 hieß dies alles interner EU-Handel, und wir waren alle gleich als Europäer.«

Lange zuvor hatte Baljeu bereits eine Wende erlebt, die er im Nachhinein als »revolutionär« beschrieb. Als Sohn eines Westländer Glasgemüseerzeugers, der nicht sein Leben lang Tomaten pflücken wollte, war er nach der Gartenbauschule 1967 beim Edeka-Konzern in Süddeutschland in der Buchhaltung gelandet. »Damals war die Situation so, dass ein Edeka-Supermärktchen bei mir 35 Kästchen Tomaten oder 100 Schachteln Gurken bestellen konnte: Viel Getue um nix. Die Läden wuchsen, und dann haben wir als Edeka gesagt: Ab jetzt übergehen wir den Großhandel. Ich bekam die Aufgabe, für die süddeutschen Supermärkte direkt bei den holländischen Gemüseproduzenten einzukaufen. So konnte ich die besten Waren aussuchen und zugleich die Kosten für den Großhandel einsparen. Das war eine neue Herangehensweise. Edeka war ein Trendsetter.«

Eine Nuancierung möchte Baljeu 2013 aber doch machen. Trotz der heute üblichen direkten Verhandlung zwischen Supermärkten und Produzenten, oft in Erzeugerkooperationen zusammengeschlossen, herrsche weiterhin viel wechselseitiges Unwissen. »Kein Wunder, denn nur wenige Gärtner, wie Jos Looije zum Beispiel, kommen in direkten Kontakt mit dem Einzelhandel. Ich selber habe bei Edeka gelernt, aus der Perspektive der Deutschen auf die Tomate zu schauen. Viele Holländer aus der Branche haben keine Ahnung, was die deutsche Hausfrau bewegt – aber sie wissen trotzdem alles besser. Genauso wie unser Premier Ruud Lubbers nach dem Mauerfall: Er hat laut gerufen, Deutschland solle besser geteilt bleiben. Das war die blödeste Bemerkung, die man damals machen konnte. Das habe ich ihm später noch mal persönlich mitgeteilt.«

In der Lieferkette vom Produzenten bis zum Konsumenten können Discounter und Supermärkte zwar ohne den Großhandel auskommen, aber nicht ohne den Handel an sich und ohne die Transporte. In diesen beiden Bereichen bewegt sich nur etwas, wenn ordentlich bezahlt wird. Ein Supermarktkonzern kann seinen Profit also am besten steigern, indem er sich bei den Züchtern und den Konsumenten zusätzliches Geld holt. So erzählen es jedenfalls viele Tomatenerzeuger. Tatsächlich ist der Handel mit Obst und Gemüse ein eigener Machtfaktor geworden, vor allem der aus den Niederlanden. René van Geest bietet nicht nur Transportleistungen an, sondern er ist auch aktiv im Im- und Export, in der Logistik und Lagerung, bei der Durchfuhr und Kontrolle. Und das macht er für ein immer breiteres Spektrum an Produkten: Service nach Bedarf. Willem Baljeu: »Nicht nur große europäische Erzeuger- und Absatzorganisationen bieten heute ein umfassendes Sortiment an Obst und Gemüse an, das sie teilweise selbst importieren. Auch Im- und Exportgiganten wie zum Beispiel Frankort & Koning sind in der ganzen Welt aktiv. Sie können auf Wunsch deutsche Supermärkte und Großhandelsmärkte beliefern, aber gleichzeitig auch einen einzelnen Importeur in Russland oder einen Spezialitätenladen in Irland.«

An der Maas, in der Nähe des Hauptsitzes von Frankort & Koning im Fresh Park Venlo, ist wieder ein »Melonenschiff« aus Brasilien eingetroffen. In gekühlten Containern bringt es Melonen, die zuvor in Rotterdam aus großen Überseecontainern umgeladen worden sind. Dreißig dieser *Reefer* (von *refrigerated,* gekühlt) transportieren zusammen wöchentlich eine Viertel Million Melonen. Frankort & Koning lebt vom Welthandel und hat überall dort Im- und Exportbüros, wo man sie braucht. Mitgründer und -direktor Theo Koning sagt am Telefon, dass die Niederlande zwar die Heimat des Unternehmens sind, »aber wirtschaftlich betrachtet ist das Land für uns nur ein Umschlagplatz«.

Aha, deswegen reagiert Koning eher gelangweilt auf meine Bemerkung, dass ich in einem Berliner Supermarkt auf einer verpackten niederländischen Gurke tatsächlich seinen Firmennamen entdeckt habe: »Ja, kann sein«. Er erläutert: »Ich handle aber genauso gern mit bulgarischen Gurken.« Die brasilianischen Melonen werden, über Venlo, dort landen wo es morgen Mangel in den Supermärkten gibt – von Deutschland bis Rumänien. Koning: »Unsere Stärke ist die Knappheit, ist das schnelle Schließen von Löchern auf dem Markt. So bin ich gerade dabei, Ananas nach Polen zu liefern.«

❦

Es ist ein nasskalter Morgen Anfang Februar. Ein chic gekleideter Franzose steigt neben mir aus der Berliner S-Bahn, Bahnhof Messe Nord/ICC, und folgt, wie ich, den Schildern zum Messegelände. Dort findet die jährliche Fruit Logistica statt, die weltweit größte internationale Handelsmesse für Obst und Gemüse. Aber zunächst irren wir zum Erschrecken des französischen Herrn durch eine endlose, düstere Unterführung. Das blasse Dekor wird von Wand- und Pfeilermosaiken in ausgebleichten Farben der Siebziger, vor allem Orange, beherrscht. Nur der Uringestank ist aktuell.

Alljährliches Wiedersehen in Berlin
Europäische Ausblicke auf der Fruit Logistica

»Was, wir sind wirklich in West-Berlin? Es kommt mir vor, als ob wir hier im tiefsten Ostblock gelandet sind.« Der Franzose kann es kaum fassen, dass es seit dem Mauerfall eine Art »Rest-Berlin« gibt, wo das neue Hauptstadtgefühl noch nicht angekommen zu sein scheint. Hier funktioniert nicht mal die Rolltreppe. Der lange Fußgängertunnel zur Treppe, die ins Tageslicht führt, ist durch eine schwere Gittertür versperrt. »Gott sei Dank«, seufzt der Franzose. Dort wäre er nicht freiwillig hineinspaziert. Die Funktionsfähigkeit des Aufzugs ein Stück weiter möchte er nicht mal ausprobieren. Irgendwo im Halbdunkel findet er endlich eine lange, steile Treppe und schleppt seinen Koffer hastig hinauf. Ich habe auch nach dem fünften Besuch der Fruit Logistica keinen besseren Weg gefunden.

Einmal oben, können wir die Messe nur unter Lebensgefahr über die Fahrbahnen einer breiten Straße ohne Fußgängerübergang oder Ampel erreichen. Mein französischer Begleiter macht etwas mit nachhaltigen Projekten in Chile, erzählt er zur Ablenkung. Er ist kein typischer Fruit Logistica-Besucher, er wirkt zu schick und zu idealistisch. Die Mehrheit auf dieser Handelsmesse vertritt Multimillionenfirmen. Aber insbesondere die größte Gruppe unter den Besuchern, die Niederländer, muss die Erfolge ihrer Firmen nicht durch teure Accessoires und Designerkleidung unterstreichen.

Die Fruit Logistica wird oft mit der Grünen Woche verwechselt. Die findet eine Woche vorher auf dem gleichen Gelände statt, empfiehlt sich selbst als »größte Agrarmesse der Welt«, ist aber in Wirklichkeit eher eine Mega-Fressparty für deutsche Konsumenten. Die Farbe Grün fehlt auf der Grünen Woche nahezu. Die Besucher drängen sich hier vor allem durch Bratwurstbraun und Biergelb bis zum Rot-Weiß-Blau von Frau Antje – und hoffen vergeblich auf Unmengen Gratishäppchen.

Wie anders ist der Eindruck auf der Fruit Logistica: keine Endverbraucher, dafür aber an die 3 000 Unternehmen aus fast 100 Ländern, die 60 000 bis 70 000 Fachbesucher aus der ganzen Welt empfangen. Hier herrschen die Farben Tomatenrot, Bananengelb und Salatgrün vor, sowie das Stahlgrau der Technologien, die gleichzeitig präsentiert werden. Hier gibt es kaum Schlemmerei: Das zumeist verpackte Obst und Gemüse ist nur zu Dekorationszwecken ausgestellt, quasi nachhaltig ausgestopft. Dies ist eine Messe für weltweite *Deals*.

Die Hallen der International Trade Fair for Fruit and Vegetable Marketing, wie die Fruit Logistica mit vollem Namen heißt, sind zumeist nach Staaten oder Regionen eingeteilt. Aber die Halle 1.2 ist von grenzüberschreitendem Charakter, ein wahrer »Europavillon«. Hier findet man große, oft multinational operierende Handelsfirmen neben Agrar- und Biotechnologiekonzernen wie Monsanto und Bayer, beide mit ihrem niederländischen Saatgutzweig vertreten. Ebenfalls präsentieren sich hier die Saatgut-Familienbetriebe wie Rijk Zwaan und Enza Zaden, die Gute-Tierchen-Brigade von Koppert Biological Systems sowie die größten Tomaten-Erzeugervereine wie The Greenery oder Zon. Nicht aber Landgard; der deutsche Erzeugerverein hat sich in der deutschen Halle niedergelassen.

Zwischen allen Konzernen hat in der Halle 1.2 auch der Einzelgänger Jos Looije sein festes Eckchen. Er macht schließlich selbst internationale Geschäfte, ganz im Gegensatz zu den meisten anderen Tomatenzüchtern, die sich an Erzeugerkooperationen gebunden haben. Seit unserer ersten Begegnung vor Jahren ist sein Unternehmen kräftig gewachsen, in den Niederlanden und in Spanien. »Ja, das Business geht recht gut.« Looije zieht die internationale Halle prinzipiell der beliebten »Holländerhalle« nebenan vor. »Weißt du, ich glaube nicht wirklich an Holland als Marke«, sagt er nachdenklich. Vielleicht ist das der Clou seines Unternehmertums. Er glaubt fest an seine Marke *Honingtomaten* sowie zwei neuere Sorten. Als ich ihm erzähle, dass sie auf dem Wochenmarkt am Boxhagener Platz in Berlin als französische Tomaten verkauft werden, antwortet er: »Das ist mir wirklich egal.« Jos Looije führt europäische Marken, ähnlich wie Koppert oder Rijk Zwaan.

Im Irrgarten der Hallen ist die Farbe Orange ein Wegweiser. Wer ihr folgt, landet irgendwann bei den *Bitterballen* von Ger van Burik, mitten in der »Holländerhalle«. In dieser Megahalle 3.2 ist zum Beispiel die Wageninger Universität mit dem einzigen echten Roboter der Messe präsent. Der Roboterarm tastet einen Apfel auf alle möglichen Weisen ab. Ebenso lachen hier die Gewächshausbauern der Bom Group aus Naaldwijk der Zukunft entgegen. »Bom baut nur noch im Ausland«, erzählt der immer lockere Salesmanager Lodewijk Wardenburg. »Das spannendste neue Projekt: ein vielversprechendes Wüstenexperiment in Saudi-Arabien.« Die Gewächshausbauern, nicht nur die von Bom, sind in der weiten Welt unterwegs, obwohl man sie zuhause gerade dringend braucht. Die niederländischen Erzeuger beklagen sich darüber. Zum ersten Mal seit sechs, sieben Jahren ist die heimische Nachfrage nach Gewächshäusern wieder ordentlich gestiegen, aber die Baufirmen stehen kaum zur Verfügung. Man könnte das natürlich als ein Zeichen deuten, als einen Hinweis zur Mäßigung.

Mitten in der Holländerhalle ist das Nervenzentrum des vereinten niederländischen Handels aufgebaut. In diesem *Koffiehuis*-ähnlichen Ambiente gibt es informelles Geplauder bei den beliebten *Bitterballen*. Hallen-Koordinator Ger van Burik hat mir hier etwa fünf Jahre zuvor erklärt, wie er für die Zubereitung dieses holländischen Snacks ein System von Dunstabzugsröhren durch die Halle hatte anlegen müssen. Van Burik hat mich bei der Gelegenheit auch auf die Prinzipien des Handels, und speziell die der profitablen Wiederausfuhr, aufmerksam gemacht. Er erklärte dies anhand der Paprika-»Ampelpackung«, von der er zufällig eine dabei hatte. Diese roten, gelben und grünen Paprikas werden je nach Saison aus verschiedenen Staaten in die Niederlande importiert, sagte er mir, aber sie werden das ganze Jahr hindurch in uniformer Verpackung exportiert. »So können die Niederlande immer liefern.« Das war ein Aha-Erlebnis.

Bei unserem aktuellen Wiedersehen gibt es in den Niederlanden einen riesigen Zwiebelüberschuss. Die Prinzipien des Handels funktionieren also nicht immer reibungslos. Aber an kreativen Ideen, wie man den Preis stabilisieren kann, mangelt es selten. Einer der größten

Ger van Burik im Zentrum der »Holländerhalle«, *Fruit Logistica* in Berlin

holländischen Zwiebelhändler hat vorgeschlagen, die Zwiebeln den Hungergebieten Afrikas kostenlos zur Verfügung zu stellen. Die angesprochene Hilfsorganisation lehnte das »generöse« Angebot jedoch ab. Er solle die Zwiebeln lieber irgendwo in Europa zu Dumpingpreisen anbieten und die Einnahmen spenden anstatt den afrikanischen Lebensmittelmarkt noch weiter zu zerstören.

»Stell dir mal vor«, sagt van Burik grinsend, »dass wir eine Milliarde Kilo Zwiebeln selbst schälen und auffressen müssten. Das wird ein Weinen geben. Wo wären wir als Exportnation ohne den Handel? Wo wären wir ohne unser Europa?« In der Holländerhalle, aber auch auf dem restlichen Messegelände, klingt unter Händlern aus der ganzen EU dieser geflügelte Satz wieder: »Wo wären wir ohne Europa?« Zugleich aber kann man überall in der Europäischen Union den Ruf nach den alten Staatsgrenzen, nach Abgrenzung und nach Protektionismus hören – und nach den vertrauten Waren aus dem eigenen Land.

In den Niederlanden ist schon seit einigen Jahren eine erstaunliche nationale Identitätssuche im Gange, die es nach 1945 so noch nicht gegeben hat. Hat nicht diese Handelsnation über Jahrhunderte wahre Europäer hervorgebracht, die auf Grenzen und Nationalitäten gepfiffen haben? Heute aber werden vermeintliche Nationalhelden für Bildungszwecke abgestaubt und aufgemöbelt. Die Geschichte des Landes wird sogar von offiziellen Behörden in Schwarz-Weiß neu geschrieben. Die Grautöne der historischen Wirklichkeit, zum Beispiel das eher opportunistische Verhalten der meisten Landsleute unter der deutschen Besatzung in den Jahren 1940 bis 1945, werden heute lieber wegradiert – anders als noch vor zehn, zwanzig Jahren. Prinzessin Máxima, die derzeitige Königin, wurde schon 2007 heftig für ihre Aussage kritisiert, sie hätte »die niederländische Identität noch nicht gefunden«. Es gebe so viele verschiedene Niederländer.

Der Chef der niederländischen christdemokratischen Partei, Sybrand Buma, musste sich vor ein paar Jahren von seinen politischen Freunden korrigieren lassen, als er – wie auch mancher prominenter Christdemokrat in Deutschland – vom Ziel einer nationalen Selbstversorgung in Sachen Ernährung sprach. Ob Buma die Exportquoten nicht kannte? Zwar sind die Niederlande in der EU Nettozahler mit ungefähr 100 Euro pro Kopf der Bevölkerung. Aber kein anderer Staat verdient zugleich so viel an den offenen Grenzen: Dank des Handels kehrt das Geld mit vollen 2 000 Euro pro Kopf in die niederländische Staatskasse zurück, hat das Statistikamt CBS errechnet. Die Grenzen teilweise für Importe zu schließen um eigene Waren zu schützen, hieße unvermeidlich, dass sie auch für Exporte undurchlässiger würden. Das aber hätte tatsächlich ein großes Weinen zur Folge – nicht nur der Zwiebelberge wegen.

Die Niederlande exportieren pro Kopf zweimal so viel wie Deutschland. Aber auch die Bundesrepublik ist, wenn man die Einnahmen aus ihren Exporten mit in Betracht zieht, ein Nutznießer der EU. Die Bertelsmann Stiftung hat kürzlich berechnen lassen, welche Wachstumsverluste allein für Deutschland zu erwarten wären, wenn die innereuropäischen Grenzkontrollen dauerhaft wiedereingeführt werden würden: bis 2025 wären es mindestens 77, möglicher Weise sogar 235 Milliarden Euro.

Warum erklären uns die Politiker – die deutschen genauso wie die niederländischen – so häufig, was die EU uns kostet, und so selten, was sie uns bringt? Viele Bürger in beiden Staaten erfahren die Vorteile der offenen innereuropäischen Grenzen nicht selbst, oder wenigstens nicht in ihrem Portemonnaie. Viele Politiker meinen deswegen, sie könnten ihre potentiellen Wähler leichter mit Sprüchen über Abschottung und Sicherheit zufriedenstellen.

Tatsächlich profitieren nicht alle gleichermaßen vom jetzigen Zustand. Die Exporteinnahmen fließen nur spärlich in die einheimische Kaufkraft zurück – in die des deutschen Otto Normalverbrauchers noch weniger als in die des holländischen Jan Modaals. Dadurch wird, namentlich in Deutschland, das Ausmaß an Importen ohnehin schon gebremst. Die internationalen Finanzinstitutionen und viele westliche Industriestaaten kritisieren seit Jahren die deutsche Politik, die Handelsüberschüsse fördert und gleichzeitig bei der Infrastruktur und den Löhnen spart und so die Binnennachfrage, unter anderem nach Importgütern, gering hält. Eine solche altmodische Finanzpolitik verzerre das Gleichgewicht auf dem europäischen Markt und auf dem Weltmarkt – und vergrößert die Schere zwischen Arm und Reich in der Bundesrepublik.

Abgrenzung, Protektionismus: Das wird ein Weinen, und nicht nur wegen der deutschen und niederländischen Profite auf dem offenen EU-Markt. War nicht »unser Europa« einst als eine Wertegemeinschaft gedacht worden, und nicht lediglich als eine Wirtschafts- und Wohlstandsgemeinschaft? Ging es nicht um ein friedliches Zusammenleben vieler Nationalitäten, und um Rechte und Freiheiten für die Bürger, getreu dem Motto »Jeder nach seiner Façon«? Diese Geschichte der Toleranz wird heute in fast allen EU-Staaten nur noch selten weiter erzählt, vor allem nicht in den neuen Mitgliedstaaten im Osten. Die EU hat sie als Beitrittsstaaten auf Privatisierung und Liberalisierung der Wirtschaft eingeschworen, als ob rechtsstaatliche und demokratische Strukturen dann von alleine folgen würden.

Die niederländische Königin Beatrix, die nicht gerade wegen ihres fortschrittlichen Gedankenguts bekannt ist, hat bei ihrer letzten Weihnachtsansprache 2012 verkündet: »Europa, das sind wir selbst. Das ist nicht eine fremde Macht.« Auch die Tomate zeigt sich, in diesem Sinne, als eine wahre Königin. Alle, die sie essen, sind ihr gleich lieb, einschließlich der Nicht-Europäer, die hierherkommen. Die Tomate pfeift auf Grenzen und Nationalitäten. Gerade das macht ihren Erfolg aus.

Marktforschung
Geschummel

Der Markt auf dem Boxhagener Platz in Berlin ist ein angesagter Wochenmarkt. Hier kaufen die »Gentrifizierten« aus Friedrichshain ihr teures Biogemüse, wie auch andere Produkte, deren Preis häufig nicht der Qualität entspricht. Für süße französische Kirschtomaten an der Rispe, die man selten bekommt, ist der Kunde hier gern bereit, sehr tief in den Beutel zu greifen. Das hat vor Jahren schon der Chef eines großen türkischen Gemüsestands einkalkuliert. Deswegen verkauft er die *Honingtomaten* von Jos Looije, wie es klein auf dem Pappkästchen steht, unter einem Schild mit der Herkunftsangabe »Frankreich«. *Honing* (Honig) heißt zwar auf Französisch *miel*. Aber was soll's! Er weiß genau, was er macht. Es lohnt sich offenbar.

Seit Jahren ärgert mich der Betrug. Und das wirklich nicht, weil mein Land bei ihm offenbar solch einen schlechten Ruf hat, was die Qualität der Tomaten betrifft. Er verkauft nämlich auch noch holländische *Red Pearls* als italienische Tomaten. »Sorry, ein Irrtum«, sagt er, aber es ändert sich natürlich nichts. Als ich einmal das »Frankreich«-Schild bei den *Honingtomaten* fotografiere, geraten wir sogar in einen physischen Nahkampf. Aber als Folge werden diese Tomaten wenigstens einige Monate ohne Herkunftsangabe verkauft. Inzwischen kommen sie wieder aus Frankreich. Der Kampf geht weiter.

An einem anderen Stand auf dem Boxhagener Markt werden sogar unechte *Honigtomaten* angeboten, also andere Tomaten als die, die unter der geschützten Handelsmarke *»Honigtomate«* vermarktet werden. Entweder liegen die *Fake-Honigtomaten* in Looijes Originalkisten oder sie werden mit einem Schild als *»Honigtomaten«* beworben. Jos Looije ist dort selbst einmal vorbeispaziert. Vorsichtig hat er den Händler darauf hingewiesen, dass die ausgestellten Produkte keine *Honigtomaten* seien. Denn so etwas stört Looije wirklich, anders als die Herkunftsfrage. Wer er, der Passant, denn überhaupt sei, dass er es besser wissen wolle – so die Reaktion des Kaufmanns. Da dies eher als Drohung denn als Frage formuliert war, schluckte Looije die Antwort lieber runter.

Nein, das Geschummel und die Tricksereien sind nicht typisch für das wilde Berlin, die Stadt mit einem Bein im ehemaligen Ostblock. Ich habe den Boxhagener Markt nur als Beispiel gewählt, weil er seltsam populär bei im Wesen überdurchschnittlich bewussten Verbrauchern ist. Kurz nachdem die *Honingtomaat* 2013 zur besten Tomate der Niederlande gekürt worden war, konnte die Website *Foodlog.nl* melden, dass zwei niederländische Supermärkte dabei ertappt worden waren, falsche *Honigtomaten* zu verkaufen.

Da kann der Amsterdamer Albert-Cuyp-Markt, der ohnehin um ein positives Image ringen muss, beim Betrug natürlich nicht zurückstehen. Ich habe auch dort ein jahrelanges Spiel daraus gemacht, die Auszeichnungen der angebotenen Tomaten zu überprüfen. Dabei hat man einmal sogar (vergeblich) versucht, mir meine Quittung mit dem Aufdruck »*Honingtomaten*«, den unechten also, mit Gewalt wieder zu entwenden. An der Kasse hatte ich auf den fälschlich benutzten Markennamen hingewiesen, um eine Reaktion zu provozieren: »Das sind doch gar keine *Honingtomaten*!« Die Tomatenjournalistik bringt sowohl in Amsterdam als auch in Berlin einige Risiken mit sich.

Na ja, Tomaten … Was für dieses ganze Buch gilt, gilt auch auf dem Wochenmarkt: Die Tomate ist nicht mehr als ein eindringliches Symbol für die ganze Welt der frischen Nahrung. Mit Äpfeln oder Birnen wird auf dem Albert Cuyp-Markt genauso geschummelt wie auf Wiener und Berliner Märkten. Die heißen »Neue Ernte«, wenn sie alt sind. Darauf kann jeder selbst kommen, wenn wenigstens das Herkunftsland richtig angegeben ist – was allerdings nicht immer der Fall ist. Wenn im Juli die »Neue Ernte« niederländischer oder flämischer Birnen angeboten wird (deutsche gibt es selten), sollte man schon misstrauisch werden. Eine Amsterdamer Marktkauffrau auf Nachfrage: »Oh, steht da ,Niederlande'? Das ist ein Irrtum, sie kommen aus Neuseeland.« Ein paar Tage später steht noch immer das Schild »Niederlande« bei den neuseeländischen Birnen. Und das wird sich in Wochen, Monaten, Jahren nicht ändern, genauso wie bei den »französischen« *Honigtomaten* auf dem Boxhagener Markt.

Aber es ist doch eigentlich egal, wo sie herkommen, oder nicht? Für den Geschmack vermutlich schon, und für die Sicherheit des Verbrauchers wahrscheinlich ebenfalls. Nur für sein Portemonnaie dürfte es sicherlich nicht egal sein.

Quellen und Dank

Die Recherchen für dieses Buch fanden in den Jahren 2009 bis 2016 statt. Die meisten Interviews und Reportagen sind zwischen 2012 und 2015 entstanden. Wenn es von Bedeutung ist, habe ich den Zeitpunkt eines Gesprächs oder einer Reise vermerkt. Gab es weitere relevante Entwicklungen zum jeweiligen Thema, so wurden sie nachträglich eingefügt.

Um der Lesbarkeit willen habe ich nur die wichtigsten Quellen und Zahlen im Text angegeben. Oft ergibt sich ohnehin schon aus dem Kontext, woher die Informationen stammen. Die wichtigsten schriftlichen Quellen, die ich benutzt habe, sind – abgesehen von den im Text erwähnten Büchern – europäische Zeitungen, Magazine und Webportale, Branchen- und Fachmedien, Zeitschriften für Ernährung und Gesundheit, Werbeprospekte, Broschüren, Jahresberichte, Strategiepapiere und viele andere Dokumente, in erster Linie deutsche, niederländische und österreichische. Heute hat fast jede Organisation, Behörde und Firma, die im Bereich dieses Buches tätig ist, auf ihrer Website ein ansehnliches Archiv. Auch daraus habe ich dankbar geschöpft.

Von großem Wert waren die täglichen Newsletter für den Obst- und Gemüsesektor von *Groentennieuws.nl* und *Fruchtportal.de* – letzterer ebenfalls in den Niederlanden erstellt. Viele der statistischen Daten entstammen, sofern nicht anders vermerkt, den üblichen Quellen, insbesondere der niederländischen Statistikbehörde CBS, LEI Wageningen UR, Eurostat, FAOStat, OECD, Ministerien, Behörden, Nicht-Regierungsorganisationen, Gärtner- und Bauernverbänden, GroentenFruit-Huis (Niederlande), Statistik Austria, dem Amt für Statistik Berlin-

Brandenburg und der Agrarmarkt Informations-Gesellschaft mbH (AMI). Für die allgemeineren Entwicklungen in den EU-Mitgliedstaaten habe ich außerdem viele brauchbare Informationen auf internationalen Websites gefunden, wie *Euobserver.com, Eurotopics.net, Voxeurop. eu, Politico.eu, Euractiv.de, Eurozine.com* und *Corporateeurope.org.*

Dieses Buch ist eine von mir übersetzte und gleichzeitig völlig überarbeitete und ergänzte Fassung meines niederländischen Buches *De tomaat en de bizarre wereld van vers voedsel*, das im Dezember 2016 beim Verlag Nieuw Amsterdam erschienen ist. Obwohl Deutschland und Österreich auch in jenem Buch schon eine große Rolle spielen, habe ich für *Tomaten: Eine Reise in die absurde Welt des Frischgemüses* viele Fakten, Aussagen und Anekdoten aus den Niederlanden durch Beispiele aus dem deutschsprachigen Raum ersetzt. Darüber hinaus habe ich versucht, die deutschen und österreichischen Leser anzuregen, sich mit der Diskussion zu Grundsatzthemen zu beschäftigen, die in den Niederlanden bisweilen anders bewertet werden. Einige Provokationen meinerseits sind dabei durchaus gewollt.

Für das niederländische Buch habe ich finanzielle Unterstützung vom Fonds Bijzondere Journalistieke Projecten in Amsterdam und vom flämischen Fonds Pascal Decroos bekommen. Für die internationalen Veröffentlichungen aus diesem Projekt haben mich das Institut für die Wissenschaften vom Menschen (IWM) in Wien und der europäische Fund for Investigative Journalism in Brüssel finanziell und sozial unterstützt. Mein Fellowship am IWM im Jahr 2013, als Milena Jesenská Visiting Fellow für Journalisten, war von unschätzbarem Wert für die Weiterentwicklung dieses Buchprojekts. Das IWM bildet im heutigen Europa, mit all seinen Widersprüchen, ein spannendes Diskussionspodium zwischen »Ost und West«. Die mit dem IWM verbundene Erste Stiftung hat sich an der Finanzierung meines Projekts beteiligt. So bin ich Wien – einer der spannendsten Städte Europas überhaupt – zu großem Dank verpflichtet.

Der niederländische Letterenfonds hat es ermöglicht, mit einer deutschen Übersetzung der Geschichte einer deutsch-ungarisch-niederländischen Gärtnerfamilie im 20. Jahrhundert schon einige Aufmerksamkeit über die niederländischen Grenzen hinaus zu erzielen. »Eine Gärtnerfamilie erobert Europa« wurde 2014 in vier Episoden im

IWM-Magazin *Transit-online, Europäische Revue*, publiziert. Gerd Busse und Ute Schürings haben die Übersetzung beziehungsweise die Textredaktion – ich hatte die Episoden zu Brandenburg schon auf Deutsch geschrieben – professionell und in angenehmer Kommunikation begleitet. Die Geschichte ist, von mir umstrukturiert und aktualisiert, als Prolog in dieses Buch aufgenommen. Ute Schürings hat, als Expertin für deutsch-niederländische Beziehungen, außerdem das Buchmanuskript auf zwischenstaatliche Fallgruben gegengelesen. All diesen Beteiligten großen Dank.

Weitere internationale Vorpublikationen zu Teilthemen dieses Buches sind – einmal von den niederländischen und flämischen abgesehen – in folgenden Medien erschienen: in *IWM Post* Frühling/Sommer 2017: »The Long Shadows of the Free Market« (eine neugeschriebene Geschichte, quer aus dem Buch heraus, mit Rumänien/EU/Niederlande im Mittelpunkt) und im *Tagesspiegel* 2014, auf Grund meiner »Marktforschungen« nicht nur zur Tomate: »Weit vom Stamm: Alle reden von regionalen Produkten. Jetzt ist Apfelsaison. Aber wo finden sich in Berlin Äpfel ›von hier‹? Ein Jahr auf der Suche«. Zu den Vorpublikationen zählt weiterhin mein Auftreten für TEDxVienna an der Wiener Volksoper 2013 mit »Tomato? Tomahto? Food Chain Madness«.

Ich möchte der Schriftstellerin Tanja Dückers herzlichst dafür danken, dass sie mich beim be.bra verlag eingeführt hat. Ich traf dort auf ein sehr aufgeschlossenes Umfeld. Ulrich Hopp und Robert Zagolla und ihre Mitarbeiter waren ein Glücksfall für das Buch und für mich. Ich bedanke mich bei allen für die gute Zusammenarbeit. Das gilt insbesondere für Robert Zagolla, der sich als Lektor intensiv mit der Herangehensweise und dem Stil einer Niederländerin auseinandersetzen musste. Er war ein anregender Mitdenker und großartiger Textdoktor auf allen Ebenen des Manuskripts. Unsere Zusammenarbeit machte auch viel Spaß, vor allem bei den vielen grenzüberschreitenden Fragen, wie: Mahlen Mühlen auch Wasser? Wieso reagieren die Deutschen auf das Wort »Tomatenrassen« empfindlich, aber nicht auf das Wort »Hunderassen«? Und darf man »Holland« als Synonym für »Niederlande« verwenden?

Das deutsche Buchmanuskript wurde zunächst von Karla und Falco Werkentin genauestens gegengelesen und in besseres Deutsch umgewandelt. Auch für viele Anregungen bin ich ihnen sehr dankbar. Von allen Mitlesern und Mitdenkern an der niederländischen Fassung danke ich hier dem Sprachwissenschaftler Gertjan Aalders und dem Wissenschaftsjournalisten Bram Vermeer. Viele ihrer Vorschläge und Bemerkungen waren auch für die deutsche Fassung relevant. Und das Team von Appelbaum Producties hat es mir ermöglicht, im Kielwasser meiner Recherchen in Mittel- und Osteuropa (über Paprika, Schweine, Banken usw.) für ihre Europa-Fernsehserien im niederländischen öffentlichen Rundfunk VPRO die Tomate in einen breiteren europäischen Fokus zu rücken.

Dieses Buch wäre nicht zustande gekommen ohne die besonderen Begegnungen mit Menschen überall in Europa, die auf dem weiten Feld der Tomatenzucht, des Handels sowie der Agrarwissenschaft und -wirtschaft tätig sind. Ich bin dort auf enorme Offenheit und auch auf die Bereitschaft gestoßen, mir die Prinzipien, Widersprüche und Subtilitäten dieses komplexen Fachbereichs zugänglich zu machen. Und nicht zuletzt haben sie mir ein wenig Liebe für die Tomate beigebracht.

Die Autorin

© David Ausserhofer

Annemieke Hendriks, geboren 1956 in Den Haag, ist freie Journalistin und Buchautorin. Nach dem Studium der Soziologie lehrte sie an einer Hochschule für Journalistik und arbeitete mehrere Jahre für das nationale Filmarchiv der Niederlande.

Seit fünfundzwanzig Jahren publiziert die Niederländerin Bücher, Reportagen, Interviews und Analysen zu Themen aus Politik, Kultur und Gesellschaft, mit den Schwerpunkten Deutschland sowie Mittel- und Osteuropa. Ihre Artikel erscheinen vor allem in niederländischen, aber auch in belgischen, deutschen und europäischen Medien.

Hendriks hat zahlreiche journalistische Bücher veröffentlicht, in deutscher Originalausgabe erschien zuletzt »Unheile Heimat – Eine Reise zu Familien in der Mitte Europas« (edition Körber Stiftung, 2009). Sie lebt und arbeitet in Berlin und Amsterdam.

»Annemieke Hendriks zeigt, dass sie ein besonderes Interesse für Menschen auf den Nahtstellen Europas hat. [...] Indem Hendriks ihre Geschichten aufschreibt, trägt sie nicht nur Bausteine für die europäische Geschichtsschreibung heran, sie liefert zudem einen Beitrag zur europäischen Menschlichkeit.«

Frans Timmermans, niederländischer Europaminister (heute EU-Kommissar), über Annemieke Hendriks' Buch »Unheile Heimat«